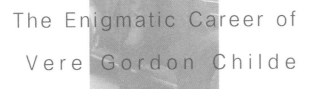

The Enigmatic Career of

Vere Gordon Childe

解 读 柴 尔 德

柴尔德的神秘生涯

〔美〕威廉·J.皮斯 著

李博婷 译

商務印書館
创于1897 The Commercial Press

William J. Peace

THE ENIGMATIC CAREER OF VERE GORDON CHILDE

A Peculiar and Individual Manifestation of the Human Spirit

根据美国哥伦比亚大学 1992 年皮斯博士论文译出

冷战之殇：柴尔德考古学的反战思考

开场白

疫中读书，有两个人引起我的关注：柴尔德和王国维。这两个人，一个是英国的激进左翼，一个是中国的逊清遗老，立场相反，但都和百年考古有关，都在事业的巅峰选择自杀，很可惜。

今天，我先讲柴尔德。柴尔德是个考古学家。考古学家很多，不新鲜，但他是个马克思主义考古学家，而且身处反共势力强大的英国，我有点好奇。

我国考古学不是号称"马克思主义考古学"吗，夏鼐、苏秉琦都这样说，但什么是"马克思主义考古学"？

马克思主义的书很多，教条主义"党八股"的书很多，"西马""洋左"的书很多。他的"马克思主义"算哪一种？

柴尔德的一生是个谜。他自称 Childish Professor（幼稚的教授，孩子气的教授）。[1] 照片上的他，一副憨态。他终生未婚，独往独来。死前，他销毁了他的日记和书信。他不希望别人打搅他，也不想打搅别人。

他活了 65 岁，从 25 岁起就被英国军情五处监控，一直到死都被

---

1 Child 加 -e，类似西周金文的"小子"，指贵族子弟。据格林考证，柴尔德的父母皆出自英国贵族。

监控，长达 40 年。起初，监控者以为，他肯定是共产党员，因为他不但跟英国共产党有来往，参与各种左翼社团的活动，而且跟帕姆·达特（英共创始人和高层领导）是牛津求学时无话不谈的密友。但军情五处反复窃听的结果却是，他只是英共的同情者和同路人，并不怎么听党的话，参加左翼活动时，经常一言不发。他跟英共始终保持着距离。

他从不跟他的同行（多半是保守主义者）谈政治，但有时会故意炫耀他的左翼身份，如打红领带、穿红衬衫，手持《工人日报》，并用"斯大林同志"吓唬他们。他的话，哪些该当真，哪些是玩笑，经常让人分不清。比如退休前，同行问他以后有什么打算，他说他打算回澳大利亚，找个美丽的山头跳下去，他们都以为他在开玩笑，然而这却是真话。他的这种生活态度，用我们熟悉的话讲，叫"佯狂避世"。

相反，他并不跟他的亲朋好友讲他最后的打算，怕他们伤心。

柴尔德的讲话方式很有意思。

他说，他不喜欢别人给他脖子上拴个马克思主义的标签，"我不喜欢标签，特别是如果它们会引起误导""对我来说，马克思主义只是一种行之有效的研究方式和用来解释历史和考古材料的工具。我接受它是因为它管用"（1938 年柴尔德致达特信，马克思纪念馆的达特藏品）。

他说，他不爱用马克思的词句讲话。他认为，这类在英国谁都听不懂的"黑话"只会把读者吓跑，而且是给自己找麻烦。他早期的书没有这类话，晚期的书里才开始出现，但很少，多半是暗引，如《人类创造自身》，书名本身就出自马克思。[2]

2　例外是他的《历史》（左翼出版物《古今》丛书的一种）。此书问世于 1947 年，当时已入冷战时期，他反而马恩列斯都引，结尾还加上一句，"今日一位大政治家已经成功地预见到世界历史的进程"，他说的"大政治家"是斯大林。美国出版商见英国版极为畅销，想出美国版，但在政府官员警告下，纷纷打退堂鼓，只有一个年轻的出版家甘冒风险。1953 年美国版终于问世，但结尾删，书名改，丛书作者换。

他很低调，也很幽默。低调和幽默是为了保护自己。他还记得他在牛津、悉尼吃的亏，倒的霉。在英国这样的环境里，他宁愿用"糖衣包裹"（sugar-coating）的方式讲话，即用西方读者容易接受、容易理解的方式讲话。比如用克罗齐的术语讲辩证法，用涂尔干的术语讲社会发展（1950 年 1 月 15 日柴尔德致怀特信）。[3]

没有类似经历，很难理解这一点。我很理解他的说话方式。

一　柴尔德的考古学

柴尔德是 20 世纪最与众不同的考古学家，任何一部考古学史，都不能没有他的名字。

柴尔德时代的英国考古学

1980 年，夏鼐回忆，他留学英国的时代（即 1930 年代），是个"巨星璀璨、大学者辈出的时代"。当时，"埃及考古学有比特里（W. M. F. Petrie, 1853—1942），美索不达米亚考古学有伍莱（C. L. Woolley, 1880—1960），希腊考古学有伊文思（A. Evans, 1851—1941），理论考古学以及比较考古学有柴尔德（G. Childe, 1892—1957），田野考古学有惠勒（M. Wheeler, 1890—1976）"。[4]

早先，考古是一种与探险有关的活儿，不是书斋中的学问。殖民时代，考古主要是海外探险，挖人家的遗址，给自家的博物馆采办藏

3　"糖衣炮弹"这个词，大家都很熟，因为毛泽东用过它（《在中国共产党第七届中央委员会第二次全体会议上的报告》）。我估计，这是从日语转译的外来语，它是"糖衣药丸"（sugar-coated pill）的演变。英语 pill 是药丸，俚语可指炮弹、子弹。日语，药丸叫丸，炮弹、子弹也叫丸。如电影《平原游击队》，日本兵厉声喝问："什么的干活？"李向阳随声应答："卫生丸新交的干活。"意思是，我是给你们送子弹来的。他俩说的是"协和语"（日本在中国推行的日汉混合语），"卫生丸"就是指子弹。

4　夏鼐：《〈中国考古学研究〉日文版序言》，载《夏鼐文集》第四册，北京：社会科学文献出版社，2017 年，第 426—432 页。

品。所以在当时的考古队，枪是标配，有时还得盖个碉堡什么的（如Château de Morgan）。

夏鼐学考古的时代，所谓考古学家多是半路出家，以挖见长，靠发现出名，很多人都是从干中学。当时，考古是冷门，大学教考古、学考古的人很少。如夏鼐说的"五大师"，比特里（或译皮特里）没上过学，其他四位，多半是古典学出身。柴尔德更特殊，他是先写书出书，后当考古学教授，当了考古学教授，才干田野（每年带学生挖苏格兰遗址）。他是以概括、总结、阐释和考古文化的跨文化比较见长。

1851年，剑桥大学为考古学设讲席教授，即迪斯尼讲席教授，前后共有12人。明斯（Ellis Minns，1874—1953）是第六位，研究俄国、东欧考古，比柴尔德大18岁。[5] 加罗德（Dorothy Garrod，1892—1968）是第七位，研究西亚旧石器考古，跟柴尔德同岁。[6] 这两位，中国读者不熟。接下来，克拉克（John Grahame Douglas Clark，1907—1995）研究欧洲中石器考古，夏鼐主编的《中国大百科全书》考古卷"外国著名考古学家"的名录中有他；丹尼尔（Glyn Edmund Daniel，1914—1986）研究欧洲新石器考古，中国读者知道他是因为夏鼐让黄其煦翻译出版了他的《考古学一百五十年》（*A Hundred and Fifty Years of Archaeology*）；伦福儒（Andrew Colin Renfrew，1937—）研究科技考古（碳-14测年、生物考古、语言考古、神经考古），他的书《考古学：理论、方法与实践》（*Archaeology：Theories，Methods，and Practice*），中国考古学家人手一册。他们都是晚辈。柴尔德当教授时，克拉克还在读书。

柴尔德是牛津古典学出身，老师是伊文思和迈尔斯。伊文思是米诺斯文明的发现者。迈尔斯长于地理，曾追随伊文思。伍莱（或译吴

5　梁思永给夏鼐的留学建议，第一是投柴尔德，第二是投明斯。

6　加罗德是女考古学家，《剑桥插图考古学史》曾特意提到她。

雷）也是牛津出身。柴尔德先在爱丁堡大学当阿伯克龙比讲席教授，后任伦敦大学考古所所长，跟惠勒是同事。

夏鼐留学英国时，剑桥长于史前考古，牛津长于古典考古，伦敦大学长于埃及考古（夏鼐的导师是比特里的学生）。柴尔德是异类，跟所有考古学家都不一样。

夏鼐与柴尔德

夏鼐留学英国，出国前，李济、梁思永都劝他跟柴尔德学。

他到英国，最初跟叶慈（Walter Perceval Yetts，1878—1957）学，后打算转学爱丁堡大学，投柴尔德门下。当时，柴尔德门下有个清华留学生，叫周培智。夏鼐写信给他，向他了解爱丁堡那边的情况。周给他泼冷水，说爱丁堡条件太差，柴尔德不爱带学生，还歧视亚洲人。当时，爱丁堡的条件可能确实不太好，据说教室漏雨，柴尔德曾打着雨伞上课；柴尔德不爱带学生，也很可能是因为爱丁堡大学的学生往往家境不太好，所以柴尔德劝学生不要学考古，学考古找不到工作；至于歧视亚洲人，那是周个人的感受，恐怕与政见不合有关。[7]

夏鼐听了周培智的话，犹豫再三，请示傅斯年。傅说，中国学史前史的人已经太多，有梁思永就够了，劝他学点中国没有的绝学。这样，他才改学埃及考古，没有挪地方。

夏鼐留学期间，与柴尔德只有一面之缘，听过他演讲，没说过话。但留学前，他早就读过柴尔德的书，从大学时代一直到去世，他一直读柴尔德的书。他写博士论文，曾写信向柴尔德请教，《埃及古珠考》的致谢名单里就有柴尔德。柴尔德的著作，他几乎全都读过。马恩的书

---

[7]　1937 年，李济访英期间曾到爱丁堡大学演讲，柴尔德为他做主持。当时，柴尔德告诉李济，周培智早已不学考古，改读经济。周氏坦承，他一贯持反共立场。1949 年，他逃离大陆，去了台湾。他在台湾说，他在英国拿了考古学和经济学双博士，但据清华记录，他是考古学硕士。

他也很熟,年轻时就读,后来也读,只不过他不爱把洋学问挂在嘴上。1949 年后,中国不兴这一套。

当年,夏鼐在辉县发掘,引起了柴尔德的注意。他给中国同行写信,托李约瑟寄郭沫若,转交王振铎。他跟王振铎打听辉县出土的车子,希望把新中国的考古成就介绍给西方,在道义上支援中国的抗美援朝。当时,他和李约瑟都支持抗美援朝。柴尔德退休后,他说他本想重游苏联,并来中国看看,但怕生病。小时候,他得过脊髓灰质炎,着点儿凉就病,不敢来。柴尔德死后,夏鼐写纪念文章,后悔没请他来。

罗泰开玩笑说,他如果来,看到中国考古,也许就不会自杀了。

柴尔德与中国考古

夏鼐和苏秉琦是 1949 年后中国考古的代表人物。有人说,苏秉琦爱琢磨理论,夏先生不太上心,恐怕不对。夏先生是中国考古学家中最熟悉西方考古学理论的人。特别是柴尔德的理论,他最熟悉。比如讲"考古文化",他引用的是柴尔德和蒙盖特。蒙盖特是苏联考古学家。当年,引用苏联很时髦。夏鼐恶补俄语,读过他的书。蒙盖特批评柴尔德,说他虽属"友好人士",但人从资本主义国家来,仍带有资产阶级的毛病。其实蒙盖特的"考古文化"就是脱胎于柴尔德的"考古文化"概念。当然,如果说夏先生不爱谈理论,那可能是对的。因为他确实不爱把理论挂在嘴上。

中国考古学,无论夏、苏,从学术范式讲,从工作方法讲,都最接近柴尔德。如我们使用的"考古文化"概念、"文明曙光"说、"两大革命"或"三大革命"说(除新石器革命和城市革命,还有知识革命),甚至是"多元一体"说。

比如柴尔德说过:

史前史和历史学毫无疑问要通过探讨不同群体对地理的、技术的或意识形态等特别刺激物的感应,来说明文化是如何逐步分异的。不过,更为显著的是各个社会间的交往和交流也在不断增长。也就是说,虽然文化分化的"支流"继续繁衍,但是文化间的汇聚也在逐渐加剧,并且最终会融为一体。一支持续强大的主流文化,注重于统治全体支系文化,以便不断开拓出新鲜的文化之"泉",因此,多文化最终会融合成"一体"文化。

(《历史上发生过什么》第一章)

这不就是讲"多元一体"吗?

柴尔德的考古学是以欧洲为中心,他把近东考古和欧洲考古视为主流,其他地区视为支流,因此被考古学家归入"传播论"。但他对中国考古、美洲考古仍很关注。如他提到周口店(《历史上发生过什么》第二章),指出蜻蜓眼式琉璃珠是西方传入中国的(《历史上发生过什么》第十一章)。可惜他没来过中国。

柴尔德的书

如何评价柴尔德? 两种读者,两种看法。

柴尔德的书很多,文章很多。据统计,其作品有 762 种,书占 27 种,反复再版,极为畅销,并被译为 25 种文字,中译本有 7 种,在译本中算最多(其次是波斯语译本)。

西方推理小说中,阿加莎·克里斯蒂的书最畅销。她丈夫跟柴尔德在同一研究所,她是柴尔德的牌友。学术书,柴尔德的书也相当畅销。有人写小说,把他写进去。有人拍电影,也提到他,比如《夺宝奇兵 4》。

其代表作,主要是七本书。

早期五种:《欧洲文明的曙光》(1925)、《雅利安人》(1926)、《远古东方:欧洲史前史的东方序曲》(1928)、《史前多瑙河》(1929)、《青铜时代》(1930)。

晚期两种:《人类创造自身》(1936)、《历史上发生过什么》(1942)。

柴尔德的同行看重他,主要是他的早期五书,特别是《曙光》,特别是他对欧洲考古文化的综述。他们认为,前五种书是写给学者看的,技术含量高,属于学术书,后两种书是通俗著作,写给大众看的。其实对他来说,这是一回事,前者只是为后者做铺垫,以学术为基础的普及才是最高境界。他对二战前后的年轻人影响最大的是后两种。这两本书是讲他的"三大革命",其实是用考古材料讲"大历史",即欧洲文明从哪里来到哪里去,为什么会成为独一无二覆盖全球的现代文明。这种历史,其实是资本主义的"史前史"。他是这样的"史前史学家"。难怪他会看重马克思。

柴尔德死后,他的考古学同行虽然表达了他们的敬意和惋惜,但对他这个人作为"政治动物"的一面却并不了解,也不理解。他们从正统立场(即英国当时的"政治正确性")读他的书,当然无法理解。三十多年过去,他们把他当老古董,认为他早已过时,他的书只有历史价值。但1980年代,人们重新认识柴尔德,情况开始起变化。他们越来越想从他这个人出发理解他的书,理解他的思想。于是有五本柴尔德传问世。

柴尔德的五本传记

第一本书是萨利·格林的《史前史学家柴尔德传》(1981)。

此书属综合性传记,[8] 既讲人,也讲书,夏鼐读过。该书的前身是

8　Sally Green, *Prehistorian: A Biography of V. Gordon Childe*, Wiltshire: Moonraker Press, 1981.

作者在谢菲尔德大学的博士论文《柴尔德传》(1976)，比下面四本书都早。特里格的书参考过这篇论文。格林认为，柴尔德并非一般人理解的考古学家，而是研究史前学的学者。或者更确切地说，他是研究史前史如何发展为文明史。柴尔德说过，"我相信考古学的未来应与历史学而非自然科学为伍"（"绝命三书"第二封信的第七条）。显然，他是个"历史学取向"而非"自然科学取向"的学者，跟现在理解的"白大褂考古"（科技考古）很不一样。

第二本书是芭芭拉·麦克奈恩的《柴尔德的方法和理论：史前史的经济、社会和文化阐释》(1980)。[9]

此书属学术性传记，侧重柴尔德的方法和理论，只讲书，不讲人。该书的前身是作者在爱丁堡大学的博士论文。柴尔德在《回顾》中说，他对史前史的贡献不在考古材料、年代和文化定义，而在"阐释概念和解释方法"。作者侧重的是这一点。

第三本书是布鲁斯·特里格的《柴尔德：考古学的革命》(1980)。[10]

此书亦属学术性传记，讲书也讲人，但详于书而略于人，夏鼐读过。此书有何传坤、陈淳译本。柴尔德说，假如不是代价太大，他会选择革命。作者说，1921年后，柴尔德从事的是另一种革命——考古学的革命。他的理论核心是所谓"三大革命"：新石器革命（农业革命）、城市革命、知识革命，的确如此。

第四本书是威廉·皮斯的《柴尔德的神秘生涯：人类精神的独特

9　Barbara McNairn, *The Method and Theory of V. Gordon Childe：Economic, Social and Cultural Interpretations of Prehistory*, Edinburgh：Edinburgh University Press, 1980.

10　Bruce G. Trigger, *Gordon Childe：Revolutions in Archaeology*, London：Thames and Hudson, 1980.

显现》（1992）。[11]

此书属政治性传记。作者是个坐轮椅的残疾人，与柴尔德小时候得的是同一种病，不久前（2019）才去世。[12] 原作是作者在美国哥伦比亚大学的博士论文，未正式出版。柴尔德在《曙光》序中曾说"欧洲文明是人类精神的独特显现"，作者认为，柴尔德这个人特立独行，不同凡响，也是"人类精神的独特显现"。

第五本书是特里·欧文的《致命的诱惑：柴尔德的政治人生与思想》（2020）。[13]

此书亦属政治性传记。作者是研究澳大利亚工运史的专家，特别重视柴尔德的《劳工如何执政》（1923）。他回忆，1957 年 4 月 25 日，悉尼大学授予柴尔德荣誉博士学位，他和该校的激进学生曾亲临现场（他是五传作者中唯一见过柴尔德的人）。当时，谁都想不到，这位世界级的考古学家，他的第一本书竟然是写澳大利亚工运的。不到半年，柴尔德坠崖的消息传来，令他震惊。他开始对柴尔德的一生进行追踪。他曾与盖瑟科尔合作，编写柴尔德著作最全的目录，并与皮斯交好。盖瑟科尔生前一直鼓励作者为他的老师写一本政治传记，故此书献给盖瑟科尔。柴尔德曾说，他想逃离"致命的政治诱惑"。作者说，政治对柴尔德是"致命的诱惑"，学术对柴尔德也是"致命的诱惑"。

这五本书为我们重新认识柴尔德打开了一扇窗口。

11　William J. Peace, *The Enigmatic Career of Vere Gordon Childe: A Peculiar and Individual Manifestation of the Human Spirit*, Ph. D. Dissertation, Columbia University, 1992.

12　柴尔德提倡 60 岁就退休，认为与其老病而死，不如早点结束生命，既为年轻人腾地方，自己也少受折磨。皮斯则反对安乐死，认为安乐死是某些人为消灭残疾人寻找的借口。

13　Terry Irving, *The Fatal Lure of Politics: The Life and Thought of Vere Gordon Childe*, Melbourne: Monash University Publishing, 2020.

重新认识柴尔德

1980 年代有个"让我们更好地认识柴尔德运动"，代表作是上述五传的前三传。当时只有这三本传记。鲁思·特林厄姆写过书评。[14]她的评价是第三种最好。当时，特里格是考古学大教授，而其他两位还是年轻的博士生，后来默默无闻，不知所终。结果是特里格成了研究柴尔德的权威。

盖瑟科尔是柴尔德在伦敦大学的学生。柴尔德的学生多半是保守主义者，他不是。他终生追随老师，与老师同道同好。他对这三部传记都不满意，认为他们都没讲清柴尔德与马克思主义的关系。

我读上述传记，不太同意特林厄姆的评价。我认为，还是格林的书最全面，最平实；特里格的书，则有较多政治偏见。特里格自己也承认，他对马克思主义和苏联考古学了解得很不够。他说，他跟格林有约，只谈考古，不谈其他，这类问题最好留给盖瑟科尔。

特里格对柴尔德的评价前后有变化。在《柴尔德：考古学的革命》一书中，他对柴尔德的评价比较类似柴尔德死后他的那些考古学同行，即柴尔德的政治立场有问题，并不符合西方的"政治正确性"。他说，柴尔德靠二手材料和别人的思想说话，只是"一般的理论家"，在学术上也评价不高。后来，他补了点课（如苏联考古），看法有变化，又说"柴尔德与我们同在"。他写《考古学思想史》，说柴尔德既过时，又超前，讲文化-历史考古学，他是集大成者，讲功能-过程考古学，他也是先驱，他试图折中二者，接纳柴尔德回归主流（经"无害化处理"）。伦福儒甚至说柴尔德是"过程考古学之父"。

14　Ruth Tringham, " V. Gordon Childe 25 Years after: His Relevance for the Archaeology of the Eighties," *Journal of Field Archaeology*, vol. 10, no. 1, 1983, pp. 85-100.

世纪之交,有人比较"二德",柴尔德和宾福德(Lewis Binford)。柴尔德是 20 世纪上半叶世界考古的代表性人物,宾福德是 20 世纪下半叶世界考古的代表性人物,两个人代表了两个时代。美国考古学取代英国考古学,就像战后的政治格局,轮到美国当老大(汉学也如此)。柴尔德一定想不到,美洲考古会成为考古学的主流学术。

20 世纪 80 年代以来,中国考古学界有新旧之争。"新"是俞伟超先生和张光直先生介绍引进的美国考古学,"旧"是夏鼐先生和苏秉琦先生为代表的中国考古学。夏先生看不上宾福德,张光直对他也颇有微词。

1980 年以前,大家多认为,柴尔德曾经伟大,现已过时。他们说他是传播论者,年代和文化序列多误,不重视人类学和美洲考古。1980 年代以来,情况有变化。大家对这个谜一样的人物开始有了点新认识。

二　柴尔德的反战思考

柴尔德是历史人物,历史人物要历史地研究,从他当时的环境理解他当时的想法。他这一生,凡历三战,一战、二战、冷战。研究柴尔德,不能绕开这个大背景。

柴尔德的一生(1892—1957)

青少年时代(1892—1911):1892 年 4 月 14 日出生于悉尼。当时,澳大利亚的工人运动很激进,很暴烈。

悉尼大学时期(1911—1914):通过阅读,通过对工人运动的了解,他成了一名马克思主义者和社会主义者。

牛津大学时期(1914—1917):恰逢一战,他和他的牛津同学投身反征兵运动。

第一次回家（1917—1921）：投身澳大利亚的反战运动和工人运动。

彷徨伦敦（1921—1927）：被政治抛弃，转向学术，通过跑遗址、跑博物馆、阅读和写作，成为世界最著名的考古学家。

爱丁堡大学时期（1927—1946）：碰上经济大萧条、希特勒上台和二战，投身反法西斯运动，用考古学反法西斯。

伦敦大学时期（1946—1956）：战后，进入美英反苏反共的冷战时代，投身保卫世界和平运动。

第二次回家（1956—1957）：1956 年 4 月 23 日荣休。当年，有苏共二十大和匈牙利事件。1957 年 4 月 14 日，从英国回到悉尼，10 月 19 日从悉尼蓝山跳崖自杀。

你们看一看，他这一辈子究竟做错了什么？

20 世纪的主题：战争与革命

考古学不是象牙塔中的学问。柴尔德不是象牙塔中的学者。他生活在多灾多难的 20 世纪，有强烈的政治关怀。

1887 年，恩格斯曾预言后来的一战。他说，"这会是一场具有空前规模和空前剧烈的世界战争……以致王冠成打地滚在街上而无人拾取"（《波克罕〈纪念 1806 年至 1807 年德意志极端爱国主义者〉一书引言》）。阿伦特也承认，"战争与革命决定了二十世纪的面貌"（《论革命》）。

一战，英、法、美和俄、意、日为一方，德、奥、土为一方，[15] 双方为重新瓜分世界而爆发帝国主义战争。[16] 德、俄拼消耗，受害最深。德国

15　这九个国家，除去奥、土，加上加拿大，仍是当今的"列强"。其前世即 1900 年的"八国联军"，今生则是 G8，俄国开除后变成 G7。

16　欧洲历史的特点就是长期打，长期分，地理大发现后的世界也是反复被列强瓜分。

战败,割地赔款,备尝屈辱,为二战埋下伏笔。俄国爆发革命,被英国为首的协约国围剿,也为二战和冷战埋下伏笔。

二战,英、法、美为一方,德、意、日为一方,苏联是另类,中国也是另类。英、法绥靖,本想引战祸于东,反而引火烧身,导致苏联与德、日签订条约,导致德国先打英、法后打苏。只是在面临共同敌人的情况下,才有英、美与苏、中结盟,共同打败德、意、日。这场大战,苏、中伤亡最多,其次德、日,英、法因此衰落,美国是最大获益者。

冷战,还是解决历史遗留问题。一战引起俄国革命,二战引起中国革命,二战后的冷战是用来对付这两场革命。

20 世纪的三次大战,全让他赶上了。

一战中的柴尔德:参加反征兵运动

一战,英、法、美与俄连横(协约国),德、奥、土合纵(同盟国),合纵不敌连横。结果是四大帝国(德意志帝国、奥匈帝国、奥斯曼帝国、俄罗斯帝国)解体,解体引发四大革命:1917 年,俄国的二月革命和十月革命;1918 年,德国的十一月革命;1919 年,匈牙利的苏维埃革命和土耳其的凯末尔革命。这就是恩格斯说的"王冠落地"。

1918 年,俄国退出战争,引起协约国武装干涉、俄国内战和苏波战争。1919 年,英国工人有个"放手俄罗斯"(Hands off Russia)运动,用全国大罢工制止列强围剿苏联和英国支持的波兰东扩。柴尔德参加牛津大学的反征兵运动,他的左翼朋友纷纷入狱,有些人后来成为英国共产党的创始人和领导,如他的牛津密友帕姆·达特。

一战前,社会主义运动的中心是工人运动。柴尔德和他在牛津的左翼朋友苦苦思索、激烈争论,问题全围绕工人运动。一战中,战争压倒一切,所有人不得不面对战争,重新选边站队。共产党是反战运动的产物。1917 年的十月革命就是因反战而爆发。如联共(布)、德共成立于 1918 年，美共成立于 1919 年，英共、法共成立于 1920 年，意共、中共成立于 1921 年，日共成立于 1922 年。

反战——反帝国主义战争——是唯一的正义。

转折点：从工人运动到学术流浪汉

1916 年，英国征兵，柴尔德得过脊髓灰质炎，落下残疾，可以免服兵役。1917 年，他回了澳大利亚。他不知道，他已上了英国军情五处和澳大利亚军情处的黑名单，不但他任教的母校把他辞退，任何学校都不敢用他。不得已，他投身工人运动，成了新南威尔士工党州长的智囊。

1921 年，他被派驻伦敦。结果州长去世，工党下台，他丢掉饭碗，没有工作，没有钱，成了学术流浪汉。1922—1924 年，打杂工、翻译书。1924—1927 年，在皇家人类学会图书馆当管理员。这段时间，他读了很多书，跑了很多遗址，看了很多博物馆。

他的第一本著作《劳工如何执政》（1923），是他对澳大利亚工运的总结，也是他对过去的告别。他说，如果不是代价太大，他会投身革命，但他最终还是选择了学术，从此与政治保持距离。他被政治抛弃，反而成就了他的学问，但他从未忘情政治。

他的理论以"三大革命"最出名。特里格说，柴尔德后来从事的是另一种革命，即"考古学的革命"。

柴尔德的"早期五书"使他暴得大名。

1.《欧洲文明的曙光》（1925）。整合欧洲三大考古，此书是代表作。

2.《雅利安人》（1926）。柴尔德在牛津的学位论文是《印欧人在史前希腊的影响》。此书可能是据该文改写，写作应早于《曙光》。因为反法西斯，他从未再版此书。

3.《远古东方》(1928)。借二手材料,总结近东考古。

4.《史前多瑙河》(1929)。欧洲有两条大河:莱茵河和多瑙河,他都跑过。他更看重多瑙河。他把多瑙河看作近东传东南欧、东南欧传西北欧的大通道。

5.《青铜时代》(1930)。他用青铜技术西传(从近东传欧洲)解释欧洲文明的后来居上。他说,近东迷信、专制,工匠不自由,逃往欧洲,青铜技术才突飞猛进。

这五本书,主要写成于他的"流浪时期"。前两本出版于他去爱丁堡之前,后三本出版于他去爱丁堡之初,其中《曙光》最有名。他靠自己的著作和学养当上了爱丁堡大学的阿伯克龙比教授,每年带学生挖苏格兰遗址。

整合三大考古

欧洲考古分三大:1. 近东考古(埃及、两河流域、土耳其和伊朗的考古),与圣经学有关;2. 史前考古(北欧或西北欧考古),与北欧神话学有关;3. 古典考古,南欧考古或东南欧考古,与古典学有关。

柴尔德是古典学出身,伊文思年纪太大,真正教他的是迈尔斯。1925—1927年,迈尔斯帮他找钱、找工作,对他有再造之恩。他受迈尔斯影响最大。[17] 迈尔斯写过本书,《历史的曙光》(*The Dawn of History*,1911)。

柴尔德通欧洲各国几乎所有语言。一战后,他遍游欧洲,特别是莱茵河地区。后来,还到过伊拉克、印度、美国、苏联。美国,去过三次:1935、1936、1939年。苏联,也去过三次:1935、1945、1953年(欧文说,还有第四次,在1956年)。当时,搞西欧的不懂东欧,搞西方的不

---

17 不是带夏鼐去埃及发掘的迈尔斯。这个迈尔斯是 J. L. Myres,那个迈尔斯是 Oliver H. Myers,姓氏拼写不同。

懂东方，他试图把三大考古整合在一起，这在当时是第一次。

柴尔德整合三大考古，被称为"集大成者"（Synthesizer）。特里格指出，柴尔德的《曙光》与迈尔斯的《曙光》从书题到内容都有关联。迈尔斯是从地理、族群讲"曙光"，柴尔德是从考古讲"曙光"。但奇怪的是，柴尔德的《曙光》没有提到迈尔斯的《曙光》。

迈尔斯的《曙光》有 1913 年上海广学会出版的吴江、任保罗译本，中文本叫《史源》。

柴尔德与李约瑟、贝尔纳

1931 年，有一批自称"科学工作者"的左翼科学家，[18] 每月聚餐一次，讨论他们共同关心的问题。他们给这个聚餐会起了个怪名，叫 Tots and Quots，[19] 参加者都是顶尖学者，其中有李约瑟、贝尔纳、柴尔德。

1949 年，英中友好协会（Britain-China Friendship Association）在伦敦成立，李约瑟任主席，柴尔德任副主席。

1950 年代，柴尔德是《现代季刊》（*The Modern Quarterly*）杂志的编委会成员，李约瑟也是。

柴尔德整合三大考古，所有探索围绕一个中心问题，即欧洲文明为什么是唯一发展为现代资本主义的文明？包括所有科学发明、社会制度和政治设计。

"李约瑟难题"属于这类探索，柴尔德的"三大革命"也属于这类探索。当然，他们讨论的角度并不一样。李约瑟是从科技史的角度讨

18　"科学工作者"就是"科学工人"。1950 年代，柴尔德是英国科学工作者协会（Association of Scientific Workers）执行委员会的委员，并一度担任副主席。"科学工作者协会"相当于"科学工人"的工会组织。这是非常左翼的说法。我国也用这类词。

19　此名源自拉丁成语 *quot homines*, *tot sententiae*（有多少人就有多少意见），属文字游戏。

论这一问题,柴尔德是从考古学的角度讨论这一问题(侧重技术史和经济史)。

贝尔纳著有《历史上的科学》(*Science in History*)、《没有战争的世界》(*World Without War*),也讨论科学史,但他更关心的是现代科学向何处去。他用科学史警告人类,特别是大国政治家,人类已经到了一个必须迅速做出抉择的时刻,放弃核武器,科学将造福人类;若执迷不悟,继续用核武器威胁人类,人类将面临毁灭。

柴尔德也有类似担忧。

欧洲文明的独特性

柴尔德要整合"三大考古",不能不对"三大考古"的关系试做总体解释。当时流行"雅利安人"说,认为早期操印欧语的人是"雅利安人"。学者都很关心欧洲人从哪里来、到哪里去。他认为,"雅利安人"起源于南俄草原,而不是日耳曼地区,"欧洲文明的曙光"出现于"远古的东方",从近东传东南欧,东南欧传西北欧;在"青铜时代","莱茵河"是文化传播的大通道。所以,他为考古文化排序:近东最早,东南欧其次,最后由西北欧收官。显然,他从黑格尔、马克思、迈尔斯那里接受了他们以欧洲为中心的文明排序。所谓"欧洲文明的独特性",就是指欧洲后来居上,超越和替代了它的所有前辈。

黑格尔讲历史演进,有个三段式,"亚细亚"是正题,"古典"是反题,"日耳曼"是合题。大西洋文明(西北欧文明)取代地中海文明(近东文明和古典文明)是大趋势。"日耳曼"不光指中古,而且指近现代,代表的是"历史的终结"。他说,"亚细亚"是"早熟的婴儿","古典"是"正常的婴儿",所有这一切全都是为"日耳曼"做铺垫。用《红楼梦》的话讲,当年先进的是"拄拐的孙孙",后来居上的是"摇篮里的爷爷"。马克思的社会经济形态说沿用了这一思路,其早期著作,连三段的名称都是沿袭黑格尔。迈尔斯的《曙光》也是同一思路。上述"三大考古"正好对应这个三段式。柴尔德也延续了这一思路。

当然，这里应当说明一下。严格讲来，亚细亚、古典世界、日耳曼是三个地理单元和三种区域文化。欧洲人都知道，近东文明比欧洲文明更古老，南欧的希腊、罗马也走在西北欧之前。这是 19 世纪公认的历史知识，不是马克思的发明。只不过，他给了一种解释。在他看来，它们代表早晚不同的经济形态或生产方式。特别是马克思有劳工立场，他更看重劳动形态的演化，如奴隶、农奴、工人的异同。或说马克思的亚细亚生产方式是指原始社会（如林志纯之说），恐怕不妥，因为自古典时代以来，欧洲人说的亚细亚，都是指近东，特别是小亚细亚。马克思关注俄国和印度的村社制度，关注摩尔根的人类学研究，希望找到比近东更原始的东西，那是后来。在他们心目中，近东文明一大二凶，很迷信，很专制，与古典文明形成强烈对比。我称之为"古典对立"。

总之，黑格尔也好，马克思也好，迈尔斯也好，柴尔德也好，他们都是以欧洲为中心，从欧洲人的视角看世界。[20] 黑格尔的老三段代表的是 19 世纪以来欧洲人从欧洲历史和考古发现总结的历史分期。这类欧洲历史学的"常识"带有欧洲人最难摆脱的观察角度。

丹尼尔说，考古学最有希望的研究领域有二：一个是经济，最形而下；一个是艺术，最形而上（《考古学一百五十年》）。柴尔德更看重考古学的经济学阐释，这是他坚信马克思主义有用的原因，但他并非忽视精神领域，比如他的"知识革命"就属于精神领域。当然，他更看重

　20　视角很重要。欧洲人是从欧洲中心看周围。比如汉学家，他们习惯从中国周边、中国的四大边疆研究中国，中国人则相反。一个是从西往东看，一个是从东往西看。这让我想起赵树理的《李有才板话》，"模范不模范，从西往东看，西头吃烙饼，东头喝稀饭"。您还别说，白面烙饼确实很有西方特色，小米稀饭确实很有中国特色。

的是与生产工具有关的科学技术。这一兴趣与李约瑟的兴趣有交叉。他对宗教的看法很负面,艺术不是关注点。

二战中的柴尔德:用考古学反法西斯

一战,英、法是靠德、俄拼消耗取胜,苏联是靠与德媾和、退出战争以自保。二战,双方仍沿袭一战的思路。张伯伦绥靖,想引战祸于东,令德、苏互耗,是为了自保。英国知识界多赞同这一策略。苏联抢先与德、日媾和,引战祸于西,也是为了自保。

英国共产党支持本国对德战争,遭共产国际批评,书记下台。共产国际指示英共"退出帝国主义战争"。柴尔德痛恨希特勒,对张伯伦绥靖不满,对苏芬战争不满,对苏德和约不满,曾悲观绝望。但随战争形势发展,英与苏反而走到一块儿。他开始支持英苏同盟,特别赞赏苏联大反攻,主张由苏、美参加的国际联盟(League of Nations)维护和平,主张战后取消殖民地。

柴尔德的反战思考集中在他的两部著作:《人类创造自身》(1936)和《历史上发生过什么》(1942)。柴尔德生性悲观,但很有正义感,悲观之中,不失血气之勇。

柴尔德时代,考古学有五大争论,一是西方主义与东方主义,二是进化论与传播论,三是外因论与内因论,四是单线论与多线论,五是决定论与可能论。

科西纳主张西方主义(认同西北欧),史密斯主张东方主义(认同埃及)。柴尔德主张"东方开头,西方收尾",迁徙和传播是从东南到西北,后来居上。

德国考古学家用种族讲考古学文化,认为雅利安人起源于德国,用日耳曼入侵解释欧洲文化。相反,苏联考古学家主张雅利安人起源于南俄草原或外高加索，用本土起源解释斯拉夫文化。[21]　柴尔德是温和传播论者，他也认为，雅利安人起源于南俄草原，并同情和理解苏联学者的本土说。

柴尔德也做族群考古，但坚决反对纳粹的种族主义。为了反对德国考古学的日耳曼优越论，他不再讨论"雅利安人"，开始用"人民""人群"的概念代替"种族"。

族群考古与"文化圈"理论

德国有大科学院，考古讲席多，国家经费多，发掘水平高。二战前的德国考古令英国学者羡慕。战争初期，很多英国学者对德国抱有好感，希望与德国媾和，如克拉克就很羡慕德国考古。克劳福德的航空考古也受惠于德国航空部（纳粹空军的前身）。从德国逃出的考古学家对英国考古有贡献，如格哈德·波苏（Gerhard Bosch）和鲍姆伽特（Baumgardt）。柴尔德和克劳福德曾自掏腰包，养活波苏一家。当时，还没有碳－14测年，人们对考古现象的认识是以"考古文化"为单位。"考古文化"又常跟族群地理分布挂钩，构成各种"文化圈"。

柴尔德的学术生涯从研究雅利安人的起源开始。他在牛津的学位论文就是讨论这一问题，后来以此为基础写成《雅利安人》。这类研究本来属于语言学研究，但德国考古把它与体质概念的"种族"挂钩，发展为纳粹考古，使这一研究误入歧途。纳粹考古学家多出自科西纳门下，他们认为，雅利安人起源于德国，血统最高贵，日耳曼人南下，征服罗马，才有后来的欧洲。柴尔德承认，他最初也受科西纳的"考古文化"概念影响。但在欧洲面临法西斯威胁时，他挺身而出，坚决反对纳粹考古的种族优越论，认为正是在这种时候，史前史学家应

21　爱莱娜·库兹米娜（Elena Kuzmina）《印度—伊朗人的起源》（邵会秋译，上海古籍出版社，2020年）是用考古材料讨论这一问题的新书，可参看。

该出来讲话，考古对当下有用。1936 年，他在史前史学会呼吁禁止纳粹理论的发言。

整合三种时间框架

汤姆森"三期说"是古物学分期：按石器、青铜、铁器分，其中不包括陶器和各种"软材料"。

摩尔根"三期说"是人类学分期：按蒙昧、野蛮、文明分。这种分期是基于民族调查和民族志。他把人类分为高低不同的三个等级，带有殖民时代的烙印。

柴尔德"三大革命"是考古学分期：按农业革命、城市革命和知识革命分。他试图把三种分期整合在一起。他说的"马克思主义有用"恰恰看重的是社会演进和社会分析。学者多把柴尔德归为文化-历史考古学的代表，认为他以后才有前者向社会考古学的转向。此说不对，其实，柴尔德才是早期社会考古学的代表。

自从人类走出"伊甸园"，迈向"文明"，"公"与"私"就是一对欢喜冤家。中国传统语汇中，"家"代表"私"（私有制），"国"代表"公"（公权力）。国家既是维护私有制的工具，也是调节公私矛盾的工具。《家庭、私有制和国家的起源》是现代文明的原罪研究，就是讨论这类最基本的问题。

1940 年，达特邀柴尔德用考古为《起源》英文新版作注，因意见不合而中辍。柴尔德不愿意把马克思主义词句挂在嘴边。他最初看不上《起源》，后来仔细读过，认为恩格斯确实了解德国的历史和考古，比他大段引用的摩尔根讲得好。他认为，《起源》全书中第九章最重要。他试图把物质文化演进、人类学观察与他对工具进化和生产方式进化的阐释整合在一起，用我们的话讲，是讲社会发展史（1950 年代，我国曾大讲"社会发展史"）。

他的《人类创造自身》《历史上发生过什么》就是属于这类研究。他想用二书为反法西斯提振士气，为人类"打气""加油"，也为自己"打气""加油"。

"黑暗时代"：柴尔德的深度悲观

今考古学有所谓"黑暗时代"和"系统崩溃"研究。欧洲文化有南北之分，德国人以日耳曼人、雅利安人、Nordic Race 自居。Nordic Race，如粤人之呼"北佬"。日耳曼人南下灭罗马帝国，如我国的五胡十六国。此事历来有两种评价：或说从此进入"黑暗时代"，或说赖此蛮风，重振欧洲。

柴尔德本来赞同恩格斯的看法，即野蛮人征服罗马改造了欧洲，但在德国吞并欧洲的危险面前，他宁愿回避此说。他说，"希特勒主义对考古学支持所激起的敌意和恐惧，令我难以认可欧洲野蛮时代所有的积极方面"；论及《历史上发生过什么》，他表示"我写它是为了说服自己，黑暗时代不是吞噬所有文化传统的无底洞（当时我深信，欧洲文明的结局，对资本主义者和斯大林主义者一样，注定是黑暗时代）"（《回顾》）。特里格说，他是用"文明来自东方"抵抗法西斯主义。

冷战中的柴尔德：投身"保卫世界和平运动"

二战后，李代桃僵，美国代替英国当老大，但英国仍然是美国的老师。英国的军情五处和六处，20 世纪初就有，最老谋深算；中央情报局，二战后才有。冷战也是英国撺掇美国发动的。

冷战始于哪一年，向有二说。一说 1946 年，以丘吉尔"铁幕演说"为标志；[22] 一说 1947 年，以杜鲁门主义为标志。[23] 其实，1945 年

22　二战后，他把西方对苏联的封锁说成是苏联的自我封闭，是谓"铁幕"。

23　罗斯福卒于 1945 年 4 月 12 日，没能活到二战结束、冷战开始。他死后，杜鲁门与华莱士争政，而后杜鲁门上台，开启反苏反共的杜鲁门时代。

的"古琴科事件"才是英、美协调立场重新定位敌我的标志性事件。[24] 二战于 1945 年 9 月 2 日结束,事件发生在 9 月 5 日,冷战和二战之间几乎没有间歇。共同的敌人一旦没了,临时的朋友马上就掰。1945 年 6 月柴尔德去了趟苏联,从此去不了美国。

冷战是由英、美发动,而非苏联。北约成立在前(1949),是主动进攻的一方;华约成立在后(1955),是被动防御的一方。双方互抓间谍,也是西方在前。

赫鲁晓夫时代,苏联一直希望与美国缓和关系,共治世界,但美国不答应,必欲置之死地而后快。"美苏和解"对苏联来说只是一场噩梦,他们把美国想得太好。

丘吉尔是"冷战之父"。一战后,他以血腥镇压英国大罢工、武装干涉苏联、支持波兰东扩而出名。苏联的存在,从一战到冷战,一直让他耿耿于怀。

1949 年,美国宣布在欧洲永久驻军,成立北约,引发"保卫世界和平"运动。1949 年 4 月,第一届保卫世界和平大会在巴黎、布拉格同时举行。1950 年 3 月,保卫世界和平大会常设委员会召开斯德哥尔摩会议,发表《斯德哥尔摩宣言》,呼吁禁止核武器,开展全世界的签名活动;11 月,第二届保卫世界和平大会原定在谢菲尔德举行,后因英国政府百般阻挠,改到华沙举行。[25] 1952 年 12 月,第三届保卫世界和平大会在维也纳举行。柴尔德、李约瑟、贝尔纳是积极参与者。毕加索为会议画了和平鸽。当时,他是法国共产党党员(1944 年入党)。

24　参看沙青青:《敌人的构建:古琴科事件背后的暗流》,《读书》2021 年第 8 期。

25　英国政府最初以没有足够住处为借口,拒绝在英国开会。会议筹委会征集到 700 名英国工人志愿者愿意请代表分住他们家里,英国政府还是不答应。他们对已经到达英国的代表切断电话、扣发请柬,对未能到达英国的代表拒发签证,会议只好转到华沙。参看杨剑:《金仲华与世界和平运动——上海国际问题研究院成立 60 周年纪念专文》,《国际展望》2020 年第 6 期。

小时候,我参加过签名,毕加索的和平鸽给我留下了深刻印象。中国发行了三套纪念邮票:纪5(1950)、纪10(1951)、纪24(1953),就是采用毕加索的画。

三　柴尔德之死

柴尔德之死曾经是个谜。1980年,人们才知道真相:他不是失足坠崖,而是自杀身亡。

魂断蓝山

柴尔德是个非常孤独和悲观的人。他害怕战争,非常害怕。

一战,因身体不合格,免服兵役,他曾打算到美国躲避战祸,但不获批准,上其他国家也不行,只好回澳大利亚。他不知道自己已经上了军情五处的黑名单,材料已经寄到澳大利亚。

二战,战争爆发前,他正在美国访学,走前在美国存了钱,希望大难临头时能到美国躲一躲,但他刚一回到英国,二战就爆发,差点儿困在路上。1940年,德军攻占法国,他很绝望。他说,因为反法西斯,他肯定已经上了希特勒的死亡名单。如果英国失守,与其死于法西斯之手,不如投水自尽。他跟克劳福德讨论过自杀,被克劳福德劝止。

冷战,柴尔德仍然是监控对象。1948年,美国学者再次邀他访美,但他去不了。1945年,他参加过苏联科学院220周年纪念,上了美国国务院的黑名单。美国学者再三努力,但他说,我想去也不敢去,去了恐怕遭绑架。当时确实有这类事。

1956年,苏共二十大,赫鲁晓夫做秘密报告,引发波匈事件,欧洲各国共产党员纷纷退党,左翼知识分子纷纷"向右看齐",《新政治家》(*New Statesman*)拉他参加前共产党员的反苏反共签名,他不签。他后来解释说,他不愿令其毕生的敌人称心如意。当他的老朋友帕姆·

达特饱受攻击时,别人避之唯恐不及,他却仍然应允在纪念《劳工月刊》创办 35 周年的 7 月号上发表文章,回忆他与达特在牛津的交往和友谊。这一年,他决定提前退休,所里给他办了荣休纪念会,很隆重,惠勒为他主持,发表了热情洋溢的讲话。他把租住的公寓退掉,藏书和版税捐给研究所,养老金留给年迈的姐姐,两手空空,什么也不留,决定重返故土。

1957 年,他回到澳大利亚,发现自己的故乡已经美国化,反共气氛浓厚,左翼同样抬不起头,气氛早已不是他离开时的样子。

这次,他真的自杀了,在人生的顶峰,义无反顾,从 200 米高的悬崖纵身一跃。

一战,他没死。二战,他没死。他是死于冷战。

欧文称之为"冷战之殇"(A Death of the Cold War)。

"绝命三书"

古人云,"狐死首丘,代马依风"(《后汉书·班超传》)。人之将死,往往会想起他儿时生活过的地方,希望能回到他儿时生活过的地方再看一眼。

柴尔德小时候住在悉尼蓝山的温特沃斯瀑布附近。他是个脊髓灰质炎患者,早先连路都走不了。18 岁以前,他和疼爱他的妈妈一直住在那里。

1957 年 10 月 19 日,他回到他儿时熟悉的地方,跟出租车司机说,我要上山考察岩石构造,中午你来接我,咱们到镇上吃午饭。这是他自导自演的一场戏。

他上了山,来到一处风景绝美、看瀑布的景点。瀑布叫"戈维特飞跃"(Govett's Leap)。[26] 瀑布右侧的上方有个观景台,跟瀑布平行,比瀑布高,叫巴罗观景台(Barrow Lookout)。他把眼镜、帽子、风衣、罗盘放在脚下,从栏杆外纵身一跃,葬身于这片他挚爱的土地。我没去过悉尼蓝山,只是透过照片遥望这个地点,感觉很神秘。

死前,他寄出三封信,我叫"绝命三书"。

《回顾》(1958年发表):讲他一生的学术得失,自我批评,坦承自己犯下的错误和不足,寄给克拉克。克拉克是个右翼保守主义者,与他立场相左,但他反而把此信寄给克拉克。离开伦敦前,他把他的藏书捐给他的研究所,请克拉克做这批藏书的遗嘱继承人。

《展望》(1958年发表):讲他对考古学未来发展的展望,寄给伦敦大学考古所,给他的同事看。此信旧题"告别辞",其实真正的"告别辞"是下一封信,当时还没发表。特里格建议,此信应改题"展望"。

《告别》(1980年发表):讲他为什么要自杀,寄给伦敦大学考古所的新任所长,叫他十年后(即1968年)再打开。他不想打搅别人,也不想被别人打搅,悄然离世。

1980年是重新认识柴尔德的时间节点。

最后的话

在"绝命三书"的最后一封信里,他留下最后的话:

……

英国人反对自杀的偏见完全不合理。其实,从容赴死是人类之所以异于其他动物之处,甚至比为他举行葬礼更好。但我不想因藐视偏见而伤害我的朋友。在悬崖顶上,一个偶然事故突然发

26　Leap,指飞流直下的瀑布,Govett是瀑布发现者的名字,他全名叫威廉·罗梅因·戈维特(William Romaine Govett)。

生,太顺理成章。故地重游时,我发现,澳大利亚社会远不如英国,我不信我还能比我在英国做得更好,我已失去信念,没有理想。但再次登临蓝山,重游儿时常去的地方,依旧令人神往。我已解答了当年令我好奇的所有问题。我见过澳大利亚的春天,我闻过波罗尼亚的花香,我凝视过蛇、蜥蜴,我倾听过"蝉"鸣。现在,在这儿,我已经没什么想干,没什么该干,也没什么可干。我恨蓝山的夏日风光,更恨英国的寒冬雾雪。趁心情还愉快、身体也健康,就此了结余生,那是再好不过的。

柴尔德从未加入过共产党

一战前,社会主义运动围绕工人运动展开。柴尔德曾认为澳大利亚和美国是劳工执政最有希望的地方,但从 1921 年起,他对工党政治完全绝望。

他对苏联看法多变,充满矛盾。他经常用"极权主义""东方专制主义"称呼这个新生的国家,但又说此事恐怕难免,苏联是"宏大而充满希望的试验"。

他也同情惨遭德国自由军团杀害的李卜克内西(Karl Liebknecht)和卢森堡(Rosa Luxemburg)。德国自由军团是一战退伍老兵的组织,最恨反战分子,其部分成员后来成为纳粹党要员。

然而,终其一生,他从未加入共产党。他认为,在英国强大的反共统治下,英共"没戏"。

柴尔德是个马克思主义者,但从未加入共产党,即使二战后,知识分子纷纷加入共产党时,他也没有加入。相反,1956 年,左翼退潮、共产党员大批退党时,他并没有放弃自己的立场,抛弃出卖昔日的朋友。

这与奥威尔形成强烈对比。奥威尔的"黑笔记本",其中就有柴尔德的名字。

柴尔德从未获得任何来自英国皇室的荣誉

柴尔德从 25 岁起就是英国军情五处黑名单上的人。即使回国,也受澳大利亚情报部门监控。如他第一次回国时被母校赶走,就是情报部门打了招呼;第二次回国,他已是名满天下的学术泰斗,母校授予他荣誉博士,表面很风光,但直到跳崖,他都处于监控之中。二战后,他受邀访美,也被美国国务院拒绝入境。

英国著名考古学家多有皇室颁授的勋章和爵衔(Sir 或 Dame),如夏鼐提到的"五大师",除柴尔德之外,都有这类头衔。

柴尔德与李约瑟是一类人,左翼,亲共。1952 年,李约瑟参加过细菌战国际调查团,去朝鲜,回国后遭受围攻,未能封爵,但 1992 年他至少得过皇家勋章 CH(Companion of Honour)。柴尔德则从未获得任何来自英国皇室的荣誉。

走出"史前社会"

柴尔德讲过两句话,可以代表他对未来世界的看法。

> 　　或许,马克思主义的分析只适用于一个尚不存在的世界国家的世界经济。它是个不可避免的结果,但尚未到来——假如你们的原子弹未能事先把整个人类大家庭彻底消灭。美国制度的垮台或许会推迟,就像英国靠帝国主义延命,英国人和其他欧洲人(苏联除外)正转化为外在的无产者,就像英帝国晚期的印度人和苦力,但我毫不怀疑,美国的资本主义结构会使来自欧洲人的贡品大受欢迎。(1948 年 9 月 18 日致莱斯利·怀特信)

注意:他是把"假如你们的原子弹未能事先把整个人类大家庭彻

底消灭"当作"未来世界"的前提。另一段话：

> 马克思本人要想摆脱此类偏见，与其把空洞无物的"共产主义"说教留给后人，还不如明智地断言，它的实现并不是历史的终结，而是人类社会史前史阶段的终结……历史学家的责任并不是想出某种近似绝对价值的东西，给它贴上"进步"的标签，而是从历史中发现那些最接近"进步"的价值。（《过去、现在与将来》书评，1956 年）

注意：他是把当代资本主义归入"人类社会史前史"，而把"未来世界"当作这个"史前社会"的终结。

人类的命运全靠人类自己

柴尔德的反战思考有两重含义。第一，《人类创造自身》（这个题目借自马克思），讲历史是人类自我选择的结果，没有现成答案；第二，《历史上发生过什么》，讲历史进步的大趋势，讲光明如何战胜黑暗，如"三大革命"，希腊化的辉煌，罗马帝国的衰亡。

他讲人类进步，提出过一个问题：衡量标准是什么？这个问题很难回答，他是把人口增长曲线视为标准。这个标准，似乎很低，其实很高。人类总是挣扎徘徊于哈姆雷特的经典独白（"生存还是毁灭"）。在他看来，活着就有希望。柴尔德的书，李约瑟的书，贝尔纳的书，关注的是同一问题。

然而文明也是自杀史。人类可以创造自身，也可以毁灭自身。历史上，多少文明都毁灭了，多少人不明不白就死掉了，虽然还有人活下来。光明注定会战胜黑暗吗？未必，这只是他的信念。二战中，德军占领法国，柴尔德深感绝望，认为德军登陆后他必死无疑，英国的制度也好，苏联的制度也好，都将同归于尽。

苏军大反攻后，他一度充满希望，但在冷战第一轮，他再度陷入绝望。在《告别》中，他说，65 岁的他已经不再有创造力，他不愿贫病而死，宁愿选择自杀。

三首献给柴尔德的诗

有三个人给柴尔德写过献诗。

一位是皮戈特。皮戈特是英国著名考古学家。柴尔德离开爱丁堡后，是他接替柴尔德的教席。1934—1935 年，他写了一首三节连韵诗。当时，柴尔德仍在爱丁堡大学。他说，此诗是献给他心中的"王子"（Childe 有"王子"义）。他特别欣赏柴尔德的《曙光》，全诗每一节最后一句都是说，答案就在《曙光》的某个脚注中。此诗可以代表考古学家的看法。

一位是林赛。林赛出生于澳大利亚，是他的老乡。柴尔德这一辈子，可以称为"至交"的老乡只有两人，一位是伊瓦特，一位是林赛。伊瓦特是他在悉尼大学时的同学，后来成为澳大利亚工党主席，当过澳大利亚总理和联合国大会主席。林赛是英国著名左翼作家，参加过英国共产党。他俩相知甚深。他一死，林赛马上就想到他是自杀。1963 年，他写了一首诗，怀念他们在布里斯班的初次相遇。当年，他俩同游铃鼓山，住在山上，海阔天空，纵论天下。回首往事，令他穿越时空，仿佛目睹柴尔德的蓝山一跃。

一位是大卫·马丁（David Martin）。马丁参加过西班牙内战，1950 年因躲避法西斯迫害，移居澳大利亚。他与柴尔德素昧平生，但有共同的反战经历，对他的晚期著作更有共鸣。他的诗收在一本1972 年出版的诗集中。他说，他从《人类创造自身》《历史上发生过什么》看到了"人类的希望"。

四　柴尔德死后

今年(2022)是柴尔德诞辰 130 周年,咱们应该纪念一下。斯人已逝,留给我们的问题却很多很多。下面讲几点感想。

公理何曾战胜

一战后,卢浮宫的胜利女神像曾是"公理战胜"的象征。所谓"公理"即今所谓"普世价值""国际规则""国际秩序"。大家千万不要忘了,这些"公理"都是打出来的,战胜国说了算。

一战,中国留下个纪念物:"公理战胜坊"。1917 年 8 月 14 日,北洋政府对德宣战,中国因为出劳工(14 万),居然当了回"战胜国"。中国人不明白,"公理战胜"是英、法、美战胜,哪有中国什么事。所以当巴黎和会承认日本强占胶州湾时,中国人才会大受刺激。[27]

"公理战胜坊"本来是"克林德坊"。1902 年,德国公使克林德在东单当街杀人,被中国人杀,德国反而要中国道歉,原地为克林德立牌坊。1919 年,"克林德坊"改"公理战胜坊",搬到中央公园(即后来的中山公园),中国人以为,这回总算扬眉吐气,没想到还是耻辱柱。巴黎和会反而成了中国革命的导火索。

二战,中国又是战胜国。这回,中国可不是出劳工,而是真刀真枪同日本打,付出巨大牺牲,但雅尔塔会议,三巨头瓜分世界,还是按他

27　西方喜欢"打群架",打仗一定要拉上大小兄弟。两次大战,英、法都动员他们的殖民地参战,中国的参战属这一层次,哪有资格参加分赃。北洋政府对德宣战,本来是为了向日本借钱打孙中山,结果被列强要了。日本从德国手里夺取胶州湾,被巴黎和会承认,中国人备感屈辱,激发"五四运动"。其实从"公理"的角度讲,这一结果太顺理成章了——强盗只承认强盗逻辑。

们各自的战略需要，替我们随意做主。[28]

冷战，郭沫若代表中国参加世界人民保卫和平运动。1952年，"公理战胜坊"又改"保卫和平坊"，郭沫若题额。当时有正义感的人很多（如居里夫妇），他们苦口婆心讲了那么多可以称之为"公理"的话，但真正的世界和平离我们仍很遥远，当代的战争狂人根本不听这类"和平经"，以致人们已经把它忘了。

一座牌坊见证了中国历史。公理何曾战胜？

人们总是把短暂的休战叫作"和平"

富勒（John Frederick Charles Fuller，1878—1966）《西洋世界军事史》（*The Decisive Battles of the Western World and Their Influence upon History*）提到三种"和平"。

1. 不列颠的和平（Pax Britannica）：一战后的"和平"（1918—1939）。1929年，世界经济大萧条。1931年，日本侵占中国东北。1933年，希特勒上台。1935年，意大利入侵埃塞俄比亚。1936年，西班牙内战。这21年，只有前10年，勉强可称"和平"。[29]

2. 美国的和平（Pax Americana）：二战后的"和平"（1945—）。二战结束后，英国撺掇美国发动冷战。冷战和二战几乎是"无缝对接"。所谓"和平"只是"恐怖的和平"（"核平"）。

3. 鞑靼的和平（Pax Tartarica）：他害怕的"和平"是当时以苏联为首的社会主义国家提倡的和平。他把苏联叫"鞑靼"，意思是"野蛮

28　十月革命后，列宁曾宣布废除沙俄与各国签订的一切不平等条约，包括中国，但地缘政治是硬道理，形格势禁，做不到。如中国东北和内外蒙古，曾是沙俄、日本的争夺对象，苏联退出，则日本介入；日本退出，则美国介入。其他国家和地区，无不如此。

29　西方视野下的一战史、二战史还是以欧洲为主战场，起讫时间由欧美定，远东非所计也。其实，中国的抗战，无论从1931年9月18日算起，还是从1937年7月7日算起，都在英美定义的二战开始之前。可笑的是，国民政府对日宣战是1941年12月9日，反而跟在美国对日宣战（12月8日）之后。

人",因此绝不给它"和平"。

人们总是把短暂的休战叫作"和平",但每一次"和平"都埋伏着下一次战争。

"冷战"的走向

19 世纪,普鲁士军事家克劳塞维茨有句名言,"战争是政治的继续"(《战争论》)。他强调,政治是目的,战争是手段。战争是政治手段升级的最后一步。这是"总体战"(Total War)的滥觞。

20 世纪的三次大战都是超越国界的大国对抗、集团对抗,特点是手段综合,政治、经济、外交、军事一体,全面动员。一战,德国是挑战者和失败者。二战前,纳粹德国总结失败教训,发明"总体战",德文叫 Totale Krieg。

冷战,这种特点更突出。冷战以核武为后盾。核武是武器升级的最后选项,但不是唯一选项。核威慑下有很多选项。

2009 年美国提出"混合战"(Mixed War)。"混合战"仍然属于"总体战",只不过它更强调军事手段和非军事手段的混搭使用,除去经济制裁、政治颠覆、军事干预这"三板斧",还有科技战、情报战、信息战、舆论战、心理战等等,先出哪张牌,后出哪张牌,没有一定,真真假假,虚虚实实,什么糙招都上,更能体现"兵不厌诈"。"和平"与"战争"越来越分不清。

奥威尔说,战争即和平,谎言即真理。每天看电视,现在的世界还是这副德行。

奥威尔笔下的"三国演义"

历史上的帝国分三大类型:海洋帝国、草原帝国和农业帝国。现代地缘政治仍然背负着它们的遗产。

大航海时代,大西洋文明代替地中海文明,英、法、美代替荷、葡、西,占有最多的海外殖民地,[30]俄国是陆上殖民,德、意、日在海上、陆上都没份,所以要打,一次不够,还有第二次。冷战,殖民改驻军。

奥威尔在《1984》中为冷战中的世界格局提供了一幅想象的地图。书中没画地图,只有文字描述。他提到三个超级大国。它们都有核武器,都是极权国家。

大洋国(Oceania):美国吞并英国和英国殖民地的结果,范围包括英伦三岛、南部非洲、大洋洲和南北美洲,从东、西、南三个方向包围后两个大国。奥威尔称之为"英国社会主义"。

欧亚国(Eurasia):苏联吞并欧洲的结果,范围包括整个欧亚大陆的北部。奥威尔称之为"新布尔什维克主义"。

东亚国(Eastasia):指中国、朝鲜、日本和中南半岛这一块,没说谁吞并谁,范围也时有伸缩,西部边界模糊不清,大体处于欧亚国的下方。

三国间是争议地区:范围大约在丹吉尔(摩洛哥北端)、布拉柴维尔(刚果首都)、达尔文(澳大利亚北端)、香港(中国南端)四点之间。

奥威尔有恐俄症,认为欧洲将被苏联吞并,大洋国也被赤化。他把事情说反了。

"后冷战"仍是"冷战"的继续

通常人们把二战后的历史分为前后两段,1989 年以前叫"冷战时期",1991 年以后叫"后冷战时期"。后者一直延伸到现在。

1989—1991 年的大事是苏联解体。苏联解体是个连锁事件,[31]关

30　我记得,小时候的世界地图上,亚非拉各国还括注英、法、美、荷、葡、西一类字。

31　相关事件包括:东欧七国易帜、波罗的海三国独立、俄白乌独立、外高加索三国独立、中亚五国独立和南斯拉夫解体。案:戈尔巴乔夫宁愿放弃东欧七国和波罗的海三国,换取苏联不解体,但未能如愿。乌克兰率先独立后,美国曾顾虑苏联会不会在乌东和克里米亚做什么反应。其实,苏联正急于投怀送抱。叶利钦在老布什面前跟戈尔巴乔夫抢戏,比戈尔巴乔夫更急于投怀送抱,为保俄白乌联盟(这是索尔仁尼琴的主张),他宁愿苏联解体,所以不管其他加盟共和国有什么感受,宣布俄白乌独立,成立独联体。

键是三件事：一，1989年12月3日戈尔巴乔夫和老布什在马耳他会晤，宣告冷战结束；二，1991年7月1日华约宣布解散；三，1991年12月8日，叶利钦、舒什克维奇和克拉夫丘克在白俄罗斯签订《别洛韦日协议》，苏联解体，独联体成立。

尽管戈尔巴乔夫和叶利钦认为，美苏已经握手言和，但美国并不认可这种观点。

1992年1月28日，老布什志得意满，向全世界宣布："在上帝的保佑下，我们取得了冷战的胜利。"注意，他是这样说，"冷战不是'结束'了，而是我们赢了"。

美国从未放弃冷战，"后冷战"仍是"冷战"的继续。

战争从未远去

美国步枪协会把"枪"与"自由"绑在一起，讲什么"枪不杀人人杀人"，"枪保护好人不被坏人杀"，最能解释"美国自由观"。

关于"普世价值"，我说过一句话，"美元最普世""美军最普世"。

美国军工复合体，靠售武赚钱，不断为武器升级换代，把过期的库存倾销世界，以动乱和战争为商机，到处制造"威胁"，到处寻找"威胁"，把世界拖入战乱无止，把武器贸易变成全世界最普世的"价值"。美国控枪无解与世界军控无解是同一个源头。

现在是21世纪。流行说法是，冷战已经结束，新世纪的主题是"和平与发展"："和平"代替"战争"，"发展"代替"革命"。李泽厚有"告别革命"论，但苏联解体后，我们迎来的却是一场接一场的战争：1991年，海湾战争；1999年，科索沃战争；2001—2021年，阿富汗战争；2003—2011年，伊拉克战争；2011年，利比亚战争；2011年至今，叙利亚内战；2022年至今，俄乌冲突。中、俄虽告别革命，英、美却从未告别战争。美国几乎没有不打仗的总统。仅此一事，已足说明一切。

没有"和平"，哪来的"发展"？世界会好起来吗？答案就在眼前。去"美元化"，去"美全球驻军"，世界才有希望。

李　零

2022 年 9 月 20 日在北京大学演讲，

其后不断改写，2023 年 10 月 19 日杀青

目　录

摘 要

维尔·戈登·柴尔德(Vere Gordon Childe, 1892—1957),生于澳大利亚,是二十世纪中叶欧洲最重要的史前学家。他一生功业触动了很多人,革新了对人类过去的研究。他出版的五部著作——《欧洲文明的曙光》(*The Dawn of European Civilization* 1925)、《雅利安人》(*The Aryans* 1926)、《远古东方》(*The Most Ancient East* 1928)、《史前多瑙河》(*The Danube in Prehistory* 1929)和《青铜年代》(*The Bronze Age* 1930)——风靡考古学界,在一些年内奠定了他作为史前学家的学术声誉。柴尔德无疑对史前学科的建立起到了开创作用,然而在其身后,其对考古学研究方法和理论的贡献却被认为与当代考古学研究基本无关。所幸过去十年间,至少有三部长篇专著和二十几篇文章发表,试图探讨其对考古学方法和理论的贡献。

鲁思·特林厄姆(Ruth Tringham)将这些与柴尔德有关的专著和文章总结为"让我们更好地认识柴尔德运动",这表明对这门学科史的书写方式正在发生根本变化。具体而言,人类学家和考古学家正在从辉格式历史转向语境式研究,后者试图将开创性的人物和理论置于更广泛的文化背景中予以考察。乔治·斯多金(George Stocking)和布鲁斯·特里格(Bruce Trigger)尤其呼吁对考古学进行批判性史撰研究,并在尽可能全面的背景中揭示有关过去的细节。考古学史拓宽和发展的结果是,它不仅包含对伟大个人和关键事件的叙述,还包含并整合了经济史、社会史和知识史,也为本书提供了一个基本背景。这是因为学界尽管对柴尔德的学术研究很感兴趣,却还没有一位作者对柴尔德的考古学方法和理论的影响做过全面阐释,也没有一位学者充分揭示过当代事件影响柴尔德工作的程度。

承认彼时的社会政治事件影响了诸如柴尔德这样学者的生活和工作方式,需要的不仅是阅读柴尔德的全部著作,还要基于新的信息来源对其人生所处的背景进行描述。这些新信息包括同代人的回忆录和书信,柴尔德本人的书评、短文和写给报纸的信,以及个人访谈。我将从以上资料出发,对柴尔德的智识和政治发展做出富有社会学意义的分析。

01　导言：理论探讨与文献综述

导　言

维尔·戈登·柴尔德(1892—1957)生于澳大利亚,父亲是新南　1
威尔士州一名笃信宗教的牧师。受制于此,柴尔德的成长环境相当压
抑。据相识者说,家庭教育使柴尔德对读书颇感兴趣,可也让他对既
定宗教深恶痛绝(皮戈特[Piggott]1958a&b;达特[Dutt]1957a&b,
1958)。尽管幼时即对激进政治怀有个人兴趣,柴尔德却从未直接反
抗过自己的家庭。事实上,他的个人叛逆表现在一种怪异的着装方式
上。1914年入读悉尼大学时,这种装束开始引人注目起来。

柴尔德的相貌一定让人无法忽视。据相识者说,他的长相充其量
是普通,毋宁说是丑陋——大多数人认为他长得相当丑。他是个红脸
膛,戴厚眼镜,总是叼烟斗。且因幼时罹患小儿麻痹,他的体态异于常
人。他一生大部分时间都穿一件一战剩余的油布大衣,搭配短裤、步
行靴和宽边帽。他甚至和澳大利亚工党政治家赫伯特·伊瓦特
(Herbert Evatt)打赌,看谁能把一条差不多的裤子穿得更久。柴尔德
赢了,他穿了二十五年。

柴尔德显然是个一流的怪人。在古板保守、常规着装是大衣、燕
尾服和学院长袍的爱丁堡大学,他参加大学评议会和教师会议时却
穿得最邋遢不过,因此惊骇了校方。旅行时他总是坐头等舱,住最好　2

的旅馆,在最好的饭店就餐,还去伦敦的雅典娜俱乐部和上流社会打桥牌,然而他又似乎乐于让那些有保守倾向者感到不适。例如,他非常显眼地把英国共产党的党报《工人日报》(Daily Worker)带到各类考古学会议上。又如,离开东欧时,他丢弃了个人所有衣物,却用旅馆枕头塞满了两个巨大的旅行箱,因此激怒了海关官员,不仅搜查了他,还搜查了他所有的同行者,特别是他保守的考古学同事斯图尔特·皮戈特(Stuart Piggott)、克里斯托弗·霍克斯(Christopher Hawkes)和格雷厄姆·克拉克(Grahame Clark)。然而,和其他怪人不同的是,柴尔德绝非不擅社交。相反,他有一个广阔的同事网,且终其一生都在和这些人共事。此外,他为人虽然疏离,却也有着积极的社交生活。他常去剧院看戏,喜欢开美国大轿车,还从不费心把方向盘挪到左边。那些不幸坐过他车的人都清楚记得他是个可怕的司机,都好奇他是如何才避免了严重的交通事故。

柴尔德的一生功业触动了很多人,革新了对人类过去的研究。然而,尽管他在欧美最著名的身份是二十世纪最重要的史前史学家,他的第一部著作《劳工如何执政》(How Labour Governs 1923)关注的却非史前史,而是澳大利亚的劳工斗争。1917 到 1922 年间,柴尔德醉心澳大利亚政治。事实上,《劳工如何执政》被认为是澳大利亚劳工史上一个里程碑式的研究(戈兰[Gollan] 1964),然而柴尔德从未给这本书写下他承诺的续集。在后来长达数年的时间里他出了五本书,确立了自身作为史前史学家的学术声誉。这些书——《欧洲文明的曙光》(1925)、《雅利安人》(1926)、《远古东方》(1928)、《史前多瑙河》(1929)和《青铜时代》(1930)——席卷考古学界。

过去十年间,人们开始重新对柴尔德的学术历程感兴趣,同时考古学史的撰写方法也发生了根本变化。考古学史得以拓宽和发展,不仅有对伟大个人和关键事件的叙述,还包括对经济、社会和知识史的包容和整合,这就为我个人的工作提供了关键背景。柴尔德的学术生涯尽管为人深感兴趣,却还没有作者对其对考古学研究方法和理论的影响做过全面阐释,也没有学者充分揭示过当代事件对柴尔德工作的影响程度(尤见艾伦[Allen] 1981;盖瑟科尔[Gathercole] 1975, 1976,1982,1989;格林[Green] 1981a&b;欧文[Irving] 1988;麦克奈恩 [McNairn] 1981;皮斯[Peace] 1988;佩雷斯[Perez] 1981;谢拉特 [Sherratt] 1989;托马斯[Thomas] 1982;特里格[Trigger] 1980,1982, 1984a,b&c,1986)。这些被特林厄姆(1983:87)称为"让我们更好地认识柴尔德运动"的研究仅仅强调了从更广阔的历史角度理解柴尔德的生活与事业的必要。

承认当代社会政治事件影响了诸如柴尔德一类学者的工作和生活,意味着我们必须深入研究围绕柴尔德学术生涯的讨论中最尖锐的那些争论,尤其是他专注于马克思主义的程度。不管结论如何,所有对柴尔德抒发过见解的人都承认马克思主义是他人生中一种始终如一的知识力量,同时又认为马克思主义政治哲学和学术哲学只是他生活的一个重要方面。事实上,他们认为马克思主义的理论局限既加强也限制了柴尔德的智识发展。尽管如此,对柴尔德的分析表明,马克思主义是他个人生活和职业生涯中一个贯穿始终的真正的衡量标准。在回顾有关柴尔德的三部专著时,彼得 · 盖瑟科尔(Peter Gathercole)指出,关于马克思主义:

> 他们(格林、麦克奈恩和特里格)并非对马克思主义心怀偏见,也并非不理解柴尔德对马克思主义的严肃态度,然而他们对柴尔德的马克思主义所持的态度还是太学术、太中立了。他们没能充分强调柴尔德在哲学和政治上对马克思主义和社会主义是何等忠诚,也没能充分强调柴尔德将自己卷入了何等机会主义

的纠纷中……他们太过善良了……（1982：197）

我们显然不能孤立看待柴尔德对马克思主义和左翼政治的忠诚。这里的问题是，柴尔德接受的是何种"马克思主义"，这种"马克思主义"又如何影响了他的学问？柴尔德对马克思主义的信仰是否如一些人所说，无非是他对苏格兰考古学界做出的一个淫秽手势？[1]柴尔德似乎为了惹恼他的保守派同事而公开阅读和展示共产党党报《工人日报》，但这是否意味着他的思想也遵循了"党的路线"？柴尔德显然认同左派，希望看到社会主义政权执掌英国和澳大利亚，但是这种政治倾向在多大程度上成了他学术生涯的一部分，这些问题都还有待我们全面了解。

仅仅基于柴尔德最常为人引用的书籍和文章做研究不足以解决这些问题，还须全面理解柴尔德的工作和生活，包括从历史角度对其做出重要贡献的知识领域进行理解。[2]要做到这一点，不仅要阅读柴尔德的全部著作，还要寻找新的信息来源，因为对柴尔德生活的整体理解必须建立在这些新的信息来源上。这些材料，如柴尔德同代人的回忆录和通信，柴尔德本人的书评、短文以及写给报纸期刊的信，传统上并不为知识型传记作家所用。因此，彻底分析他大量未出版的作品（书信），以及那些已出版的、并非面向学者而是面向大众的作品，就构成了我研究的主体，我将从中得出对柴尔德智识和政治发展而言具有社会学视角的分析。

这些材料来自英、美、澳档案中未曾出版的资源。[3]此外，我还将利用对柴尔德前助手、前学生以及与柴尔德有来往的政界同事的个人访谈。总而言之，这些材料为理解柴尔德对理论建构和田野调查的看法，对考古学和社会科学之间关系的认识，以及对学术和政治之间关系这一更为遥远的话题的认识提供了新方法。我们只有通过这些来源,才能掌握柴尔德著作背后的灵感与气质。

柴尔德的政治教育与职业概述:问题和议题

　　1911 年,柴尔德进入悉尼大学就读古典学专业。因学业表现优异,他于 1914 年以一等荣誉毕业于拉丁语、希腊语和哲学方向,并赢得了著名的弗朗西斯·安德森(Francis Anderson)哲学奖学金和库珀(Cooper)古典学研究生奖学金,得以去牛津大学王后学院继续深造。因为英澳学制不同,他从悉尼大学毕业后和去牛津前还有六个月的空闲时间。在此期间,他对激进政治的兴趣开始初露端倪。据伊瓦特——他的毕生好友和澳大利亚著名工党政治家——说,柴尔德开始频繁光顾伯莎·麦克纳马拉(Bertha McNamara)书店(伊瓦特 1940:114),这是悉尼社会主义活动的中心。伊瓦特说这间书店是:

> 卡斯尔雷大街(Castlereagh)上的一个小破地方,卖煽动性的小册子、革命文学和小份香烟,好让住在巷子里的男人们买得起。来这儿的人有国际社会主义者,如汤姆·曼(Tom Mann),无政府主义者和世界产业工人联合会(International Workers of the World)的人。伯莎欢迎所有人……(伊瓦特 1940:115)

　　柴尔德于 1914 年 5 月抵达牛津,不久后一战爆发。他在王后学院住校期间,大学里的男人们慢慢走光,后来大部分死于堑壕战。柴尔德很快就和左派建立了联系。他在抵达牛津后不久,即同英国共产党的创始人之一拉贾尼·帕姆·达特(Rajani Palme Dutt)搬到了一起。据英国著名社会主义者,如大卫·布莱洛赫(David Blelloch)、罗伯特·乔利(Robert Chorley)、雷蒙德·波兹盖特(Raymond Postgate)

和达特等人后来出版的回忆录说，1914 到 1917 年间，柴尔德把大部分时间花在了学习马恩著作上。事实上，据达特说，柴尔德才到牛津几个月就已倾心左派了，他们"最喜讨论的主题是黑格尔、马克思、青铜时代和迈锡尼文明"（达特 1957b）。

柴尔德在牛津时的居住情况事实清楚，但他在牛津的大部分政治活动却不为一般传记所载。如，他是牛津大学社会主义学社（Oxford University Socialist Society）的积极分子和反征兵联谊会（No-Conscription Fellowship）的拥护者。当他的朋友因反征兵被捕时，他对他们表现出了坚定的支持。后文中我将援引他和牛津学者吉尔伯特·默里（Gilbert Marray）的通信，将其作为一个宝贵的信息来源，说明柴尔德在激进政治中的活动轨迹。迄今为止，这些通信或被其他学者忽视，或未被充分利用。而柴尔德在牛津的活动明显极为关键，因为他是战时唯一仍然住在牛津的反战的左派学生，其他反战学生或者被捕，或被开除。我们还会发现柴尔德的反战立场来自于他所参加的牛津大学社会主义学社。

柴尔德一边活跃于社会主义政治，一边继续古典学的学业。在约翰·迈尔斯（John Myres）的指导下，他写了《印欧人在史前希腊的影响》（The Influence of the Indo-Europeans in Prehistoric Greece）一文。除迈尔斯外，在牛津，柴尔德还受教于比兹利（J. D. Beazley）、马库斯·托德（Marcus Todd）、珀西·加德纳（Percy Gardner）和亚瑟·伊文思（Arthur Evans）等人。在这些教师的指导下，柴尔德熟悉了希腊罗马古典文明时期的遗址发现，但是这些人中没有一个对柴尔德产生深远影响。事实上，他后来的事业与其说是受他的教育背景所赐，不如说更反映了他的牛津教育皆由政治经历主导的事实。从考古角度看，柴尔德是个真正的原创者和自学者。

1917 年，柴尔德以优异成绩毕业于王后学院，且是第一个获此殊

荣的澳大利亚人。毕业后他返回澳大利亚,想找一份学术工作。那些 9
对柴尔德1917年回澳情况有过著述的人认为,他找到学术职位又被
开除的原因是政治,然而没有一个学者分析过他受政治迫害的程度
之深。我将利用迄今为止尚未公开的澳大利亚国防部文件和军情局
审查报告,说明柴尔德受到了澳大利亚秘密警察的严密监视。除此,
澳大利亚国防部还在柴尔德的两次被解雇中扮演了重要角色,并在
确保柴尔德得不到第三个职位时施加了影响。事实上,因为这个部门
的干预,柴尔德被列入一切大学任命的黑名单。政治迫害和黑名单的
结果是,柴尔德不得不转向劳工政治,将其作为自己的全职工作。

1917到1922年间,柴尔德是澳大利亚工党内一名活跃的社会主
义者。他发表了很多文章,迄今为止这些文章都还未被人分析过,但
是这些不为人知的文章建立起了《劳工如何执政》(1923)出版前后柴
尔德思想的连续性和重要变化,且能让他写的唯一这本非考古类著
作好懂些。和一般认识相反的是,柴尔德主张澳大利亚工党应在社会
主义政治中扮演积极角色。[4] 事实上,他逐渐认识到党对阶级形成的 10
积极作用,它可以推进或拖后社会主义前景的到来。

1921年,柴尔德被提拔为约翰·斯托里(John Storey)的私人秘书
(斯托里日后会成为新南威尔士州的工党州长),只是我们今天无法
确知柴尔德如何得到了这份工作。仅仅一年后,由于斯托里的健康恶
化和州长办公室改组,柴尔德又被任命为研究和宣传官,这个职位将
他带回了英国。他的职责是向欧洲其他工党政府代表澳大利亚工党,
准备新闻发布,研究新立法等。这是一个特别重要的高姿态岗位,因
为澳大利亚工党曾经多次被攻击为缺乏诚信,工党政府因此感到焦
虑,希望为新南威尔士工党政府展现出一个正面形象。然而,1922年
工党倒台后一周内,柴尔德就遭到了解雇,理由是他是个政治任命者,
他会让即将上台的保守党政府感到尴尬。

被解雇后，柴尔德留居英国。1922 到 1925 年间，他在政治和欧
洲考古两个领域内都有求索。他一边和两个领域都保持联系，一边越
来越专注于研究过去。考古研究对他而言肯定更为安全，尤其是在
11   1922 年后，因为此时工党在澳大利亚处境艰难。在牛津导师迈尔斯
的帮助下，1925 年柴尔德被任命为皇家人类学研究所的图书管理员。
他能得到这份工作实属幸运，因为当时极少有带薪的考古类职位。

我将根据柴尔德与迈尔斯的通信，展示柴尔德求职时经历的数
次被拒，即使是最坚强者也会因此意气消沉。甚至柴尔德在两年无果
的搜寻后找到的工作——爱丁堡大学史前考古学领域著名的阿伯克
龙比（Abercromby）讲席教授——也基本是因为别人不去才被他得着。
柴尔德既非这份工作的第一人选，也非第二人选。我将说明他在对这
个职位的奋力求取中，匆忙出版了《雅利安人》一书，因为他相信这会
增加他的获胜机会，不想日后，此书却会令他倍感尴尬。因为出版了
这本书，他就给人留下了"亲德"的印象。尽管这可能只是无心之失，
却严重损害了他的政治信仰。

柴尔德在爱丁堡做了将近二十年苏格兰唯一的考古学讲席教
授。他的个人生活固然很不愉快，但却坚定确立了他作为欧洲顶尖史
前史学家的地位。政治上，他在爱丁堡相当孤立，他被爱丁堡考古学
界排斥为政治可疑之人，因为同事们认为这样一个有威望的职位理
应属于"一个真正的苏格兰人"。他也没什么学生，在爱丁堡执教期
12   间，他只有一个学生以优异成绩毕了业。[5]他总是游离于大学的主流政
治之外，原因主要在于爱丁堡大学的政治保守性，这一情况尤其在二
十世纪三十年代发展到了风口浪尖。

已经认同于左派的爱丁堡大学校方很少注意柴尔德的政治信
仰，只待之以善意的疏忽。柴尔德发表的左派作品都出现在报刊上，
如由全国劳工学院理事会（National Council of Labour Colleges）主办的

《平民》(*Plebs*)一刊。保守派压根没有反对柴尔德作品的理由,尤其是因为他们甚至几乎不会有机会读到这些文章。然而,随着三十年代的推进,爱丁堡的保守派们还是不由自主注意到了柴尔德的学问。[6]因为随着法西斯威胁的成倍增加,柴尔德的努力也在成倍增加,他希望为自己的作品争取到尽可能广泛的读者。因此,在积极抗击法西斯威胁的过程中,他和很多其他学者联合起来,他们都视以各自领域的知识反抗法西斯政府的伪科学、揭露右翼意识形态为己任。我将证明在成为反法西斯主义领军人物的过程中,柴尔德的高调明显造成了爱丁堡大学校方的不适。通过采访柴尔德爱丁堡时期的学生和同事,我将证明爱丁堡大学校方被柴尔德的激愤立场弄得尴尬,故意不让他好过。原因很简单。1940 年,有传言说如果德国成功入侵,爱丁堡大学校方会和德国人合作,或者至少会把那些反法西斯主义者交出 13去,好让自己幸免于难。事实上,基于柴尔德和美国学者的通信,我将证明在战争的至暗时刻,柴尔德觉得自己只有两个选择:或者移民美国,或者自杀。

　　二战后,柴尔德有机会搬到伦敦。1946 年,他成了伦敦考古研究所的第一任所长,于是很高兴地将爱丁堡抛在了身后。在伦敦,他终于有机会教很多学生了。他虽然不是个有天赋的讲课者,实际上从各方面看都很糟糕,但他还是得到了学生的真心尊敬。因为他会慷慨解囊,特意帮助经济上有困难的学生,还会联系他认识的人给学生找工作,也会没完没了地给学生写推荐信。曾在这个所受教于柴尔德的史前史学者包括保罗・阿什比(Paul Ashbee)、约翰・亚历山大(John Alexander)、汉弗莱・凯斯(Humphrey Case)、彼得・盖瑟科尔、亨利・霍奇斯(Henry Hodges)、辛克莱・胡德(Sinclair Hood)、艾莉森・拉维茨(Alison Ravetz)、南希・桑德斯(Nancy Sanders)、伊莎贝尔・史密斯(Isobel Smith),以及其他很多人。除了拉维茨和盖瑟科尔自认左派外,柴尔德的学生大多是保守派。毕业后,所有这些人都从事了和主流相当合拍的职业。

在伦敦,柴尔德还能花更多时间和左派相处。冷战期间,这一点格外令人欣慰,因为像柴尔德这样的马克思主义学者发现自己越来越孤立。柴尔德继续努力为自己的作品争取尽可能广泛的读者群,证据之一就是他参与了《古今》(*Past and Present*)杂志的创刊。受约翰·莫里斯(John Morris)的激励,柴尔德在创办《古今》过程中扮演的角色,除了少数马克思主义史学家外(因为他们熟悉这本杂志最早的编委会成员),是不为外人所知的。然而,正如我们将要在后文中看到的那样,柴尔德对《古今》的参与只是他热衷国际学术合作、抵抗政治压迫的一个例子。他在这个黑暗年代里的所作所为清楚表明,学术活动将会造成怎样真实的政治结果。例如,他因为参与了左派事业,就被美国拒发签证。我也将说明,就因为在一本书(《历史》[*History*])中提到了斯大林,他的全部著作就被美国列入了黑名单。

1957年,任职考古所十年后,柴尔德辞去了所长之职。合同还有一年到期,但他还是以个人特有的慷慨提前去职了。很明显,考古所正在进入新阶段,就要搬到一个更大的建筑里去,还要和伦敦大学建立更正式的关系。作为一个不太能干的管理者,柴尔德意识到这样一个举措所涉及的重大行政责任是他不适合承担的。[7]

生命的最后两年是柴尔德人生中的高潮。1956年发生的事,特别是赫鲁晓夫对斯大林的谴责,以及匈牙利起义的被镇压,让他对苏联共产主义的信仰连遭重锤。1957年柴尔德退休,得到了一本纪念文集,还有古物学会(Society of Antiquaries)颁发给他的一枚金质奖章。据说柴尔德对得到这些荣誉都还是相当感动。那年晚些时候,柴尔德决定返归澳大利亚。我们如今已经知道,他在那里结束了自己的生命(柴尔德1980)。回澳后,柴尔德立刻被悉尼大学授予荣誉学位,虽然三十五年前迫害他的也正是这所大学。在公开尊敬柴尔德的同时,悉尼大学和澳大利亚国防部也还都没忘了柴尔德在澳大利亚做激进分子的日子。因为柴尔德一回到自己的祖国,就再次被国防部监视了起来。显然,他还是被当成了一枚颠覆分子对待。我们只得假设,虽然已经到了成熟老迈的六十五岁之龄,柴尔德还在被视为对国家安全的危险和威胁。在澳期间,柴尔德广泛讲学,拜访家人老友,然而此次归国并不愉快。他言辞尖刻地写信给他在欧洲的相识者,痛陈澳大利亚的社会性质。他深感失望地发现,相比1922年他离开时的样子,现在的澳大利亚,社会主义的成分甚至还更少了(柴尔德1990)。

在澳期间柴尔德写了一本书(《欧洲社会史前史》[*The Prehistory of European Society*])和三份于他死后出版的文件。第一份文件名为《回顾》(Retrospect),是一份自传体声明,也明显是一个知识分子的自杀遗书,因为柴尔德试图在此文中总结他在考古学方法和理论方面的贡献。第二篇名为《告别辞》(Valediction),是篇论文,试图总结他认为考古学应该走的路。第三篇,也是最后一篇,是一封写给他继任者的私信,并附一篇回忆录,规定十年后方可开启。这份回忆录后来由《古物》(Antiquity)杂志出版,在文中柴尔德概述了他的人生观,并总结说: 16

> 我故国重游,发现自己对澳大利亚社会的喜爱远不如对欧洲,且我不信我能做任何事使之变得更好,因为我已经对我所有的旧日理想失去了信心……我已经看过了澳大利亚的春天,闻过了波罗尼花,看过了蛇和蜥蜴,听过了蝉鸣。此处再也没有我想做的事了……生命最好结束于快乐强健时……(柴尔德1980:4)

批判史撰视野中柴尔德的地位

生前,柴尔德是欧洲最杰出的史前史学家。死后,他得到了比之前任何考古学家都要多的致敬。全世界主要研究机构的考古学家、人类学家、历史学家和社会学家都在书写他对各领域的贡献(克劳福德[Crawford] 1957;克鲁登 1957;达特 1957a&b;莫里斯[Morris] 1957;皮戈特 1958a&b;劳斯[Rouse] 1958;惠勒[Wheeler] 1957;伍斯特[Wooster] 1957)。这些人无论政治立场如何,都无一例外地认为柴尔德是他那个时代世界上最伟大的史前史学家。他们还认为他是个很棒的人,只是有点与人保持距离罢了。唯一不赞成的声音来自莫蒂默·惠勒(Mortimer Wheeler),他批评柴尔德是个差劲的管理者。

《回顾》等于是柴尔德对其职业生涯对考古学方法和理论已经产生的和将会继续产生的影响的总结。尽管此文在他死后不久即告出版,但是那些为他写讣告的朋友和同事却似乎谁也没能领会此文的重点。用柴尔德自己的话说,他尽量客观地将自己的一生事业放到了一个更广阔的历史视野中去。《回顾》格外有启发处是柴尔德的结论,他说自己"对考古学的贡献不在于建立了按时间顺序有序排列的历史分期,或者定义了一些新文化,而在于提出了解释性的概念和方法"(柴尔德 1958:72)。在他本人看来,《欧洲社会史前史》是他的最大成就,因为此书:

> 比我所知的任何著作都更能例证人人都能接受的历史可以如何从考古发现中提取:某一特定提取物无论是否被接受,都应有助于确认考古学在历史学科中的地位。同时,此书也说明在我眼中科学考古学应该是个什么样子……(柴尔德 1958:74)

很明显,柴尔德感到《欧洲社会史前史》代表他最重要的贡献,因为此书对欧洲史前史的描述既有科学性,又有历史性。外部刺激,如环境情况或人类活动,再加上内部的经济进步,使考古学家观察到的变化过程有了历史性。科学性则体现在柴尔德用人类行为的一般规律解释特定事件上,如新石器革命和城市革命。相比《欧洲文明的曙光》各版本的形式传统、太过局限,柴尔德觉得他在这部《欧洲社会史前史》中对自己毕生专注的那个问题,即欧洲文化的独特性问题,提供了最终解答。因此,《欧洲社会史前史》是一个里程碑,不是因为它向读者提供了详细的经验观察,而是因为它提供了可以用来研究整个欧洲史前史的关键方法。然而,正如我将要在后文中展示的那样,那些分析柴尔德学术发展的人花了太多精力考察其时间框架,而非他在方法和理论上的贡献。柴尔德自己也意识到,他经过艰苦的建设和重建,最后搭建起来的论断所依赖的其实是可疑的经验,但他仍然对自己的方法充满热情:

> 现在我承认我的全部叙述可能是错误的;我的公式可能运用不当;我的解释可能站不住脚,我的时间框架说老实话并不牢靠——可要是没有这些,我们可能连猜测都猜测不了——但我仍然认为结果值得出版……(柴尔德 1958:78)

英国的解释

柴尔德死后,英国考古界发表在诸如《古物》和《人类》(*Man*)等专业期刊,以及各类考古学会会刊上的主流观点可以分为三类。首先,柴尔德的同代人认为他对考古学的重大贡献在于他对欧洲和近东史前史所做的以经验主义为导向的解释,且此类作品主要发表于

1925 至 1935 年间,如《欧洲文明的曙光》《远古东方》和《史前多瑙河》,因此考古界几乎贬低了柴尔德此后所写的一切。其次,英国考古学家认为柴尔德的著作间存在差异,具体而言就是他有为同行学者所作的专业著作,也有为一般公众阅读所作的"不太重要"甚或"无关紧要的著作"。最后,除了那些和柴尔德有积极来往的左派组织内的学者,所有英国学者都忽视了马克思主义及马克思主义传统对柴尔德著作的重要性。

关于前两点,马尔瓦尼(Mulvaney)明确指出:"柴尔德对史前史研究的永久贡献发生在 1925 到 1936 年之间,他此后所写大多仅为对旧主题的阐发或修改"(马尔瓦尼 1957:94)。皮戈特在《英国科学院院刊》(Proceedings of the British Academy)上为柴尔德所作讣告中,形容柴尔德是一个"伟大的综合家和集大成者。他第一次、也许是最后一次将欧洲史前史的整个领域都统摄到一个单一学者的思想掌控中"(皮戈特 1958a:309)。皮戈特还说,作为考古学家,柴尔德"首先是个不知疲倦的历史分期的建设者,他以学术的超然态度审视欧洲科学,并总能在考古细节的密林中辨认出史前森林来"(皮戈特 1958b:77)。这个观点后来被人重复了一遍又一遍,只不过说话人和措辞有所不同而已(克拉克 1957b;克鲁登 1957;霍克斯[Hawkes] 1958;惠勒 1957)。

在第二种情况下,英国学者认为在柴尔德的通俗合成品和高度专业化的著作间存在明显差异。通常,《欧洲文明的曙光》被认为是经典技术专著,而《人类创造自身》(Man Makes Himself)、《历史上发生过什么》(What Happened in History)则是通俗表达。[8] 所谓的通俗著作遭到严肃思考的排斥。可是将柴尔德 1935 年后的所有著作分离出去,将那些有充分引证的大部头著作从他的"小"书中清除出去的做法,导致了对柴尔德考古学问的严重误解。否定这些作品就意味着,柴尔德的同行几乎把他所有的马克思主义分析都排除在了严肃讨论之外，而原因就在于这些马克思主义分析——如《人类创造自身》《历史上发生过什么》——主要都发表于 1935 年后，是为更广泛的读者群所作。

终其整个职业生涯，柴尔德都在将大众出版物当成复杂考古研究的一个出口，而且只是到了后来，他才会为其考古同行更细致地在专业期刊上发展其思想。因此，我们必须将柴尔德的通俗著作和技术专著当成一个整体考察。对他每一种写作风格的分析可以使我们观察其思想演变，以及对某一具体问题——如三十年代的印欧人起源问题——如何既被视为学术问题，也被当成政治问题对待。因此，1925 到 1935 年间，当柴尔德创建"可接受的"欧洲和近东史前技术年表时，他也将这些研究成果发表在了左翼出版物中，如《平民》和《现代季刊》(*Modern Quarterly*)，而此时还有很多思想传统的同代人不认识他。

柴尔德写作通俗读物的动力和他在英国考古同行眼中作为马克思主义者的崛起，与两个因素直接相关：一是法西斯主义在纳粹德国的兴起，二是出版大量可供数十万人阅读的廉价书籍的出版社的出现，如思想者图书(Thinker's Library)、沃茨(Watts)、企鹅图书等。三十年代中期这些因素变得非常明显，几乎无法被人忽视。就柴尔德的同事而言，他们中的大多数人都将柴尔德的马克思主义和左派信仰当成是一种特殊的人格怪癖，因此他们对《人类创造自身》这样的作品的出现感到惊讶。在他们眼里，柴尔德突然蜕变成了另一个生物，一个他们还没有准备好去应对的生物。因此，与其严肃对待《人类创造自身》这样的书，不如将这些通俗读物视作与其主体作品无关的一个方面。马克斯·马洛温(Max Mallowan)明确写道："小书是他那令人遗憾的左翼怪癖的轻浮产物。"（马洛温 1958）

21

柴尔德死后,英国考古学界努力想解决的第三个问题,也是争议最大的一个问题是,柴尔德在多大程度上是或不是马克思主义者。直到现在,这仍是英国考古界想要弄明白的一件事。论辩不仅围绕柴尔德在多大程度上是一个马克思主义者展开,也围绕马克思主义及其在考古理论中的作用这一广泛问题展开。鉴于论辩的尖锐程度,则关于柴尔德最常被人引用的一句评论是对其马克思主义的评论也就不足为奇了。格林·丹尼尔(Glyn Daniel)在为柴尔德回忆录《回顾》所作的社论中说:"任何时候,关于柴尔德的最大谜团是,他在多大程度上是个马克思主义者(或马尔主义者)"(丹尼尔 1958:66)。

柴尔德的同代人,如丹尼尔、皮戈特,以及霍克斯,都认为柴尔德对考古学的主要贡献在于他对考古数据的综合,于是他们几乎完全低估了马克思主义对柴尔德工作的重要性。皮戈特推测,柴尔德分阶段实验了马克思主义的社会演化论,并在其中看到了可能对理解考古学数据有帮助的历史模型。不过他也坚持认为,这种求索"在考古学的理论领域内是完全无果的"。他认为柴尔德利用马克思主义学术只是为了想要冒犯那些有保守倾向的人。正因如此,皮戈特指出,柴尔德作为一个"害羞、笨拙、心怀理想主义的澳大利亚年轻人",有可能在共产主义那里看到了一张知识分子享有更高地位、不再被标签为"局外人"的"社会蓝图"(皮戈特 1958b:305)。最后,皮戈特得出结论,说柴尔德声称的对马克思主义哲学的兴趣其实是个"复杂缠绕的知识玩笑",目的是为震惊或冒犯他面前的观众(皮戈特 1971:219)。马洛温同样认为,柴尔德"享受他的共产主义就像他享受他的服装……他喜欢用观点震惊他人,他在人前抛出这些观点,就像他在人前摆弄《工人日报》一样"(马洛温 1958)。

丹尼尔和皮戈特不同,他提供了一个更为完善的解读柴尔德的马克思主义的思路。他相信柴尔德大胆走进马克思主义去寻找对考古问题的解答,既是动情的,也是严肃的。此外,他还指出柴尔德晚年对苏联考古越来越持批判态度,因此错误地得出结论,认为柴尔德也越来越厌倦马克思主义。这更能说明丹尼尔对马克思主义的无知,而不能说明柴尔德的理论变了。柴尔德去世时,丹尼尔在《古物》杂志的社论中警示读者说,不要因为柴尔德的政治取向是马克思主义,就假设他是一名马克思主义考古学家,这种假设是不对的。然而最近,在柴尔德亡故大约三十年后,丹尼尔又撰文道,柴尔德在"智识上是不诚实的:他让他的政治观点影响了他对考古的思考"(丹尼尔 1986:418)。

和英国考古学界形成鲜明对比的是,和柴尔德来往的左派人士都认为他受到了马克思主义的深刻感染,且对马克思主义全心全意。不幸的是,他们的评论仅止于他们在柴尔德死后立刻刊发的简短讣告。尽管如此,似乎仍然没有任何理由怀疑他们的观点。例如,柴尔德的好友,与其同为《古今》编辑的约翰·莫里斯写道,柴尔德是"我们这个时代最重要的考古学家之一,他试图在其考古工作中塑造马克思主义哲学"(莫里斯 1957:2)。从牛津时代起就是柴尔德密友和同道的达特也相信柴尔德对马克思主义运动的全心全意,他还认为柴尔德对马克思主义的把握有助于他的考古研究,因为考古学的本质就是要用马克思主义的方法从物质记录中建构出文明史来(达特 1957a:13)。同属左派的《古物》时任编辑 O. G. S. 克劳福德提供了最为平衡的观点。他说:"尽管他(柴尔德)自称是个马克思主义者,但他是个太伟大的人,一个太有独创性的思想者,以至于任何宗派标签都无法贴在他身上"(克劳福德 1957)。

24

美国的解释

大多数美国考古学家同意英国同行的观点，认为柴尔德对考古学的主要贡献仅限于他对欧洲及近东史前史的经验主义解释。这种观点之所以能被接受，一个原因也许在于柴尔德对史前史的文化革命观源于马克思主义理论，而这与当时认为文化演变是缓慢、渐进的美国理念背道而驰。柴尔德的理论工作被认为是不重要的，或被看成是他"令人遗憾的左翼思想的产物"（劳斯 1958：82）。这种观点还认为，柴尔德理论著作的唯一价值在于它们是他主要著作的提纲，而这些主要著作又被宽泛地解读为专业的综合，且其中的经典之作要数《欧洲文明的曙光》和《远古东方》。

在《美国人类学家》（*American Anthropologist*）杂志上为柴尔德写讣告的罗伯特·布雷德伍德（Robert Braidwood）坚持认为："要想了解柴尔德其人，似乎有必要强调他在人文方面受到的早期训练，以及他早年即对历史唯物主义产生的信仰"（布雷德伍德 1958：734）。欧文·劳斯（Irving Rouse）的观点相似，他认为："在柴尔德的兴趣和学术方法中存在一种贯穿始终、矛盾尖锐的二元对立。"（劳斯 1958：82）朱利安·斯图尔特（Julian Steward）则相信柴尔德本质上是个单线演化论者，这就要求必须"将卓尔不群的考古学家柴尔德和理论家柴尔德区分开来"（斯图尔特 1951：240）。劳斯、布雷德伍德和斯图尔特都认为柴尔德是一个从历史角度对考古数据进行归纳综合的人文主义者，但是作为社会主义者的他又受到了马克思主义文化演化论的深刻影响。他们对柴尔德的评价都隐含一种认为他没有平衡好这两种影响的认识。简而言之，他们认为这是他学术生涯中的一个障碍。

布雷德伍德、劳斯、斯图尔特等美国人类学家和考古学家都只将

25

柴尔德看成一个大量考古数据的综合者,原因主要在于冷战时期的政治气候使他们无法掌握柴尔德的全部工作。事实上,他们与柴尔德本人的接触严重受限于柴尔德在美国国务院那里沾染的坏名声。1940 年,柴尔德被美国政府拒发签证,二战后别人邀请他访美的所有 26 尝试也都告失败。据劳斯说,1945 年柴尔德被美国国务院宣布为不受欢迎之人,因为他拥护马克思主义理论,还多次访问东欧国家。[9] 正如我将要在后文中展示的那样,柴尔德对美国的兴趣是真诚的,三十年代末他曾认真考虑过移民美国。但是美国国务院知道他的存在,他因此被拒绝入境,且他的著作冷战期间在美国还遭到了严格审查。

虽然很难确定地说柴尔德及其出版物被美国列入了黑名单,但其左派倾向和著作在美遇冷是毫无疑问的。即使麦卡锡时代和国会的政治迫害对美国人类学产生的影响还没有得到广泛研究,但是人类学家明显是受到了影响。[10] 社会主义劳动党成员莱斯利·A. 怀特(Leslie A. White)感到必须用假名写作,而谨慎之人朱利安·斯图尔特的著作固然可以看成马克思主义学术的衍生物,然而他确保自己不仅远离马克思主义文学,还远离任何甚至和左派只有丁点关系的作者。[11]

柴尔德的书在美国受到随机的评论,由此最可看出时代对他的影响。在柴尔德写过的二十二本书中,美国期刊评论过的只有不到一半。事实上,只有四本书——《欧洲文明的曙光》、《远古东方新探》 27 (*New Light on the Most Ancient East*)、《社会演化》(*Social Evolution*)和《重缀过去》(*Piecing Together the Past*)——在人类学期刊上得到过广泛思考;相反他最受欢迎的两本书——《人类创造自身》和《历史上发生过什么》——却只得到过粗略评论。甚至和左派相关的美国期刊,如《大众与主流》(*Masses and Mainstream*)、《科学与社会》(*Science and Society*)、《现代季刊》、《新自由人》(*New Freeman*)和《新大众》(*New*

Masses），都没有评论或讨论过柴尔德的任何一本书。总而言之，尽管柴氏著作在美国期刊上得到的评价全部是赞美之辞，但美国期刊关心的也只是其专业著作。柴尔德被描述为"欧洲史前史最杰出的学生"（亨肯 1941:476）、"伟大的史前史学家"（埃里希 1959:1140）、"没有比他更好的史前时代权威"（恩布里 1940:151）、"欧洲史前史研究最杰出的实践者"（亚当斯 1958:1249）以及"自奥斯卡·蒙特留斯（Oscar Montelius）以来最伟大的欧洲史前史学家"（亨肯 1959:287）。绝大多数评论家都同意索尔·温伯格（Saul Weinberg）的评价，认为柴尔德对考古学最伟大的贡献在于他的集成之作，尤其是《远古东方新探》及其姊妹篇《欧洲文明的曙光》（温伯格 1954:124）。

柴尔德的理论著作就这样被美国学界完全否定了，我们对他作品的看法也因此而疏漏扭曲。事实上，冷战期间得到过评论的《历史》（重命名为《历史是什么？》[What is History?]）被宣布为"无非是廉价的共产党宣传"（海厄特 1953:99）。稍后我将详述这本书的出版史，因为它提供了生动的证据，说明在美国历史上的这一暗黑时代，柴尔德的学术在政治上造成了怎样的真正后果。《历史》一书的最后一段间接提到斯大林，这几乎造成不仅是这本书，还有整套书都不能在美国出版的事实。

重拾兴趣:关于柴尔德的职业生涯及其对考古学方法和理论的贡献

柴尔德死后几年内，有过连串讣告和悼文的出现，但是之后，柴氏对考古学理论发展的贡献就被大半遗忘了。放射性碳年代测定法的发明和接受，粉碎了柴尔德很多环环相扣的理论和建构精良的年表。文化年代学的框架既已破碎，从近东到欧洲的创新传播模型的整体结构也就遭到了猛烈攻击,尽管此前这个模型起到了将柴尔德对前人的综合整合在一起的作用。时任剑桥大学考古学迪斯尼讲席教授的科林·伦福儒(Colin Renfrew),尤其在一系列有关欧洲文明发展的文章和著作中对柴尔德频繁发难(伦福儒 1972,1974;伦福儒编1973)。伦氏自己对欧洲史前史的解释成了主导理论,柴尔德的工作则被降级为一种历史讨论,认为其关系到欧洲史前史作为一种职业的发展。

随着七十年代的发展,史前史领域变得越来越注重理论,柴尔德 29 因此只被当成了历史人物对待。一种自觉运动的发展和完善使考古学发生了深刻变化,而且这种运动仍在影响并在很大程度上指导着这门学科今天的发展,这就是所谓"新考古学"。新考古学既对理论建构怀有如此压倒性的关注,则柴尔德对该领域的贡献唯有逐渐淡出,成为过去。而从六十年代末到七十年代,柴尔德的工作之所以被重新发现,其对考古学的重要性也得到严肃讨论,和两个因素息息相关;首先是学界对考古学史的兴趣,其次是对马克思主义和考古学理论之间关系的新兴趣的出现。

那些认为马克思主义信仰对柴尔德不重要的同代人,如皮戈特、霍克斯和丹尼尔,现在却发现下一代学生正在转向柴尔德的著作,试图理解马克思主义在考古学中所起的作用。年轻一代心目中最重要的不是"柴式风格典范"——《欧洲文明的曙光》和《远古东方》,而是很多英美考古学家看不上的所谓"小"书。年轻学者——如拉维茨和盖瑟科尔——开始认识到柴尔德自我评价(《回顾》)的重要性,即柴氏自认对考古学最重要的贡献在于"解释性的概念和方法"。

艾莉森·拉维茨和彼得·盖瑟科尔这两个柴尔德生前的学生, 30 接受了明确柴尔德理论贡献的挑战,开始撰述柴尔德对马克思主义的信仰。拉维茨在左派杂志《新理性人》(*New Reasoner*)上论辩说,当英国的马克思主义者乔治·汤姆森(George Thomson)抗议柴尔德没有把阶级冲突作为社会进化的基本因素时,他表达了很多西方马克思主义知识分子的观点,即认为柴尔德之所以没有"达到预期结果,是因为他不够努力"(汤姆森 1948:158;拉维茨 1959)。拉维茨还说,柴尔德三十年代的马克思主义不同于他晚年的马克思主义,前者以天真、乐观和机械理解为特点,后者则更加微妙和富有创意(拉维茨1959:60)。拉维茨进一步认为,柴尔德在晚期著作中意识到不可能直接将马克思主义应用于考古数据,于是他试图在马克思主义理论和考古事实之间展开更有成效的对话。对拉维茨而言,这是柴尔德对马克思主义哲学最重要的贡献,而这一点尚未得到英国考古学界的认可。

　　和拉维茨形成鲜明对比的是,盖瑟科尔七十年代的著述支持达特在柴尔德死后所做的评论,尤其是"柴尔德从第一本书开始,就以马克思主义为其一贯的知识力量,及全部著作的逻辑"(盖瑟科尔1976:5)。盖瑟科尔坚持认为,随着柴尔德对马克思主义的理解越发精细,这种理解就成了他的一种分析工具,使他得以用有限的方式解释史前欧洲(盖瑟科尔 1974)。盖瑟科尔尤其认为,柴尔德在晚期著作中通过强调科学知识的客观作用,逐渐远离了生产资料和生产关系之间更为灵活的马克思主义辩证互动观。

　　拉维茨和盖瑟科尔虽然是第一批公开探讨柴尔德的马克思主义的学者,但他们并没有恰当地将柴尔德对马克思主义哲学的运用放到具体情境中去。拉维茨由于认为柴尔德对马克思主义的应用在三十年代还很"机械",到了后期却突然精细起来,而没能掌握柴尔德的马克思主义的演化特征——这是一个由柴尔德写作的时代决定的发展。三十年代柴尔德的马克思主义之所以"机械",不是因为不够老练,而是因为它以马克思主义哲学为分析武器来反抗法西斯,所以采取了某种特定形式。而就盖瑟科尔而言,他虽然表达了对柴尔德的马克思主义的欣赏,但是也像拉维茨一样,没能把柴尔德的马克思主义和社会政治气候联系起来。[12]盖瑟科尔的问题在于他的研究不够成熟,著述不够详细,不足以建立起社会政治气候如何影响柴尔德理论发展路径的论述。

　　除了拉维茨和盖瑟科尔,苏联考古学家也开始讨论柴尔德的工作相对其他"资产阶级考古学家"的重要性。利奥·克莱金(Leo Klenjn)认为,苏联学界对柴尔德的工作在苏联的意义的不同看法之间大相径庭(克莱金 1970, 1977)。尽管《苏联大百科全书》(*Great Soviet Encyclopedia*)称赞柴尔德为"二十世纪最杰出的考古学家"(阿提西霍夫斯基[Artiskhovskii]1977:247),但是亚历山大·蒙盖特(Alexander Mongait)却在他题为《资产阶级考古学的危机》(The Crisis in Bourgeois Archaeology)一文中说,柴尔德"即使明白科学真理掌握在社会主义阵营手中,且不惮于称自己为苏联考古的学生,却仍然没能成功克服资产阶级科学的诸多谬误"(蒙盖特 1961:151)。实际上,蒙盖特对柴尔德的定性是把他放在了被鄙视的资产阶级经验主义阵营中,从而把他和绝对非左派的英国考古学家——如丹尼尔、霍克斯和皮戈特——联系到了一起。在他为《欧洲文明的曙光》俄译本所作的前言中,蒙盖特进一步表示,柴尔德理应受到最严厉的批判,因为他明知马克思主义学者的见解,也读过马恩列斯的著作,却没能将其融入自己的工作中。简而言之,最让蒙盖特生气的是,柴尔德明知党的路线是什么,却不忠实地遵循这个路线。

　　和拉维茨和盖瑟科尔的建设性评价形成鲜明对比的是,柴尔德的某些同代人对其致力于马克思主义怀有过度负面和歪曲的看法。首先就是格雷厄姆·克拉克,他还是在考古所举办以柴尔德命名的戈登·柴尔德纪念讲座上发表演说的第一人。演说一开始,克拉克就

33　指出柴尔德"是世界上最资产阶级的人",他接下来的语气和内容更是冷战反共宣传的特有风格(克拉克 1976:3—5)。克拉克说他要"一次并永远杀死柴尔德所谓的马克思主义幽灵";他认为柴尔德的著作被马克思主义和"卡尔·马克思过时的民间传说"所占据(克拉克 1976:18);他还认为当马克思主义推动柴尔德进入考古学的时候,这个主义也"削弱"了他 1935 年后的学问。克拉克贬低柴尔德 1935 年后的著作,并讨论了柴尔德死后的史前史。对克拉克而言,柴尔德文化历史体系的逻辑步骤是一种生态方法,其中包括"那种人类社会作为系统运行的概念,在这个系统中,每个组件都贡献于整体的运作"(克拉克 1976:20)。克拉克认为:"生态方法不仅不受一些较弱的考古学方法——其中也包括马克思主义——的沉闷的决定论的影响,反而是对它的否定。"(克拉克 1976:29)

　　克拉克的文章体现出很明显的一点:他不熟悉马克思主义、苏联理论和政治。[13]他在这一点上并非孤例。因为不论是在柴尔德的生前还是身后,绝大多数英国考古学家要么不熟悉马克思主义原理,要么坚决反对马克思主义,以马克思主义为政治教条而非历史模型(丹尼尔 1949,1958)。柴尔德之所以相当独特,正在于他能成功区分马克思主义的历史理论、苏联学术和苏联政治。但是柴尔德的同行却没有
34　这样深刻,正如皮戈特回忆柴尔德说:

　　　　他在铁幕背后那个很不愉快的使命是将苏联和东欧考古的理论和研究带回来。他还积极参加对苏文化关系学会组织的活动,组织学者去苏联访问,传播苏联资料。这类活动被认为和共产主义宣传密切相关,当然也玷污了他受人尊敬的学者形象。(本书作者采访)

柴尔德还公开赞扬苏联政府对苏联考古学家的支持,说这让后者得以对没有商业或展示潜力的遗址进行重大研究。[14]他这么做激起了别人对苏联压迫的攻击。尽管特里格已经表明柴尔德的方法和苏联学术大不相同,但是其大多数同辈人还是将马克思主义和苏联学术等同起来(特里格 1984a)。历史学家约翰·萨维尔(John Saville)认为这种错误的等同损害了马克思主义的声誉:

> 除少数例外,苏联历史文化领域内的著作往好了说是无趣,最不堪的情况则是胡乱引用、断章取义、贩卖教条,对马克思主义研究声誉造成的后果令人沮丧……(萨维尔 1975:5)

关于克拉克,马修·斯普里格斯(Matthew Spriggs 1977)注意到其文章对柴尔德的引用非常错误,因此导致其将柴尔德的观点弄得毫无意义。例如,斯普里格斯指出克拉克的以下错误引用:

> 在《告别辞》中,[柴尔德]不得不承认,尽管马克思主义似乎曾经一度解释了每种文化的发展,它却完全无法解释一种文化与另一种文化间的差异,而且实际上还抹杀或忽视了这些差异……(克拉克 1976:18)

柴尔德的原文实际上是这样的:

> **马尔主义者**[我的重点]呼吁社会演化的整齐划一,尽管他们似乎能用社会演化解释每种文化的发展,却完全无法解释一种文化与另一种文化之间的差异……(柴尔德 1958:72)

35

克拉克认为,以上的柴尔德引文证明柴尔德"可悲地承认,社会发展的普遍规律要比 1950 年前的马克思主义者认为的少得多,也不可靠得多"(克拉克 1976:22)。然而,柴尔德的原文引用的是**马尔主义者**而非**马克思主义者**(柴尔德 1958:72,我的重点)。[15]因此,被克拉克错误地解释为代表柴尔德对马克思主义感到幻灭的文字,实际上指的是苏联学者尼古拉·马尔(Nicolai Marr)的学说。[16]马尔是个对考古学有浓厚兴趣的语言学家,他研究了各种高加索语言,最终形成一个理论,认为语言是个阶级现象。据马尔说,任何语言均可被纳入一个等级结构中,这个等级结构可以作为确定某一社会发展到了什么阶段的指标。1950 年前,苏联共产党一直都在支持马尔主义,直到 1950 年斯大林在其《马克思主义和语言学问题》(*Concerning Marxism and Linguistics*)一书中谴责了这一观点。在《回顾》中,柴尔德明确区分了马尔主义和马克思主义,直说前者是对马克思主义的歪曲。

36   克拉克的文章只是柴、克二人不和的一个例子。这场宿怨可以追溯到三十年代早期,有传言说当时克拉克正在玩弄法西斯主义概念(见柴尔德对克拉克著作《考古学与社会》[*Archaeology and Society*]的评论)。柴尔德的左翼思想和他观点激烈的反法西斯的通俗著作很不招克拉克待见。事实上,令克拉克深感尴尬的是,他自己的书《从野蛮到文明》(*From Savagery to Civilization* 1946)居然也出现在了科贝特(Cobbett)出版社的《古今》系列中。我将在另章详论这套丛书。这套丛书的作者,包括柴尔德在内,很多都是公开的马克思主义者。柴、克之间的敌意至今犹在,因为克拉克拒绝就我的此项研究接受采访。他写信跟我说:"对那个人[柴尔德],[我]没有一句好话。"(私人交流)

柴尔德不偏不倚的立场不幸为他赢得了更多敌人而非朋友。苏联评论家难以接受他拒绝支持辩证法,还认为他对阶级在文化变迁中扮演的角色给予的强调太少。另一方面,克拉克、霍克斯、皮戈特和惠勒等英国学者又把马克思主义、马尔主义和苏联史前史归为了一类,当成了一回事,认为这几者之间的差别小到一个能代表另一个。奇怪的是,有些年长的英国考古学家在克拉克的错误基础上建立起一种观点,认为处于职业生涯末期的柴尔德在某种程度上是个反马克思主义者。柴尔德绝非如此,相反,此时的他正在应用并撰写对马克思主义理论更深入的理解。

　　与马克思主义原理和政治教条之间的或显或隐的关系,使绝大 37 多数就柴尔德写过文章的人投注大量精力分析柴尔德和苏联考古学家之间的关系,以及比较柴尔德的历史唯物主义和历史唯物主义在苏联的应用。但是这些有关柴尔德和苏联的陈述却大多不得要领,因为真的几乎没有证据证明,三十年代柴尔德对历史唯物主义的应用和发展是受到来自苏联的主要刺激,或者苏联考古学家实践的那种历史唯物主义给柴尔德的工作提供了任何模型。的确,正如我将在另一章中证明的那样,三十年代柴尔德采取的越来越唯物和进步的观点更是受到同龄人——如克劳瑟(J. G. Crowther)、海曼·利维(Hyman Levy)、贝尔纳(J. D. Bernal)和其他人——的影响。[17]

"让我们更好地认识柴尔德运动"

　　从1980年起,关于柴尔德的生活和学术,已经出现了不下三本全面研究和二十几篇文章(特里格 1980,1982,1984a、b、c&d,1986;特林厄姆 1983;托马斯 1982;艾伦 1981;谢拉特 1989;皮斯 1988;佩雷斯 1981;丹尼尔 1983;盖瑟科尔 1982,1989)。有人说,围绕对柴尔德学术的分析,已经建起了一套名副其实的家庭手工业(默里 1983)。更有几位对以上柴尔德研究专著进行评论的人质疑是否有必要对柴尔

38 德进行如此详尽的分析。我联系过、想对其进行采访的几位柴尔德的
前学生都拒绝接受采访,他们说关于柴尔德写的东西已经足够多了。
简而言之,这些话是否在理? 柴尔德是否真的是"本世纪被研究得最
为详尽的考古学家"(默里 1983:465)? 果真如此的话,那又是为了什
么? 关于一个人究竟能说多少话?

　　我将尽量证明,尽管关于柴尔德,已经有不少人写了不少话,但也
还有神秘未解。一定程度上,针对柴尔德所做的研究专著以及探索其
事业不同方面的大量文章,有史以来第一次给史前考古提供了对其
奠基人之一的详细的"遗体解剖"。如果将"让我们更好地认识柴尔
德运动"所产生的全部文献看成一个整体,我们就会对柴尔德的为人
为学获得更全面的了解。然而,据盖瑟科尔说,这些针对柴尔德的专
门研究说明"英国考古是多么缺乏一个成熟的史撰传统"(盖瑟科尔
1982:196)。如此一来,对柴尔德生活事业的分析就等于开启了一个
深刻的问题,说明现有考古学史的叙述对柴尔德的理解有多糟糕。

　　所有就柴尔德发表过著述的作者都希望更全面地理解柴尔德的
生前成就。然而,虽然萨利·格林(Sally Green)、芭芭拉·麦克奈恩
(Babara McNairn)以及布鲁斯·特里格的专门研究和那些大量存在
39 的较短研究质量很高,却都没有能把柴尔德的事业恰如其分地置于
以历史为基础的知识社会学背景之下。麦克奈恩的书是一本按主题
编排的长篇论文合集,目的在于纠正先前对柴尔德理论著作关注不
够的缺陷。格林的书可以看成是对柴尔德这个挫败的从政者、反征兵
者以及马克思主义者的完整传记,但是格林没有严肃对待柴尔德的
学问。最终,特里格的书只关注柴尔德作为考古领域的思想者,只追
溯其作品的发展,而将其政治扔到了一边。

麦克奈恩的论文

芭芭拉·麦克奈恩的书《柴尔德的方法和理论》(*The Method and Theory of V. Gordon Childe*)是对柴尔德思想的"主要方法、理论和哲学的考察"(麦克奈恩 1980:3)。此书每章分解一个主题,对柴尔德智识发展的系统考察颇有启发,因为柴尔德的思想并不总是那么一致,他有时候会回过头来捡起似乎已经被遗忘的旧想法(如传播主义),其哲学发展也绝不"线性"。这种对柴尔德工作的分区可能最适合这套名为"他们到底说了点什么"的麦克唐纳系列丛书,或许也正是这套丛书的特点。简言之,麦克奈恩的书在一个层面上取得了成功,尤其适合那些希望了解贯穿柴尔德作品的主要概念的人。

然而,她以主题分章的做法也有几个缺陷。例如,她从来不提作　　40
为学者的柴尔德在哪里工作,获得的学位或职位都有哪些,教过他的教授导师又是谁,以及他的个人背景如何。虽然这些事实很容易从各类传记材料里收集,但是要想把柴尔德这样的人放到更广阔的社会政治气候中去,这些问题都至关重要。例如,在讨论柴尔德的马克思主义时,麦克奈恩从不考虑在冷战中被当成左派的意义,然而,冷战期间热衷于马克思主义可不是一件学术小事。学者们为了不受迫害,当然要改变写作风格。此外,在诸如印欧人起源等问题上,在柴尔德最详尽的学术之外,其外在的政治立场也从未被探讨过。可是如果不考虑法西斯主义的崛起对知识氛围的影响,就会对柴尔德对欧洲史前史的解读形成极为偏狭的看法。

此外,此书几乎只字不提柴尔德的政治著作,无论是其滥觞之作《劳工如何执政》(1923),还是其在《平民》《劳工月刊》(*Labour Monthly*)和《新政治家》(*New Statesman*)上发表的几篇重要文章和通

信。如此一来,此书对柴尔德的分析就很像丹尼尔所作的很多"辉格
派"考古史一样,即研究人类学和考古学的历史学家只需关注伟大发
明和重要理论,而绝不考虑那些塑造了其发展的因素。此书因此是一
部旧式作品,它将柴尔德的发展看成与时代隔绝的产物,柴尔德的生
活似乎也成了从 A 点到 B 点的线性前进。

格林的个人传记

萨利·格林所著《史前史学家:V. 戈登·柴尔德传》(*Prehistorian*:
A Biography of V. Gordon Childe)一书,是一本最全面的传记,写一位极
富创造性的伟大思想家和作家,他关注人性和人类历史的广阔问题
(格林 1981b)。此书致力于柴尔德的个人方面,描绘了一幅令人心酸
的柴氏肖像:相貌丑陋,性格孤僻,最终也几乎不被人理解,却是个真
诚热情的思考者。考虑到柴尔德为人的难以捉摸,格林这么做等于承
担了一项极其艰巨的任务。柴尔德没有留下私人文件,没有密友,也
没有后代。缺少了这些传统的传记材料,格林要想从更个人化的角度
理解柴尔德也就成了问题。但是作为第一个将柴尔德视为历史人物
的学者,格林将困难变成了优势。她和麦克奈恩不同,后者只把柴尔
德当成学术人物,格林则仔细拆解了柴尔德个人活动的年表,他和澳
大利亚政治的分离,并在最后深入研究了柴尔德的自杀,尽可能明确
了其自杀原因。柴尔德的死向来引发争议,但是自从 1980 年以来,伴
随其遗书的发表,柴氏的死因变得容易理解了。以后视之明去看,柴
尔德的自杀对一个理论和实践不可分割的职业而言,是一个合乎逻
辑的结论,是一个虽然最终冷酷却相当优雅的对个人信仰的肯定。这
个信仰就是思想和社会能够产生创造性的力量。

格林成功揭示了柴尔德的生活层面,缺失之处在于她未能充分

讨论柴尔德的学术工作。柴尔德的学术与个人生活和信仰密不可分，忽视了学术，格林对柴尔德人生的展现就只剩了一半。格林聚焦的细节对柴尔德的复杂性格提供了见解，但没能成功融入其工作的内容和背景。毫无疑问，柴尔德的个人动机对其考古理论的形成至少同样重要，然而格林不幸没能更进一步，没能把柴尔德的个人和专业联系起来。柴尔德对欧洲史前史的兴趣及其对相关的、客观的、政治的考古学的关注，格林均未考虑，然而这两方面不管是对外行还是对专家，都是富有吸引力的。在另一个层面，也是更政治性的层面上（这里所言的"政治"是其最本真的意义），格林没能充分详述柴尔德作为一个反征兵者的活动……*。尽管她提到了吉尔伯特·默里的档案资料，其分析却没能涉及柴尔德从政治到考古的转变，及其面临的政治迫害。

特里格的革命

布鲁斯·特里格所著《戈登·柴尔德：考古学革命》(*Gordon Childe: Revolutions in Archaeology* 1980)一书是一部有关柴尔德学术著作的思想史。此书按时间顺序编排，追溯了柴尔德学术发展的历程。它从《曙光》开始，一直分析到柴尔德身后出版的《欧洲社会史前史》。特里格考察了柴尔德学术研究中各项主题的发展，如"史前经济学""苏格兰考古学""人类的进步与衰落""考古学和科学史""科学的史前史"以及"知识社会学"。特里格和格林相反，和麦克奈恩相同，也是完全忽略柴尔德的个人生活，而只聚焦其学术发展。特里格牢牢地将柴尔德职业生涯的各个方面置于学科背景中，却忽略了考古学狭

43

---

* 此处原文有缺失。——译者

窄范围之外的所有其他领域。他成功地将柴尔德的后续作品划分到上述标题下，由此确立了他所认为的柴尔德的考古学线索，那就是对欧洲文明现象做出令人信服的解释。

特里格虽然全面覆盖了史前考古领域，但他对自己讨论时期内围绕考古学的社会学和史撰等重要的、的确也是关键的附属问题的严格排斥，以及他在总结自己工作时的缺乏平衡，削弱了他的分析效果。例如，他在分析柴尔德第一部考古学著作《曙光》时，低估了二十世纪二十年代考古学的局限。当时对考古现场只有小规模或局部发掘，且很少分层；发掘成果包括带陪葬品的墓葬，以及单一或成批文物的发现。总之，考古现场的证据总和相对薄弱，史前考古不比上层人士的集邮活动好多少，当然也无甚理论可以解释文化发展的过程。因此柴尔德在《曙光》里的贡献其实比特里格估计的大得多，因为在一个连必要的经验数据都还很薄弱的领域内，柴尔德已经提出了高级的理论讨论。

很明显，格林和特里格的思路之间需要平衡。例如，格林用一整章讨论柴尔德从澳大利亚政治转向考古学的"转折点"，而特里格对同一问题的讨论却仅限于以下字句：

> 1921 年斯托里去世时，柴尔德发现自己成了无业之人，还无法在大学找到职位，而这显然都是拜其政治活动所赐。在经历过政府部门的短暂就业后，柴尔德又一次失业了，且人在伦敦，于是他的想法开始转向以考古学为职业……（特里格 1980:34）

因为未能考虑欧洲考古以外的问题，特里格没能把柴尔德描绘成一个时代背景下的思想者，甚至也不考虑柴尔德在各种大会中往往起到的核心作用（柴尔德通常是某种争议的核心）。的确，关于柴

尔德的政治如何影响了其考古理论,柴尔德对1936年史前史大会的
参与告诉了我们更多,而特里格的书却根本没有提及此事(柴尔德曾
积极试图禁止纳粹理论家参会)。

结　论

　　柴尔德主宰了本世纪中叶的史前史领域。无论对同行还是大众,
他当然都是他那一代人中最著名的史前史学家。他的兴趣非常多样,
不仅包括详细的综合史前史和创新的方法论,还包括对考古学理论
和认识论的开拓性思考。考古学在他有生之年变成了一门声誉良好
的学科,具有了为人类行为提供独特视角的潜力。相比其他主题,柴
尔德研究的那些重大主题——欧洲的独特性、考古学的作用——更
能使他仔细观察考古这一学科的本质及目的。他乐意运用历史唯物
主义的观点,他关注理论和哲学,这都使他不同于他那个时代往往深
陷于年代学和类型学泥潭中难以自拔的考古学家。

　　围绕柴尔德也有争议。他总是被政治偏见包围,他对澳大利亚政　　46
治的探索有时被他自己定性为“感伤”,但是这事其实一点也不“感
伤”。柴尔德努力在澳大利亚工党政治中发挥建设性作用,却在工党
1922年败选时遭到了解雇。他在政治上受到澳大利亚国防部的迫
害,被列入黑名单,无法在大学就业。即使是在提到斯大林就有可能
造成严重后果的冷战时期,他对斯大林著作表现出的政治和哲学立
场也都太过左倾,导致他无法从别人那里得到表示认可的引用。的
确,正因其左派倾向,致使他在申请访美时被拒发签证。他既是理论
家又是政治活动家。这种双重性影响了他的考古解释,其中一个例子
就是他放弃了自己的一个早期观点,即他对等级社会在温带欧洲本
土发展的观点,因为这个想法成了纳粹史前史阐释中的一个有用

部分。

这些对柴尔德生平的已有研究没能为我们提供一幅明确的柴尔德肖像,让我们看到柴尔德如何被他生活其间的世界塑造。不过这些研究还是为柴尔德的思想史,也为这一领域其他有影响的领军人物的思想史奠定了基础,并对这一领域内的个人影响和盛行的意识形态给予了详细关注。然而在当下,谜团仍然笼罩在我们对柴尔德的认知周围,而在我的这项研究中有所揭示的,正是柴尔德人生和事业的这些未知方面。

注　释

47　1. 那些在爱丁堡结识柴尔德的人都回忆起柴尔德和保守的苏格兰考古界之间如何敌意深重。柴尔德离开爱丁堡那年出版了《苏格兰人以前的苏格兰》(*Scotland Before the Scots* 1946)一书,苏格兰史前史学家们在评论此书时,都恶意攻击柴尔德将苏格兰史前史坚定置于了直接出自刘易斯·亨利·摩尔根(Lewis Henry Morgan)和苏联考古学理论的演化序列中。据那些了解柴尔德对手的人——如克鲁登(Stuart Cruden)、皮戈特和斯蒂文森(R. B. K. Stevenson)——说,柴尔德写这本书的目的只是为了激怒苏格兰保守派。

2. 不管以何种标准衡量,柴尔德的学术成果都很巨大。他在仅仅 35 年内写了22 本书(其中很多还都重写过),300 多篇文章,至少 800 篇书评。具体可见本研究中的"柴尔德书目",这份目录比格林、麦克奈恩和特里格书中所录的柴氏书目都全,但也绝对不是柴氏著作的完整目录。

3. 见"参考书目"中文章,可获得对本书所用档案的详尽描述。

4. 见戈兰(1960,1964);史密斯(F. B. Smith,1964)。

5. 因为在爱丁堡工作了近二十年而没能建立起一个考古学院,柴尔德遭到了不公正的批评,然而去爱丁堡读书的学生没法和去牛津、剑桥的学生比。牛

津、剑桥是英国仅有的设立考古学讲席的另外两个学术机构。在爱丁堡,柴
尔德的学生主要来自工人阶级家庭,这样的家庭的期待是希望至少能有一　　48
个家庭成员受到某种类型的高等教育。

6. 《人类创造自身》和《历史上发生过什么》在最初出版的五年内销量都超过
25 万本,且每本书还被重印几十次之多。

7. 考古所原本设在伦敦摄政公园的圣约翰客栈内,后迁至戈登广场。柴尔德
即使是对文书类工作的日常处理也很无能。这一点如果没有传为"佳话"的
话,也早就广为人知了。他辞职时,为了将继任者格赖姆斯(W. F. Grimes)
的任期限制在一年内进行了激烈斗争。他不信格赖姆斯的学问使其有资格
担任所长之职。事实上,据伊文思(J. D. Evans)说,柴尔德输掉了这场斗
争,且他对格赖姆斯任职的反对反倒加强了格赖姆斯在伦敦大学眼里的
形象。

8. 一些英国学者认为柴尔德的著作存在一种二分法,柴尔德本人却没有做任
何事来驱散这个神话(柴尔德 1941,1951,1956)。要想建立一个这样的事实
是有问题的,因为对于究竟哪本书是"大众表达",哪本书是"学术著作",学
界的分歧很大。例如,柴尔德的大多数同事都会认为《人类创造自身》和《历
史上发生过什么》是通俗读物,丹尼尔和皮戈特还会把《社会演化》、《进步
与考古学》(Progress and Archaeology)以及《欧洲社会史前史》包括进去。但
是不是所有人都同意这种划分。

9. 据劳斯说,柴尔德参加 1945 年在莫斯科和列宁格勒召开的庆祝苏联科学院　　49
成立 220 周年的纪念活动是他犯下的最严重的罪行。

10. 施莱克(Ellen Schrecker)所著《绝非象牙塔:麦卡锡主义和大学》(No Ivory
Tower:McCarthyism and the Universities 1986)一书和刘易斯(Lionel S.
Lewis)所著《校园冷战:对组织控制的政治研究》(Cold War on Campus:A
Study of the Politics of Organizational Control 1988)一书全面讨论了冷战对
美国大学的影响。

11. 斯图尔特有充分理由不仅与马克思和恩格斯的学术保持距离,还与诸如柴

尔德和怀特这样的左派人类学家保持距离,因为他的部分收入来自作为政
府机构的史密森学会。对斯图尔特职业和冷战的评论,见墨菲(Murphy
1991)。

12. 一个值得注意的例外是盖瑟科尔对柴尔德1933年作品的分析,尤其因为这
    关系到从《史前史有用吗?》(Is Prehistory Practical?)到《人类创造自身》所
    反映出的柴尔德的思想演变。

13. 据参加了克拉克讲座的盖瑟科尔说,柴尔德曾向他承认自己很少读马克思
    的著作,也对其根本没有兴趣(个人交流)。

14. 见柴尔德(1940,1942,1943,1945)。

15. 当然,这可能只是对柴尔德著作的一个简单的印刷错误,但是我真的很
    怀疑。

16. 柴尔德第一次接触马尔主义是在他1935年访苏时,及至1950年他已经非
    常清楚马尔主义和马克思主义之间的差别了。

17. 这些人正是后来参加1931年在伦敦举行的第二届国际科技史大会的那些
    人,此次会议被《曼彻斯特卫报》(Manchester Guardian)称为"五天奇迹"。
    我在这里所指即此次会议。

50

02　政治激进主义、迫害与煽动

导　言

　　在回顾自己对考古领域的影响时,柴尔德写道,他在投身欧洲史 51
前史研究前曾有过一段"澳洲政治的感伤之旅"。大多数对柴尔德有
过评述的作者要么对此次"旅行"不屑一顾,要么就是接受了柴尔德
1957 年去世时已经出版的那些说法。因此,对政治理论感兴趣者只
看到作为工党政治家的柴尔德,对考古感兴趣者又不理会柴氏的整
个政治生涯,尽管柴尔德在史前考古领域找到带薪工作时已经年逾
三十五了。虽然在柴尔德的早期职业生涯中存在这种对立,但他从一
名澳大利亚政治家到考古学家的转变却可以用合乎逻辑和循序渐进
的方式解释。因为这其中涉及两个因素:一是他对欧洲独特性的信
仰,二是他对考古学实际应用的毕生关注。出于这种关注,柴尔德在
个人第一本考古学专著《欧洲文明的曙光》(1925)的序言中写道,欧
洲是"人类精神的一种个体化的独特显现"。在这个简短精炼的陈述
中,柴尔德也许无意中总结了他一生考古事业的主要目标——解释
欧洲文明的起源与发展。

　　尽管对一个澳大利亚人而言,专注于描绘欧洲独特的社会政治
和经济结构的本质和古代状况似乎很怪,但是从现有已知柴尔德的 52
政治观点和经历而言,这么做却是言之成理的。简而言之,柴尔德是

在为自己和世界上数百万其他人所发现自己身处其中的悖论寻找一种历史的解释。因为欧洲社会既是理性思维和科学思维、个人自由和人性尊严的堡垒,也是权力、奴役、迫害和不人道的化身。

到 1922 年柴尔德将要去英国度过余下的职业生涯的时候,他已经经历了政治和学术中最坏和最好的方面,这些早期经历对他的智识和个人发展至关重要。这样一来,柴尔德在 1927 年成为阿伯克龙比考古学教授(Abercromby Professor of Archaeology)之前的政治活动就成了问题所在。学者们在讨论这些问题的时候将重点放在了很多方面。例如,吉姆·艾伦(Jim Allen 1981)认为时至 1921 年,柴尔德已经对澳大利亚政治感到幻灭;相反,盖瑟科尔(1989)则认为二十年代早期,柴尔德看到了对个人而言的一个开放性未来,他或者当个考古学家,或者当个革命政治家;而特里·欧文(Terry Irving 1988)则证明,劳工史学家严重误解了柴尔德对澳大利亚劳工政治的贡献。[1]

这些学者尽管很好地记录了柴尔德的大多数活动,却不知道柴尔德所受政治迫害的程度之深。因此,重要的是首先详细说明 1914 至 1917 年间他在牛津的活动,当时他正活跃于反征兵和社会主义运动;其次说明 1917 至 1922 年间他在澳大利亚的活动,此时他深度参与了劳工政治。正是在这两个时期内柴尔德遭到了隐蔽的政治迫害,其程度还须详细确认。

牛津与反征兵运动

很难确定就读牛津前柴尔德对马克思主义学术有多精通。据戴维森(Davidson 1969)说,1900 至 1915 年间,澳大利亚的马克思主义相当"粗糙,大部分发源于在美国出版的小册子"。[2] 马恩著作尚未普及,社会主义工党的阅读清单上只有《共产党宣言》《资本论》《家庭、私有制和国家的起源》和《社会主义》等书,柴尔德很可能读过这些书。尽管有此局限,但是毫无疑问,1914 年柴尔德抵达牛津时,他已经来到了优势之地,可以极大扩展他在马克思主义经典范围内的阅读了。

柴尔德在牛津期间接受了史前史领域的古典教育,但其学生生涯却被英国的战时条件蒙上了阴影。事实上,没有证据表明柴尔德的考古思维受到了他诸位牛津导师的深刻影响。在牛津,早就对哲学和马恩著作感兴趣的柴尔德很快就在自己身边聚集起了一群坚定的社会主义者。[3] 例如,他加入了牛津大学费边社(Fabian Society),成员包括达特、大卫·布莱洛赫(David Blelloch)、罗伯特·乔利(Robert Chorley)和雷蒙德·波兹盖特(Raymond Postgate),这些人后来都成了英国社会主义政治中的重要人物。[4] 他们出版的回忆录记录了这样一个事实:从 1914 到 1917 年间,柴尔德对马克思著作及马克思主义传统变得非常熟悉起来。达特尤其强调柴尔德对左派的忠诚,他几次写道,在牛津他们"最喜欢的讨论题目是黑格尔、马克思和青铜时代以及迈锡尼文明"(达特 1957b)。

柴尔德是否在这么早的时候就已经钟情于马克思主义分析呢?此事尚有争议,但他无疑至少已经很清楚当时马克思主义思想和行动的基本原理。然而,他也"深信——虽然并不情愿——对[他]而言,遵从正统在智识上是不可能的"(柴尔德,引用于格林 1981b:31,约 1915 年)。正如我将要表明的那样,见识过朋友们是如何仅仅因为参加反征兵联谊会就遭到政治迫害后,柴尔德再也不可能依附于任何正式的政治教条了。[5]

一战是在柴尔德 1914 年抵达牛津后不久宣布的。他最初并不反战,因为根据王后学院的记录,他参与了"和平民一起操练"活动。[6] 然而,到了 1916 年,他已经在公开积极地反战了,并反对向英国公民征

54

55　　兵。很明显,他的反战思想受到了他所参与的牛津大学费边社和牛津

大学社会主义学社的影响,后者是在 1917 年部分因为对战争的看法

不同而从费边社中分裂出去的。[7] 作为社会主义学社的秘书,再加上

他的大多数朋友都加入了反征兵联谊会,柴尔德开始认同社会党的

立场。社会党人认为资本家和统治阶级发动战争,还期望工人阶级参

与战争。社会党人并不一定是和平主义者,他们更相信民族战争和阶

级战争相比并不重要。他们认为德国并不完全是战争的罪魁祸首,这

一看法激怒了大多数英国民众。[8]

　　在一封写给赫伯特·伊瓦特且可能是有意发表的信中,柴尔德

清楚列举了自己的观点,这些观点和社会党的观点完全一致。[9]信里

明确表达了他对战争的反对和对政府审查和宣传活动的鄙视。柴尔

德认为,盟国和德国一样,要对战争恐怖负同等责任。他相信德国是

以战争为目标,可是盟国也是如此。把德国单挑出来承担战争所有责

任的做法,在盟国而言,是在为自己试图完全灭亡德意志民族辩解。

柴尔德写道,真相是,战争是由每一个交战国的帝国主义者强加给德

国的,真正的敌人就在每个国家的内部。这是一个危险的论断,因为

56　在英国和澳大利亚,公开发声反对战争和盟国的做法是非法的。事实

上,正是盟国对人民公民自由的严重侵犯导致柴尔德质疑政府是否

在告知真相。政府的这一做法激怒了柴尔德,他说:"真相当然可以

永远不受自由讨论的威胁,也无需一个新的宗教法庭的护卫。"(柴尔

德致伊瓦特 1916)他接着得出结论说:

　　　　在这种情况下,自由人的职责似乎就是待在国内,为保住剩

　　下的自由而奋斗,而不是让自己变成资本家和外交官的工

具……当前的危险来自内部,来自土生土长的容克*、官僚、资本家和奸商。和这些人斗是一项痛苦艰巨的任务,因为它意味着反对由肆无忌惮的媒体和邪恶的审查制度所炮制出来的巨大的公众舆论……(柴尔德致伊瓦特 1916 年左右)

柴尔德在反征兵运动中的活动尤为重要,因为他是整个战时都留在牛津的为数不多的学生之一。作为澳大利亚人,柴尔德不像英国公民那样会因为非法抗议而被捕。事实上,所有反战者都在某个时候或者被捕,或者被大学开除了。柴尔德如此描述他在牛津的经历和活动:

> 我在牛津期间一直都和社会主义运动保持联系,结果就是,征兵开始后,有很多主要的社会主义者被监禁了,而我只好不情愿地相信……**的高调不够真诚,不足以证明这场冲突[一战]的持续性。我积极参与良心反战者的运动,假期时为全国公民自由理事会做志愿者,我担任牛津大学社会主义学社的秘书,也是牛津大学民主控制联盟(Oxford U. D. C.)的主席,我还是 1917 年 6 月召开的利兹会议的代表。当时我的很多朋友都因为反对军国主义而被捕入狱了,而我想留在英国,加入他们……(柴尔德 1918 年 9 月 8 日:牛津大学图书馆档案馆)

57

英国公民征兵制根据《兵役法》于 1916 年 1 月开始执行。[10]这是英国历史上第一次正规军可以在违背个人意愿的情况下征召入伍。

---

* 容克,普鲁士军事贵族。——译者
** 原文无法辨认。——译者

根据该法,所有 18 到 41 岁之间的未婚男子或没有孩子依靠于己的鳏
夫都被"视为"应该参军入伍。除因健康原因能予豁免者外,所有良
心反战者都会被捕,在公共法庭受审,且经常会被关押在军事监狱内,
在极端恶劣的条件下度过战争的剩下时间。[11]根据个人资料记载,这
些公共法庭都是些"袋鼠法庭"(kangaroo courts)——良心反战者的
罪名还没有上庭就被坐实了(凯洛格 1919;格雷厄姆[J. Graham]
1923)。且政府监狱还会用酷刑,这是明摆着的事。按亚当斯和波里
埃(Adams & Poirier 1987)的说法,人身攻击包括把人关在一个一半是
水的坑里,用硬毛刷和棍子打,常态化地踢和用鞭子抽。更广泛地说,
几乎所有让政府反感的言论或出版物都在《兵役法》的管辖范围内,
都会被禁,因为它们都有可能"对征兵工作和军队道德产生负面影
响"(格雷厄姆 1923)。

58　　　　1916 年,柴尔德的一些朋友因为未能报到服现役而被捕。柴尔
德坚定支持这些因反征兵活动而遭到迫害的朋友们。他被捕的密友
包括大卫·布莱洛赫、戴维斯(P. T. Davies)、斯托特(W. B. Stott)和
达特。[12]良心反战者一般都会遵循一个因政治信仰而请求豁免现役兵
役的程序。戴维斯、斯托特和达特这么做了,但还是被捕并被关进了
军事监狱。一些做出这样决定后被捕的良心拒服兵役者遭到了军方
的虐待,其中一人还经历了强迫喂食。这人名叫伊曼纽尔·里贝罗
(Emmanuel Ribeiro),他在 1917 年被捕后开始绝食抗议,强迫喂食一
年后获释,可是放出来的时候人也快死了。其他人则在军人们的残酷
对待下没能活下来。据格雷厄姆说,有不少于 73 名良心反战者死于
1916 到 1919 年间设立的各种军事监狱(格雷厄姆 1923:312—325)。

　　　　1916 年初达特被捕时,柴尔德显然很是心烦意乱,他陪达特一起
去了监狱。第二天柴尔德给吉尔伯特·默里写信,告诉他达特的命
运,并在这封恭敬而巧妙的信里向默里求助。[13]默里固然不赞成反征

兵者或良心拒服兵役者，但是作为人道主义者，他还是对这些年轻人因拒绝放弃个人信仰而不得不忍受的待遇感到震惊。他试图在军方和反征兵者间找到一种解决方案，但是没能成功。他写信给监狱专员，请求宽大处理达特和其他良心反战者。他在《论坛报》(*Tribune*)上发表的一封信里这样写道：

> 作为一个尽心竭力帮助良心反战者的人，我试图理解其立场，也认识到他们为良心的缘故而甘愿承受的精神和肉体痛苦，以及他们在面对迫害的某些情况下表现出的巨大勇气，我因此向那些如今身处监狱的人恳切呼吁，希望他们在受邀承担那些"对国家而言具有重要意义"的工作时，不要拒绝……我为什么要这样恳求？或者我为什么要这么在乎这些良心反战者会怎么做？不是因为他们能给国家带来多少实际帮助，而是为了两个原因。首先，我尊重和珍视这些有着特别敏感的良心和飞扬理想的人。我站在他们一边，我反对那些决心反对他们的人，因此我不忍看到他们的行事更像是透着不知餍足的好斗劲头，而不是兄弟之爱，并让理想主义变得声名狼藉。其次，和大多数英国人一样，我讨厌看到体面人遭到像重罪犯一般的惩罚……（默里1916）

柴尔德向默里求助，是因为他相信默里可以影响法庭，能把他的朋友们交给民事而非军事监狱。柴尔德认为最坏的情况是，如果像默里这样有影响的人能代表囚犯写信，囚犯的待遇就可能不会像传说中的那么糟糕。达特被捕后不久，柴尔德再次写信给默里，说达特：

> 到达[军事]监狱时，受到鞭打的威胁……他们还向他告知

59

了拘留营的恐怖状况。我从他那里得知,体罚最为军队所明令禁止,可是他也强调了一个我无法否认的事实,那就是,当地指挥官的权威几乎不受制约……(柴尔德致默里 1916 年 6 月 5 日:牛津大学图书馆档案馆)

1916 年,达特受到《兵役法》的审判,被判有罪,处以监禁。接下来的两年内,达特大部分时间都在奥尔德肖特(Aldershot)、温彻斯特(Winchester)和旺兹沃斯(Wandsworth)的军事监狱里度过。柴尔德的另外两个朋友,戴维斯和斯托特,也在达特被捕后不久遭捕。柴尔德再次写信给默里,恳请他帮助,并对朋友们的命运表示关切。关于戴维斯和其他关押在旺兹沃斯兵营的人,柴尔德这样写道:

> 军队关于民事监狱的命令只适用于"监禁"而非"拘留"。对此命令的一条引用证实了这一点,且命令似乎正在被宽容的外表所规避。如果我们相信达特提到的拘留营的威胁确有其事,我们就可以推断,某些军国主义者认为比起劳役惩罚来,监狱这台机器更能将人摧毁。同时军令是用来讨好公众舆论的,且表面的宽大是对逃避和残忍的掩饰。只要更高当局忙于处理更为紧急的事务,因此处于全然无知中,并真心想要无视不必要和无用的野蛮,那么所有这一切就都有可能继续下去……(柴尔德致默里大约 1916 年 6 月:牛津大学图书馆档案馆)

相比朋友们的肉体受虐,柴尔德本人过得还不错。按照 1909 和 1910 年澳大利亚防御法的规定,即使身处澳大利亚国内,他也有可能因为身体不适而免除兵役(弗沃德和里斯 1968)。安格斯·格雷厄姆(Angus Graham 1981)说,柴尔德幼时罹患小儿麻痹症,容易得呼吸道感染类疾病。也许正因如此,他才为朋友们加倍努力。他必须很有决心才能顶住大多数英国人的嘲讽诽谤,并对朋友们的观点毫不迟疑地表示赞同。1917 年 3 月,柴尔德写信给默里,说待到六月份他去考 61 古典人文课程时,他的奖学金就将到期,但是他不能良心不受谴责地接受国家雇用,因为这会:

> 间接助长延长这种毫无疑义的屠杀,并……* 完全摧毁自由正义,持续迫害这些我有幸遇见的最优秀的人。我不能为了抵制一个国家的法律而故意待在这个国家。除非有事发生,否则我大概不得不回澳大利亚,因为那里还有些许自由的痕迹。这意味着放弃一切学术工作的希望,以及一个政治异端的社会退出……(柴尔德致默里 1917 年 3 月 17 日:牛津大学图书馆档案馆)

柴尔德显然很生气,他也完全有权利为朋友们遭受的待遇恼恨愤怒。他在给一个朋友写信时似乎还很沮丧:

> 面对如此无情且还要再让世人多受一些年痛苦的暴行——因为和它相比,最卑鄙的谋杀和强奸都好似成了温和的美德懿行——个人对规则,甚至对人性的信仰最终都被粉碎。人们完全可以相信,某些人似乎虔诚渴望的那件事,即那个被诅咒物种的灭绝,是其当之无愧的命运……(柴尔德致琼斯 1917 年 3 月 29 日:考古所档案)

在金钱和生命方面,一战造成的最终代价即使以今天的标准看

---

* 原文缺失。——译者

也很惊人。据兰格（Langer 1974）估计，战争的直接损失是 1.8 亿美元。且战胜国和战败国的人员死亡一样巨大。对生命损失的合理（如果用这个词合适的话）或保守估计令人难以置信：德国伤亡 660万，法国 280 万，俄国 900 万，而英国，不包括苏格兰和爱尔兰，是 300万（克鲁特韦尔[Cruttwell] 1964）。柴尔德对这种生命的丧失深恶痛绝，更不用说对公民自由的丧失了。他的结论是，他再也不能留在英国了。

对一个反征兵主义者的政治迫害

1917 至 1922 年间，柴尔德对澳大利亚的看法视他和阶级与政治的遭遇而定。1917 年 6 月，他在为回国做准备时，希望确定自己不会遭遇达特和其他朋友那样的处境，因此他想不惜一切代价避免自己因反征兵的信仰而被捕。他于是写信给澳大利亚高级专员，告知对方自己对可能被征召入伍的担心。

> 我现已完成了这所大学的学业，可能会在期末考试后的六月回澳。不过，我听闻了一个谣言，大意如下：要想获得护照，必须做出一到澳就参军的承诺。如果此承诺需要我为当前这场战争提供帮助，则不管这种帮助有多间接，我都不能在任何情况下做此承诺，因为我认为当前这场战争是对文明和真正的自由的毁灭，而非对马上实现和平的促进。以上听闻是否正确，我将会很高兴知道……（柴尔德致高级专员 1917 年 3 月：国防部军情审查报告）

这封信将会对柴尔德的未来造成严重后果。因为它固然让他得到了他所寻求的保证，却也至少被三次用来对付他，不让他得到他其实非常胜任的学术工作。当他有能力获得某个职位，后来却被解雇时，这封信也起到了突出作用。及至1922年，柴尔德对某些教授狭隘的智识行为的蔑视已经非常明显，因为这些人和军事审查员合作，参与了对他的政治迫害。 63

征兵问题跟随柴尔德来到澳大利亚，因为1917年，澳大利亚总理比利·休斯（Billy Hughes）曾试图在几个月前引入征兵制。这个问题使工党一分为二，但是总理通过和自由党结盟组成新的赞成征兵的国家党，并率领国家党在1917年大选中击败工党而仍然政权在握。年底柴尔德回到澳大利亚时，他被国防部军事情报部门监视了起来，因为他给澳大利亚高级专员写的信使他成了官方的怀疑对象。[14]

身居悉尼的柴尔德立刻深度投入到反征兵运动中去。他加入并成为"澳大利亚为免战争民主控制联盟"（Australian Union of Democratic Control for the Avoidance of War）的助理秘书，这个组织主张对外交政策实施民主控制，全面废除征兵制及义务军事训练。柴尔德是休斯政府直言不讳的批评者，他在反修斯政府对公民自由的攻击中起到了主导作用。他对这个联盟的参与给了悉尼大学的官员们一个借口，将他从圣安德鲁学院高级驻院导师的岗位上撤了下来。他被认为太过激进，不适合做一个负责任的导师。悉尼大学使用的反柴尔德的"弹药"是从国防部军情局获得的。[15]

1918年复活节期间，柴尔德参加了由联盟在悉尼的"朋友之家会议厅"（Friend's Meeting House）举办的第三届州际和平会议，并在这个有大量激进极端分子出席的会议上宣读了一篇有关帝国主义的演说。联盟在会议的最终报告中写道："只有废除资本主义制度，正义才能得到保障，国际摩擦的根本原因才能得以永久消除。"这次会后不久，柴尔德参会的消息引起了圣安德鲁学院院长哈珀（Harper）博士 64

的注意。哈珀对悉尼大学校监巴夫（Barff）汇报了此事，巴夫则给他
看了柴尔德写给澳大利亚高级专员的信，也就是那封明确表示对战
争看法的信。校监给哈珀留下了悉尼大学无意雇用柴尔德这种激进
分子的深刻印象，哈珀于是就有了一项不值得羡慕的尴尬任务，那就
是与柴尔德就其政治观点对质。柴尔德在一份"个人声明"中写到了
此事：

> 早在 1918 年，我就发现我写给高级专员的信已经被转给了
> 大学，且极端保守派的秘密军政府……正在以大学的名义发起
> 一场针对我的地下运动，并对我发表了最暴力的言论……有人
> 向圣安德鲁学院院长和理事会的一些成员报告，说我参与了复
> 活节的和平会议……院长（哈珀博士）向大学做了一番调查，校
> 监向他出示了那封信，给他留下了校方决定解聘我的印象。哈珀
> 说，我在和平会议上的表现可能会让学院最优秀的财政支持者
> 们对学院产生偏见，且他现在发现我的存在让他在与校方打交
> 道时感到尴尬，因此他建议我辞职。一星期后，我们又有了一次
> 进一步的交谈。我向他指出，他们并没有给出辞退我的合理、公
> 正或合法的理由，且他本人还表示他对我的行为极为满意……
> 因此我拒绝辞职。然而，进一步问询后，我发现校方沙文主义者
> 们的秘密诽谤可能会对学院造成伤害，我于是以此为由提出了
> 辞职……（个人声明 1917 年：牛津大学图书馆档案馆）

65

柴尔德向哈珀递交的辞呈措辞激烈。他的愤怒显而易见。针对
他的政治迫害已经深刻扰乱了他对学术神圣的道德信仰。他不屈不
挠地坚称自己无罪，责怪身份不明的大学官员将他驱逐，还从更广阔
的角度认识到自己的被解职体现了最粗俗的政治暴政。

自理事会根据你的建议任命我为驻院导师,而我也接受这一任命以来,我发现学校因我的政治观点而对我采取了非常明显的敌对态度。鉴于这一事实,我已经开始担心我在此地的职位会使学院在与大学交道时承受偏见。我既不愿以任何方式做任何伤害学院之事,则理事会和你本人如果认为,允许我将此职位保留至我的任期终结之时可能会损害学院的声誉,则我愿提出辞职,并于 6 月 1 日或你认为合适的晚些时候生效。但这不得被视为院长认可将一个公共教师的个人政治哲学观点当作将其解雇的公正理由,或者对这名教师观点的惩罚不是对全社会智识生活最严重的威胁……(柴尔德致哈珀 1918 年 5 月 2 日:牛津大学图书馆档案馆)

看来 1917 年柴尔德在给默里的信中说他的祖国尚有"自由的遗迹"是说错了,因为在他命运多舛的归国期间,他遭到了当权者的追捕。圣安德鲁院方接受了他的辞职,但是不愿付给他合同期限内剩余几个月的薪资。后来经过数次尖刻的言辞交锋后,院方最终同意付钱。柴尔德被开除后,他被迫辞职一事上了新南威尔士立法会。[16]有人问公共教育部长,大学利用宗教和政治考查遴选教师的做法是否违法,柴尔德是否因为他对战争与和平的观点而被迫从圣安德鲁辞职。部长回答说,柴尔德没有经过这种考查,聘用他时,他的名字也没上报给校方。严格说来,这个说法是对的,因为已经在校方工资单上的受雇者(柴尔德 1917 年受雇)是由同行"评议"而非"考查"的。

柴尔德从圣安德鲁学院的被迫辞职预示着他会不断在悉尼大学手里遭到政治迫害。1918 年 5 月,柴尔德对悉尼大学的另一个职位表示了兴趣,这是古代史方面的一个教职。悉尼当地的工人教育协会为柴尔德组织了一门政治哲学课,并邀请悉尼大学指导课主任波图斯（G. V. Portus）参与，好让柴尔德证明他有讲课能力。7月，柴尔德正式申请了这一授课职位。不幸的是，工教会为柴尔德所做的努力没能帮上忙，因为波图斯的"推荐"只有区区一句话，他说柴尔德是个"令人满意的授课者"。不过尽管波图斯的报告太过简短唐突，柴尔德还是在指导课联合委员会的会议上，以六比一的投票结果得到了推荐。然而，此次会后不久，投反对票的委员会成员——托德（Todd）教授——致信悉尼大学校长，详细描述了此次会议。他对柴尔德的反对只在乎他的政治观点是否"合适"。托德毫不掩饰自己的意见：

> 作为大学的一员，我强烈反对此项提议，因为这会将一个意见与国家利益相左之人安排在一个被人信任的职位上。此人若果任职，将有若干机会感染其课堂上的学生。思虑至此，我的反对越发强烈……（国防部军情审查报告）

托德对柴尔德的反对之声落到了同情之人的耳朵里，柴尔德被这个职位拒绝了。他的同事和朋友因为这第二次公然的政治偏见苦恼不已，其中伊瓦特（时任助理首席法官）和比尔·麦凯尔（Bill McKell，新南威尔士州劳工部长）尽其所能帮了忙。他们和公共教育部长对质，后者却说有关柴尔德的政治问题已经提出，不再做进一步讨论了。于是伊瓦特、麦凯尔和一个名叫史密斯（T. J. Smith）的人共同明确写信给教育部长说：

> 柴尔德尽管学术履历优异，但是本该由头脑开阔的开明文化人组成的大学参议院，却让个人和政治信仰影响了判断。就因为柴尔德持有某些不被认可为正统的政治观点，大学就拒绝批准其任职。我们对此深感遗憾，因为这意味着我们将失去一个我

们不能失去的人。我们并有没有太多杰出之士，尤其在考古方面。我们已经客观公正地分析了情况，一想到这样的暴行居然由大学参议院施加在本州一个公民身上，我们就不禁热血沸腾……（国防部军情审查报告）

他们的努力没有结果，事实上他们的信成了国防部审查报告的一部分。因此 1918 年年中，以优异成绩毕业于悉尼大学和牛津大学王后学院的柴尔德，就因为政见问题，不仅被一份工作解雇，还被另一份工作拒绝了。更糟的是，1918 年，军情部门开始加强对柴尔德和其他和平主义者的监视。柴尔德的邮件经常被打开审查，军情部门还很可能定期与悉尼大学接触，以免柴尔德获得其他职位。柴尔德无力改变自己的困境，当他以一种抗拒的姿态写信给悉尼大学校长时，当然也就更对自己的事情无补了：

悉尼大学既然反对教师的一切自由，忽视学术价值，还调查教授与教师们的个人政治观点，那么在你得知以下消息时，想必会如释重负吧，那就是我在遗嘱中原本决定要在我死后赠予悉尼大学的约 2500 元现已取消，并将转赠给一个更为开明的机构。随函附上本人遗嘱中的这一内容……（国防部军情审查报告）

柴尔德将这笔钱遗赠给了新南威尔士州劳工委员会，要求他们将这笔钱用于"教育宣传"。1918 年 9 月，他去了昆士兰州。在那里，工党政府里的朋友答应帮他找工作。柴尔德在昆士兰及后来在布里斯班的活动的唯一记录来自军情部门的"战地军官报告"，这份报告突出了柴尔德在反征兵运动、劳工政治和和平联盟中的活动。其对柴尔德，还有对与柴尔德交往之人的描述，今天读来似乎相当幽默。柴

69

尔德的同胞被称为"行差踏错的大学人",柴尔德则被描述为一个好
人,但是"丧失了合理的判断",或是"判断和言论都很放肆":

> 对爱国公民和忠诚的大学人发起的低劣攻击,对一个骄傲
> 于自己的知识分子身份且有可能视其为一切之上的人而言简直
> 不可思议。此类言论首先"于征兵不利",其次傲慢和不诚实是
> 其特点。为国家利益着想,可能还是予以限制为好……(国防部
> 军情审查报告)

这名军官似乎认为柴尔德的姐姐更聪明而柴尔德不聪明。因为
柴尔德的姐姐给柴尔德写过一封信,说柴尔德的政治信仰弄得大家
都很尴尬,于是这名军官在自己的分析中写道:

> 可惜这位作者[柴尔德的姐姐]没能将自己的一些精致情操
> 传授给他。很明显,如果他能在昆士兰州政府找到职位,需要他
> 提供的服务将主要是公共宣传……(国防部军情审查报告)

柴尔德的下一个带薪职位很短暂,是在昆士兰州的玛丽伯勒
(Maryborough)文法学校当老师。他对反征兵立场的公开支持没能让
这所保守学校的校长喜欢上他,更有甚之,校长还公开表示敌意(柴
尔德致伊瓦特 1918 年 11 月)。不幸的是,柴尔德不善课堂教学,经常
被他的年轻学生们祸害。一名学生回忆说:"不管柴尔德带来了什么
学问,也都被他课堂上的吵闹混乱抹杀了。高潮发生在某一天,那天
全班学生都武装着射豆枪,共同向他发起了射击。"(机构档案)在军
情部门的启发下,媒体对柴尔德发起了攻击,之后学生们也闹起了示
威,最终柴尔德只得提前终止他在玛丽伯勒的任期。

1919 年初,柴尔德在州公共服务办公室找到一份工作,随后又在昆士兰大学教学部获得一个临时职位。他在这个职位上干了一年,但是再次因为政治原因而没能获得永久任职。虽然找不到确凿的档案证据说明政治偏见在这件事上起了作用,但是事实却是一个学术成绩远不如柴尔德的人获得了任命。当地的工党报纸《标准日报》(*Daily Standard*)上有篇报道,对柴尔德未能获得职位的情况毫不怀疑:

> 我们有充分理由相信,当古典学系有空缺出现时,系方不想获得柴尔德先生的服务,反而偷偷安排了政治上不那么令其反感的其他人,并在参议会碰面前就安排好了一切。为了把柴尔德蒙在鼓里,他们真是使出了一切手段……(《标准日报》)

柴尔德发现自己没有了任何收入后越发绝望。他写信给吉尔伯特·默里,诉说自己在大学官员手里的遭遇,并请默里代为举荐(柴尔德致默里 1918 年 5 月 24 日)。柴尔德将澳大利亚的大学描述为: 71

> 被一群偏执狭隘的人控制。他们尽管有很高的智识造诣,却总是怀着极大的怨恨反对一切形式的激进主义。他们向来是工党最激烈的敌人,也是最先主张为当前战争征兵者,他们还经常对世界教育协会和辅导运动表示敌意。结果就是大学变成了一个不可能自由交流思想的地方,一个被美化了的培养文学士、医学士和工程师的技校,同时还在竭尽可能将保守的规则和反自由的想法铭刻在学生脑子里……(柴尔德致默里 1918 年 6 月 8 日:牛津大学图书馆档案馆)

可以理解,由于三次求职被拒,而他一定认为这些职位是他在学界应得的,让柴尔德对他在大学官员手里遭受的政治迫害很是沮丧和愤怒。但是他也一定认识到了有人想帮他而帮不上这一点,因为他在给默里的信里说,教员里是有自由派的,"只是作为已婚人士,他们没法轻易为了保护一名公共教师而公开拿起武器,因为沙文主义者们组成的军政府的恐怖主义实在可怕"(柴尔德致默里 1918 年 5 月24 日)。

柴尔德向默里发表的评论说明,他开始认识到一个事实,或者更确切地说他开始向一个事实屈服,那就是他能在澳大利亚,能在他受训练的领域内找到一个学术工作的可能性为零。他后来在给默里的信中描述了他在悉尼被解职的过程,他甚至一度考虑移民美国(柴尔德致默里 1918 年 7 月 1 日)。学术工作既然不可能,柴尔德就开始转向劳工政治,希望在其中扮演一个更积极的角色。的确,柴尔德在给默里的信中说,"自 6 月以来",他就已经"在事实上被阻挡在了任何形式的就业之外,除了政治"(柴尔德致默里 1918 年 10 月 25 日)。经历了如此激烈的政治迫害后,柴尔德感到,有必要从肆无忌惮的偏执盲从那里挽救自由的职业,尤其是学术,而那些和军情部门共谋,不让他获得一份有偿工作的人们就是这种偏执盲从的例子。柴尔德认为,知识分子在向社会主义的转变中扮演着至关重要的角色,这是他在亲历澳大利亚阶级斗争后得出的结论。正如我将在下节中展示的那样,柴尔德逐渐认识到,知识阶层是革命的一道防线,是调和不同阶级间矛盾冲突的核心力量,也是一种对社会主义的保证——保证社会主义将会是不同阶级间向彼此解释自己想法后的理性结果。

柴尔德与澳大利亚劳工政治

被迫退出学术界后,柴尔德向政治倾斜。的确,激进分子似乎是唯一愿意雇用柴尔德的人。从 1919 到 1922 年间,柴尔德是工党和左翼政坛的积极参与者。他出版了自己唯一一本非考古类著作《劳工如何执政》(1923),写了些文章和杂文,将其发表在澳大利亚若干政治期刊和报纸上。[17]柴尔德在自己几乎所有的出版物里都是一个直言不讳的批评家,且他对各类批评对象绝不厚此薄彼。他最关心的不是变化无常的党派政治,而是澳大利亚社会向社会主义的转变。

柴尔德拒绝相信,在工党内部当个知识分子就不能是活跃的知识分子——这是爱德华时期社会主义者的常见态度,他们对工人阶级怀有同情,但又不屑于后者的政治冷漠和惰性。柴尔德认为,知识分子在向社会主义转变的过程中起着至关重要的作用,正因如此,他对那些迎合政党中保守和压制成分的悉尼知识分子尤其反感。简而言之,柴尔德认为资本家太贪婪,工党领导团体太自私自利,工人又太容易上当受骗,因此很难维持向社会主义的转变。他在给默里的一封信中指出:

> 不存在一方面能向统治阶级解释无产阶级运动,另一方面又能给革命者和世界产业工人联盟(Industrial Workers of the World)提供合理建议的由中产阶级组成的社会主义社会,因此也没有能够平衡极端和平主义者、国际主义者和占统治地位的沙文主义者的有分量的民主控制联盟或国联协会……结果就是社会这两部分间的关系变得越来越痛苦……(柴尔德致默里 1918 年 6 月 8 日:牛津大学图书馆档案馆)

柴尔德似乎唯一同情的群体是世界产业工人联盟。这个组织成
立于 1905 年,是一个基于马克思主义阶级冲突原则和美国工业联合
74 主义哲学之上的联盟。它试图创造一个不分性别、种族或技能的"大
联盟",想让工人通过它拥有生产和分配的手段。它还认为,社会转
型源于非政治的革命过程及在职行为,这会对资本的巨大组合发起
有效战争。毫无疑问,世界产业工人联盟让柴尔德印象深刻之处是它
和其他政治团体不同,它有一个长期、"科学"的组织结构,旨在将社
会秩序从资本主义转变到社会主义。但是,柴尔德谴责这个组织内部
众多从事暴力活动的激进分子。

据津恩(Zinn 1980)的看法,世界产业工人联盟来到澳大利亚后,
对工党和激进政客们产生了深远影响,对柴尔德也不例外。这个联盟
在新南威尔士被叫作"大一统工会"(One Big Union),工党对它的回
应是谴责。"大一统工会"和工党之争正是柴尔德《劳工如何执政:澳
大利亚工人代表性研究》(1923)一书分析的根源。这里有很有趣的
一点,那就是《劳工如何执政》没能在澳大利亚发表,而是由工党研究
部的一个分支机构——劳工出版公司在伦敦出版。柴尔德没能在澳
大利亚找到出版商,因为这本书里包含对澳大利亚工运结构及某些
个人的严厉批判。毫无疑问,工党领袖们认为此书对劳工运动无甚助
75 益,再说那些被批评的对象可能从一开始也不想让这本书出版。[18]

此书是澳大利亚劳工政治史上的一个里程碑,柴尔德也因此成
了一个才华凸显的政论史家(坎贝尔 1945;戈兰 1964;史密斯 1964;
津恩 1980)。[19]他详述了澳大利亚工会运动的历史和发展,以及一个在
议会体系内取得政权的工人阶级政党的出现。在澳大利亚工运的忙
乱时期,柴尔德根据他对内斗和权力斗争的第一手观察得出了一个
结论,那就是议会制度是一种上层阶级的创造,体现的是上层阶级的
传统和特权。工人阶级代表一旦进入其轨道,就会必然失去和自己政

党的联系,"出卖"自己的原则,而不能实行他们当初当选代表时想要
实行的计划。

柴尔德对劳工运动的阐释不仅充满怀疑,还很愤怒,因为他强烈
拒斥澳大利亚很大一部分社会和政治生活的反动庸俗本质。这可能
是受到了伊瓦特的影响。伊瓦特认为,只有当工人阶级始终忠于他们
的选民时,社会主义才能在澳大利亚实现(伊瓦特 1940)。柴尔德尤
其批评那些一旦掌权就会沉迷于财富地位的浮华粉饰的劳工领袖。
此外,他还毫无疑问接受了一个信念,那就是他认为,澳大利亚当前的
社会政治组织包含对工人的剥削和奴役,而劳工运动的目标必须是
改变社会结构。柴尔德在书的结尾处这样写道:

> 既然工党始于一支受鼓舞的社会主义者队伍,现在却堕落
> 成了一架只想攫取政权的大机器,而且除非是为个人谋利,还不
> 知应该如何使用这个政权,那么"大一统工会"就有可能蜕变成
> 一个美化少数老板的大工具。这就是澳大利亚所有劳工组织的
> 历史,但这并非因为这些组织是澳大利亚组织,而是因为它们是
> 劳工组织……(柴尔德 1923:277)

欧文(1988)说澳大利亚的劳工史家们误解了《劳工如何执政》的
最后这段,以为这代表柴尔德对工人阶级政治的幻灭,不过欧文没有
发现这部作品本身包含的独创性贡献。和柴尔德的其他作品相比,比
如他在《劳工月刊》上发表的那些有关澳大利亚政治的文章,我们可
以发现柴尔德辩论的主题是,工人阶级之所以幻灭,是因为工党政府
屡屡不能履行其社会主义的承诺。[20]柴尔德认为,一种具有潜在生产
力的工人阶级的新型政治可能会从工会中涌现,且工人阶级和知识
分子联手可以构建一场由两个相互依存的部分——工业和政治——

组成的运动。根据柴尔德的认识,社会主义将是劳工政府为保卫工人阶级和公共控制而采取的各项行动的协调策略的结果,也是工会为实现工业民主而斗争的结果。柴尔德完全是孤军奋战般地坚持,工党和工会可以使社会主义在澳大利亚成为一个明显的可能,但是最终他的想法并没有被这两个团体(工党和工会)中的任何一个接纳,甚至连好评都没得到。

在我讨论柴尔德最后一篇有关澳大利亚劳工政治的文章前,有必要详细交待这篇文章的出版背景。从 1920 到 1921 年底,柴尔德任约翰·斯托里的私人秘书。然而 1921 年 12 月,斯托里重新定义了柴尔德的角色。他选拔柴尔德去州长部任研究员,职责是为工党政府提供立法和行政改革方面的想法。柴尔德还需要和其他劳工领袖会面,并以正面形象描述澳大利亚的劳工政策。根据欧文(1988)的看法,这个职位很重要,说明柴尔德在政府里的地位很高。这份工作还把他带回了英国,让他有生以来第一次领到了高薪(每年 525 英镑)。

和先前的工作一样,这个研究员的任期也很短。1922 年,工党政府在选举中落败,柴尔德也被即将上任的保守的新南威尔士联合政府解雇。事实上,他的解雇是新政府采取的第一批官方行动之一,理由是他的工作是不必要的重复。欧文(1988)认为,柴尔德被迅速解雇说明他的地位重要,因为新政府认为他太过高调。柴尔德的朋友们则对他再次以政治理由被解雇而感到愤怒。前劳工部长麦凯尔先前就曾抗议柴尔德被圣安德鲁学院开除,现在他又这样评论柴尔德的被解雇:

> 此人是个极富才华的学者,资历无懈可击。他之所以被派去伦敦工作,是因为公共服务委员会认为他适合这个工作。无论是在该委员会的内部还是外部,都没人能说出此人的任何不是,相

反大家都认为他是可敬和坦率之人。他被解雇是新政府的耻辱……(麦凯尔 1970)

显然,即使是与柴尔德素无联系的柴尔德的父亲,也在忧虑最近这种形式的政治迫害(格林 1981a:62)。[21]他写信给新任保守党州长乔治·富勒(George Fuller),询问儿子被解雇的情况(他并不担心儿子,他担心的是女儿,他说女儿是个病人):

> 你能告诉我我儿子戈登被解雇是什么原因吗……当然我对你的内阁的行动并不感到惊讶,因为我所有的同情都与你和你的政党同在。但是戈登一直是个好儿子,也一直都在慷慨帮助他生病的姐姐,他每个月都会从自己的工资里拿出一笔可观的津贴给她……衷心祝贺你回归州长之职,并对你任期成功致以所有美好的祝愿……(S. H. 柴尔德牧师致乔治·富勒,引自格林 1981a:40)

柴尔德对自己被解雇的反应因其写信对象不同而不同。例如,他在给默里的信中说,他"又有机会回到[他]真正想做的工作中去,并希望能摆脱政治的致命诱惑"(柴尔德致默里 1922 年 8 月)。而在一封写给大卫·布莱洛赫(牛津大学社会主义学社的一个朋友)的信中,他却这样解释自己的立场:

79

> 那个接替新南威尔士杜利(Dooley)工党政府的极端反动的政府是不会需要我对国家保险银行或家庭工资计划提供建议的,就像我一直为工党提供的那种,他们也不会想要一个像我这么突出的工党党员,事实上他们已经在不体面的匆忙发报中

告知了我这一点。所以我应该找份工作,因为我并不特别想回澳
大利亚。那本来就是一个糟糕的地方,现在更是无药可救……
（柴尔德致布莱洛赫 约 1922 年:考古所档案）

柴尔德的最后一篇文章《当工党统治澳大利亚时》（When Labour
Ruled in Australia）为匿名发表,[22] 署名为"一个前统治者",发表时间
是在新南威尔士工党政府败选后不久。文中柴尔德否认工党政府失
败的原因如保守党所想,是因为选民惧怕社会主义的新目标——这
个目标是工党为了让激进的工会分子满意而于 1921 年在全国范围内
实施的。相反,柴尔德认为工党之所以失败,是因为政府未能兑现其
"无限的承诺"（柴尔德 1922:32）。导致工人对工党和工党政治不满
的过程向柴尔德揭示了阶级政党关系中的一种模式。具体而言,柴尔
德认为,当工人因为政府未能信守承诺而感到失望时,他们开始变得
漠不关心,因此也就失去了团结。随之而来的结果就是他们会在投票
中落败,因为他们已经不再支持工党。柴尔德的意思不是说当政府不
能满足选民需要时,选民不再支持政府,而是认为一系列退缩已经影
80 响到了工人阶级的政治意识。这一模式是《劳工如何执政》一书续书
的主题,只不过这本续书他再也没能写下去了。

结　论

1957 年,柴尔德在六十五岁之年又一次回到了澳大利亚,这是他
三十五年来的第一次回归。他对社会主义没能在澳大利亚取得任何
进展而感到极度失望。他认为 1957 年的澳大利亚社会处于英国工人
阶级典型价值观的控制之下,和社会主义社会相去甚远。的确,在福
利国家方面,柴尔德认为澳大利亚不如英国。然而他也注意到澳大利

亚工人基本都能挣到足够的工资,也能负担得起他们想要的休闲,比如汽车、好衣服、一座小房子和旅行。工人阶级的力量体现在生活的这些物质方面。

　　柴尔德回国后最大的失望不是国家缺乏社会主义,而是澳大利亚社会没能培养出本土知识分子。在被授予悉尼大学荣誉学位时,柴尔德提到,像格陵兰这样一个人口只有澳大利亚五十分之一的国家都获过一次诺贝尔文学奖,澳大利亚却连一个诺贝尔文学奖都没获过＊。这位在欧洲成功融合了智识和政治活动的人,如今归来,一定觉得自己前途一片黑暗,因为他在写给约翰·莫里斯的信中形容澳大利亚是"一片知识沙漠"。也许正因为这种失望,而不是格林和其他人认为的社会主义问题,导致了柴尔德最后的自杀。考虑到这一点,也许再加上他曾经名列大学就业黑名单的事实,正如我已经展示的那样,才让柴尔德因为澳大利亚缺乏一个充满活力的知识界而在欧洲工作了一辈子。

81

注　释

1. 社会主义者将《劳工如何执政》解释为拒绝接受劳工主义而转而支持工团主义,历史学家则主张柴尔德应以世界产业工人联盟为基础创造一种新的国际劳工模式。欧文(1988)展示了1918至1923年间柴尔德思想的变化和延续,认为柴尔德主张工党应该在社会主义政治中发挥积极作用,且认为柴尔

82

　　＊ 1957年前,澳大利亚已有三名诺贝尔奖得主。1915年威廉·亨利·布拉格爵士和威廉·劳伦斯·布拉格爵士(William Henry Bragg and William Lawrence Bragg)父子同获物理学奖,1945年霍华德·弗洛里爵士(Howard Walter Florey)获生理学-医学奖。柴尔德死后的1973年,澳大利亚终于有人——帕特里克·怀特(Patrick White)——获得了诺贝尔文学奖。——译者

德明白党在阶级形成中发挥的积极作用。这个作用既可以使社会主义前景提前,也可以使之受挫。

2. 澳大利亚共产党所获的大部分材料来自丹尼尔·德莱恩(Daniel DeLeon)创建的美国社会主义工党,因此工会主义在文献中占据突出地位。另一个马克思主义经典著作的主要来源是查尔斯·凯尔(Charles Kerr),他在从世纪之交到四十年代中期的时间内翻译出版了一系列马克思主义经典著作。

3. 入学牛津前,柴尔德以拉丁语、希腊语和哲学的一等荣誉从悉尼大学毕业;他还获过大学奖章,弗朗西斯·安德森哲学奖学金奖,以及丹尼尔·库珀古典学研究生奖学金。他无疑是从安德森(苏格兰人,著名的黑格尔派学者)处很早就对哲学,尤其是对马恩著作获得了兴趣。

83   4. 牛津大学费边社由本科生组成,工党研究部组织,在牛津尤其有影响力。

5. 有些反征兵联谊会的成员仅仅因为是成员就被捕,如艾伦·凯(Alan Kaye)、威廉·梅勒(William Mellor)、司托特(R. B. Stott)和戴维斯(P. T. Davies)。

6. 牛津大学王后学院院长档案。

7. 牛津大学社会主义学社和反征兵联谊会站在反战的前沿。

8. 社会主义者因为认为战争不完全是德国人的错而激怒了绝大多数被反德宣传淹没的英国公众(汉密尔顿1990)。引用一段通俗战争史可以清楚说明英国人对德国人的仇恨:

> 场地空出来了,好让亲德的伪社会主义,或者假和平主义的政治鼓动者们用越来越恶毒的语言不断暗示一点:我们国家之所以走向义务兵役制,是为了完成一个巨大的阴谋,那就是要让工人阶级在战后变得无能,再也不可能罢工,而不管其怨愤有多么正当。亲德的鼓动者们还在继续编造更荒谬离奇的主题,说军事征兵离工业征兵只有一步之遥,说当战争结束时,雇佣阶级将会使工人阶级陷入比古代农奴还要悲惨的境地……

9. 柴尔德给达特(疑为伊瓦特——译者)的这封信以论文形式写成,因为它有正确的文献引用,但缺乏真实的个人感受。

10. 对《兵役法》及其通过情况的详细讨论,可见亚当斯和波里埃(Adams & 84
   Poirier 1987)、博尔顿(Boulton 1967)、雷(Rae 1970)。这里还值得注意的
   是,直到七十年代,一战时良心拒服兵役者的痛苦处境都还不为人熟知。
   尽管凯洛格(Kellogg 1919)和 J. 格雷厄姆(1923)都曾就这些人的处境写
   过长篇专著,但是史学家们仍没有为探讨反征兵运动而专门研究过这个问
   题(见钱伯斯[Chambers]1972:5—18)。

11. 法庭因地而异,大多由年高"有德"之人组成——他们是当地社区的屠夫、面
   包师和店主,也是当地政坛的活跃分子。总而言之,这些人是保守派,因爱国
   入选,基本不懂宗教的和政治的理想主义,对社会主义也怀有一种阶级培养
   的蔑视和敌意。从 1916 到 1919 年间,几乎有一百万人申请免除兵役,但是
   只有 6% 的人自认为是良心拒服兵役者。和那些身体不宜服役者不同,良心
   拒服兵役者损失最大。他们只能听凭自己被捕和被关押至军事设施。据 J.
   格雷厄姆(1923)说,法庭由军队控制,反征兵者总是会被判处有罪。

12. 达特的案子尤为有趣,因其背景特殊,且在创建英国共产党方面地位重要。
   他的父亲是位富有的印度医生,母亲则是位瑞典作家。严格说来,达特和
   瑞典首相奥拉夫·帕尔梅(Olaf Palme)还有亲戚关系。达特的父亲深入致 85
   力于社会主义和民族主义政治,因此达特从幼时起身边就都是政治激进分
   子,其本人更是到 21 岁的时候就已服过三次刑。他以种族为由(他被划分
   为盎格鲁-印度人)拒绝以《兵役法》应征入伍一事,最初被认为不符合常规
   征兵条例而被判不予受理,但他对这一判决进行了上诉,结果却被判处六
   个月的"拘留"。到 1919 年战争结束时,达特已经在苦艾林(Wormwood
   Scrubs)、温彻斯特和奥尔德肖特军事监狱服过刑了。

13. 默里是澳大利亚人,是达特和柴尔德在牛津的老师。

14. 对柴尔德这样的政治鼓动家而言,被监视并非什么不寻常之事;事实上,它凸
   显了澳大利亚政治体制的反动本质,以及社会因征兵问题而两极分化的
   程度。

15. 信是国防部军情局交给校监的。

16. 尚不清楚柴尔德的案子如何被提至新南威尔士州立法会上。不过柴尔德与伊瓦特和麦凯尔是朋友，伊瓦特和麦凯尔又是澳大利亚政坛上活跃的知名人物。新南威尔士州议会辩论里有对柴尔德案子的纪录（1918 年，第 2辑，第 71 卷，第 394 页；第 72 卷，第 1208 页和第 1453 页）。待到柴尔德的案子被二次提起的时候，悉尼大学参议院已经拒绝了柴尔德的任命，后来和公共教育部长的交锋又被转到了由州财政支持的机构中的政府管控问题上。此后，柴尔德的名字再没出现在任何官方出版物上。

17. 1919 至 1921 年间，柴尔德广泛讲授劳工问题，并依靠工党赞助。某种程度上他的著作证明了这一点，因为这些著作既对工党持批评态度，又总是以支持工党的观点收场。所有想要找到工党对柴尔德地位的记录的尝试都不成功。此外，尚不清楚柴尔德如何当上了新南威尔士州工党州长约翰·斯托里的私人秘书。这个职位很抢手，竞争一定很激烈。不幸的是，斯托里没有留下档案，柴尔德也没有对认识的人说过他是如何得到了这个职位。

18. 《劳工如何执政》一书有着非常有趣的出版史。它由工党出版公司印制，这个组织后来成了英国共产党的一个外围机构。1924 年这家出版社倒闭。目前尚不清楚《劳工如何执政》一书如何印制，但是这本书的剩余印数都不在澳大利亚或是英国，而是在美国。事实上，柴尔德的书只有极少数到了澳大利亚（史密斯 1964）。欧文认为工党积极试图压制柴尔德的书，但是档案来源无法证实这一说法（个人通信）。

19. 尽管如此，柴尔德的书还是得到了褒贬不一的评论。《平民》的编辑写道：

　　　　此书包含相当多的技术错误……它实际上应该是一部两卷本中的第一卷，但是书中没有说明这一点。相反，作者只做了一个肤浅尝试，想使它看起来像一部完整著作。对于这个第一卷而言，标题不是正确的标题。作者本人的态度在书中各处也很不统一，且总是含混不清……（编辑 1923：

936）

20. 《当工党统治澳大利亚时，由一名前统治者所作》一文很可能是受达特委托所写，两年前达特刚刚创建了《劳工月刊》。多年来柴尔德向《劳工月刊》投稿若干，他与达特的通信表明他很尊重达特的编辑角色。

21. 格林（1981a）和皮戈特（1958a&b）都写过柴尔德和其父的关系，以及这个关系对柴尔德心理造成的影响。柴尔德父亲的信似乎凸显了他们父子间关系的恶劣。作为一个严于律己和宗教虔诚之人，柴尔德的父亲一定觉得自己能和儿子交谈且不会造成争议的话题非常之少吧。

22. 1924 年，柴尔德又在《劳工月刊》上发表了一篇短文，内容有关澳大利亚正在执政的保守党，但文中对工党不置一评。

03 考古发端

导　言

88　　大战末,柴尔德回到澳大利亚。此后直到 1921 年的三年时间里,他是新南威尔士州州长的私人秘书。这些正值他三十上下性格养成期的政治生涯没有白费,而是打开了这个年轻澳大利亚人的眼界,给了他一个开阔的视野,让他观察到了地理的和超国家的人生事实,其影响贯穿了他后来的整个职业生涯……(比比[Bibby]1956:293)

在这段短评中,英国考古学家杰弗里・比比(Geoffrey Bibby)对柴尔德为什么要研究欧洲考古提出了一些见解。对古代社会的研究给柴尔德提供了一个最充分运用个人才智的空间,而且最重要的是,在揭示过去的过程中,他认为自己可以发现塑造人类社会的基本力量和活动。在经历过澳大利亚政治对他的政治迫害后,史前史对柴尔德的吸引力在于,过去是遥远的,人类故事在一定程度上也是非个人的。这能使他保持学术上的超然,避免政治迫害。然而他也经常为一些疑惑所苦,那就是考古研究的价值何在,以及史前史这一课题和他个人对社会的用处又何在。1925 年考古记录的破碎,再加上随之而来从中形成历史法则的困难无疑加深了这一疑虑。

终其整个职业生涯,柴尔德都在不断证明史前史研究对当代社会的重要性。为达此目的,他将个人的知识信仰和政治活动融合,取得了不同寻常的成就。因此,我将证明自其职业生涯之初开始,柴尔德就已经意识到自己工作的政治意义。例如,我将证明,他选择不发表其牛津毕业论文,就是因为担心德国民族主义者会利用这篇文章支持他们对过去越来越种族主义的解释。

89

二十年代早期在欧洲的广泛游历对柴尔德产生了相当重要的影响,这一点后来将会变得很清楚。他不仅研究了大多数重要的欧洲博物馆的馆藏,面见了最重要的权威,还吸收了当时的普遍氛围和政治激荡。这给他的心目中灌输了一种对自己工作的强烈使命感,因为他认识到欧洲的起源问题对当代民族主义运动至关重要。此外,作为一个澳大利亚人,一个不带欧洲人内在社会政治偏见的个体,他把欧洲看成一个地理整体,而不考虑一时的政治界限。这样一来,当他开始思考自己对考古学整体观点的时候,他就可以把欧洲看成一个巨大的地理马赛克,而欧洲史前史也就成了那个还没有被人恰当、精细描述过的部分。

柴尔德的考古发端

1922 到 1925 年间,柴尔德在考古和侨民激进政治间来回摇摆。他在这三年间的发表也反映出这种双重兴趣,他和这两个领域的专家都保持着私人联系。[1] 实际上可以说,他在社会主义政治和欧洲考古方面都处于前沿地位。在政治领域,他利用自己在劳工政治方面的专长谋生。例如,在被即将执政的澳大利亚保守党解雇后,柴尔德在朋友罗伯特·乔利的推荐下担任了约翰·霍普-辛普森(John Hope-Simpson)的兼职秘书,后者在 1922 年 11 月的选举中当选为陶顿

90

(Tauton)地方的自由党议员。出于经济上的需要,也因为毋庸置疑的
个人能力,柴尔德还为另外两名自由党议员充当兼职秘书。秘书工作
外,他的《劳工如何执政》一书刚刚出版。据达特说,柴尔德开过讲
座,讲述自己在澳大利亚政治方面的经历,不幸这些课程的讲义都没
能保存下来。

　　1922 年 8 月,柴尔德在工党研究部(LRD)组织的一所学校里待
过几星期,而工党研究部最初是由费边研究部于 1912 年创办的。当
时的工党研究部成员包括若干左翼知识分子,著名的有佩吉·阿诺
特(Page Arnot)、玛格丽特和科尔夫妇(Margaret and G. D. H. Cole)、
莫里斯·多布(Maurice Dobb)、达特、雷蒙德·波兹盖特(Raymond
Postage)和查尔斯·特里维廉(Charles Trevelyan)(见卡拉汉 1990a;
皮尤 1984;杜瓦 1980)。1920 年,工党研究部与英国社会主义党及社
会主义工党的产业工会主义者合并,向英国共产党(CPGB)的成立迈
出了重要一步。[2] 到 1924 年止,工党研究部已经处于英共的控制下,
并由英共创始人达特主导。据达特说,工党研究部的暑期学校对英共
的成立至关重要,而这正是柴尔德参加过的那类学校。不幸这些暑期
学校的档案资料都已不存,不过柴尔德的参与本身就表明了他对社
会主义政治的强烈兴趣。

　　考古方面,1922 年秋柴尔德去欧洲,尤其是维也纳,这是他几次
欧洲之行中的第一次。在这些国外旅行中,柴尔德经常同马尔
(Mahr)博士一起。马尔是个亲德的民族主义者,也是国家博物馆全
部史前史材料的管理者。[3] 柴尔德将研究成果发表在《皇家人类学研
究所所刊》(Journal of the Royal Anthropological Institute)和《人类》杂
志上(柴尔德 1923,1924)。他还为两位东欧学者写过讣告,一位是赫
尔内斯(Hoernes)教授,另一位是帕利亚迪(Palliardi)博士,他们的研
究成果还基本不为英国学者所知(柴尔德 1924)。[4] 和欧洲学者的交

往让柴尔德掌握了其他学者不掌握的若干材料,他在二十年代建立
欧洲史前史年表的过程中经常用到这些材料。除此,他还在伦敦政治
经济学院做过一些兼职教学。[5]

旅行之外,柴尔德开始发表一些重要的考古学论文,内容大多是
对私人考古收藏的描述(柴尔德 1922,1923a&b,1924)。据他的老师
们说——如他的前导师迈尔斯——柴尔德是个很有希望的史前史学
家,默里的结论则是柴尔德"是个怪人,可也是个优秀的考古学家"。[6] 92
尽管柴尔德的学术能力突出,却仍被一些职位拒绝。这一点尤其令他
难过,因为考古领域在学术界的地位未定,考古学只有非常少的工作
空缺。赶上柴尔德求职的时候,全英国只有一个考古学教授职位(剑
桥的迪斯尼讲席)。大体说来,考古学或是有可支配收入的有钱人的
私下追求,或是业余考古学家的地方兴趣。大多数发掘都由没有受过
训练的人从事,大多数考古现场也都控制在有地贵族的手中。除大英
博物馆外,大多数博物馆只对美术作品感兴趣,并不收藏史前文物,也
不雇用具有考古学背景的人员,考古学材料的收集和分类也被认为
是毫不必要的事。

考古学在学术上处于一种进退两难的境地。在有人专业从事考
古前,考古学是无法赢得学术认可的。在各大学授课和开展考古研究
前,也很难想象这一领域如何才能职业化。柴尔德的学生之一,查尔
斯·汤姆斯(Charles Thomas)回忆道:

> 我那时是个读考古的学生,也想在可能的情况下专业从事
> 这一领域。你知道当年的工作机会很少,能学考古的学校也很
> 少。我之所以上爱丁堡大学是因为我父亲上过这个学校,同时也

93   因为这里有一名考古学教授,我想我可以上上他的课。边境以
       北*,甚至以南都没有学校的教员里有考古学家(作者访谈)。

       在这种学术困境的大环境下,日后将成为欧洲史前史最重要权
威的柴尔德几次求职均遭拒绝。例如,1922 年 6 月,他申请利兹大学
古代史讲师一职被拒,申请杜伦大学古典学讲师一职也被拒。这些都
被拒后,1923 年他又申请哈特福德大学的古代史研究员一职。为增
加求职机会,他弄到了几封推荐信。他对迈尔斯说,他自觉获得这份
工作的可能性很大,但他担心他们"要求求职者必须是英国国教会成
员",并疑心"这会不会和他们说的字面意思不同"(柴尔德致迈尔斯
1923 年 2 月 8 日)。总的说来,柴尔德说他"很愿意考虑近东方面的
研究工作,或任何其他类型的工作,只要有钱"(柴尔德致迈尔斯 1923
年 10 月 9 日)。

       到 1924 年初的时候,柴尔德已经三次求职被拒了。他真正开始
担心他还能不能在考古领域找得到任何类型的工作。1924 年初,他
向剑桥大学圣约翰学院的研究员一职提出申请,但是再次被拒。他写
信给迈尔斯说:

       [我]怀疑关于牛津研究员的位置,我是否还有最微弱的希
    望。社会资历是如此占主导地位的考量,以至于一个该死的殖民
    地人是不可能占据那种必要条件的,也不会有学科外有影响力
94   的关系,但是我必须碰碰运气。自 8 月以来,我已经完全没了工
    作,结果就是处于非常尴尬的困境中……(柴尔德致迈尔斯 1924
    年 2 月 4 日:牛津大学图书馆档案馆)

————————————
    * 指英格兰和苏格兰边境以北,也就是苏格兰。——译者

柴尔德向迈尔斯、默里、亚瑟·伊文思、斯坦利·凯森(Stanley Casson)、韦斯(R. C. Wace)以及福斯戴克(S. Fordsdyke)等人谋求推荐。待他从这些考古学界的领军人物那里得到高度推荐后,他于1924年秋向牛津大学新学院的高级奖学金提出申请,但是没有成功,只好在那年剩下的时间里处于失业状态。由于在考古和政治方面都没找到工作,他在经济上已经山穷水尽。好在1924年有家庭成员去世,给他留了一点钱,能让他以此为生,但是他把大部分钱花在了去欧洲旅行和参观各种考古博物馆上。不是自己挣的钱还要省,他认为这在道德上是错误的,因此很快花光了这些钱。为了养活自己,他在1922到1925年间为凯根·保罗-特伦奇-特鲁布纳公司(Kegan Paul, Trench, Trubner & Co.)翻译了几本书,这个出版社日后也会为他出版考古学著作。[7]除此,为了一点象征性的报酬,他还给古物学会做过几次讲座。他甚至考虑离开英国,即使这意味着他得接受耶路撒冷英国学校的一个初级职位,但是这个想法没能实现。时至1924年年末时,柴尔德为找工作已经非常绝望了。他告诉几个人说,只要有工作能让他糊口,他什么都会接受。[8]

1925年,柴尔德终于找到了一份工作,成了皇家人类学研究所的图书管理员。这个工作薪酬很高,和他上一年的财政困难形成了鲜明对比。迈尔斯在皇家人类学研究所(RAI)很活跃,是他为柴尔德游说,帮他找到了这份工作。[9]在RAI就职仅两年,柴尔德的文献工作就助其建成了英国一流的考古学出版物馆藏。他还利用自己和欧洲大陆考古学家的私人关系,开始个人收藏考古期刊和书籍,也很成规模。正是在这一时期,英国大多数考古学家开始知道柴尔德。

1925至1927年任爱丁堡大学阿伯克龙比考古学教授期间,柴尔德迅速确立了自己欧洲首屈一指的史前史学者的地位。他在两年时间里出版了《欧洲文明的曙光》(1925)和《雅利安人》(1926)两书,还写了二三十篇短文和书评。他身居爱丁堡,是唯一在苏格兰工作的史前史学家,他为将考古学建成英国学界的一个专业学科发挥了巨大影响力。的确,阿伯克龙比史前史考古学教授一职的设立本身就是一个里程碑,它意味着在大学层面上,史前史研究开始被接受为一个合法的研究领域。这个职位也给柴尔德提供了一个引人注目的环境,能吸引源源不断的著名访客。汤姆斯,上述柴尔德在考古所的学生之一这样写道:

今天回想起来,我很肯定,年轻一代忽视了柴尔德显著的个人影响力。这就像一个人往池塘里扔了一把小石子儿。有的石子激起了很大的水花,有的石子溅起了一点小小的涟漪,还有几个石子没留下任何踪迹就沉了底儿。当年读考古所的日子现在仍然留在我记忆里的,并不是多瑙河 I —IV 期,或是远古的东方,或是任何今天已经过时的情境,而是方法、方法论和概念。我在爱丁堡大学教一年级教了十年,我教的东西完全建立在柴尔德打下的基础之上。柴尔德可能没有教出很多拿学位的学生,但是这些学生却共同扮演了一个重要角色,那就是将英国考古从大型惠勒发掘模式,向外转向到我们大多数人与之共同成长的乡村社会的概念。(引自齐本德尔[Chippendale] 1989:9)*

正如汤姆斯所说,1925 年考古圈子之小放大了柴尔德对考古学的影响。的确,当时在英国,一间很小的旅馆就可以住得下所有执业的考古学家。[10]在这样一个小世界里,很容易看出单个人怎么会有那么巨大的影响力。这一事实有助于解释为什么柴尔德的第一部考古

* 这条书目缺失。——译者

学著作《欧洲文明的曙光》(1925)一书彻底改变了考古学家解释物质记录的方式。

《欧洲文明的曙光》

在《欧洲文明的曙光》(以下简称《曙光》)一书中,柴尔德想为整个欧洲文明史勾勒轮廓。他在写作此书时,在很大程度上,考古学还局限于细节研究和对史前文物的描述上,因此柴尔德在书中的探讨范围之广是史无前例的。他在序言中写道,他的"主题"是"欧洲文明的奠基,而欧洲文明是人类精神的一种独特又个体的体现"(柴尔德1925:vi)。在《曙光》及其所有后续版本中,柴尔德想尽量阐明欧洲文明祖先已知的那种生活方式。他很关注考古记录的技术细节,想从考古学中找出一个可以替代以常规方式书写的历史来。在这样一种替代书写中,社会进步非由政府带来,而由物质创造。这样一来,柴尔德的文物组合就可以让他为欧洲的每个地区(每个地区都有一章)绘制他所以为的欧洲图景,且他认为,欧洲的早期进步来源于对东方文化的利用。

《曙光》的持久成功不在于柴尔德对考古遗迹的详细描述,而在于他为欧洲学者的个别研究提供了一个整体框架。他创造了一个可以将所有考古证据都纳入其中的史前史模式。对第一版《曙光》中所列参考书目的详细检视发现,柴尔德用到了12种以上语言出版的102种刊物。在《曙光》中,他追溯了导致现代西方文明建立的新的进步力量的来源,并改进了两派对立的观点。他这样写道:

> 一派以为,西方文明只始于公元前1000年后的历史时期中地中海的某个小角落,且其真正的史前史不在欧洲,而在古代东

方。我的另外一些同事则会从欧洲自身发现所有人类文化高级
元素的来源。我不赞成这两种极端观点中的任何一种。真相似
乎介于两者之间……(柴尔德 1955:xiii)

98　　　这两派观点,一派以英国解剖学家艾略特·史密斯(G. Elliot
Smith) 及其学生佩里(W. J. Perry) 为代表,二人都是东方学派的拥护
者,另一派则是德国考古学家及西方学派的拥护者古斯塔夫·科西
纳(Gustav Kossinna)。柴尔德试图改进这两个对立学派的观点,这表
明他相信演化和传播在历史上并非互不相容。终其整个职业生涯,柴
尔德都认为这种两分法是虚假的,因为他感觉"在这样一个领域内,
假装发现终极结论未免太过自以为是"(1925:vi)。科西纳将欧洲史
前文化中的所有进步因素归功于雅利安人,或印欧人,而史密斯和佩
里则强调埃及人对世界进步的贡献,认为埃及人是太阳之子,太阳的
环地球活动给全世界带来了文明。[11]柴尔德的大部分早期考古工作都
在中和这两派对立思想中的最优成分,毫无疑问它们是塑造他早期
学问的两种最重要的因素。

　　柴尔德对东西两个学派的调和并非妥协,而是理论突破。他承认
传播的重要性,但是同时也考虑到了欧洲文化的独创性。他这样
写道:

　　　　我承认西方工艺的雏形归功于东方。这些工艺将人从奴役
99　　中解放,将人带入环境,也建立了协调人类行为的精神纽带。但
　　是西方各族群并非奴隶般的模仿者,而是改造了东方的礼物,将
　　亚洲和非洲的贡献结合为一种新的、有机的、能在自己独特线路
　　上发展的整体……(柴尔德 1925:xiii)

柴尔德在《曙光》中提出,欧洲史前史的两个主要方面或阶段存在于旧石器时代之后。在第一阶段,欧洲文化的发展由来自东方的传播决定,而在第二阶段,欧洲文化沿自己的独立线路发展。《曙光》具体关注欧洲史前史的第一阶段,其主要内容是东方主义和传播主义。然而,如果脱离历史背景看此书,会给人一种错误印象,以为柴尔德的整体智识立场是一种修正了的传播论。这是不正确的。《曙光》对现代西方文明进程的起源和原因有着广泛关注。柴尔德的后续著作《远古东方》(1928)以及《史前多瑙河》(1929)将会辨认东方和欧洲之间具体的传播渠道。

除了对欧洲史前史整体图景的综合规划外,柴尔德还在《曙光》中识别并定义了"考古文化"这一概念,或者更具体地说是"考古类型不断出现的组合"这一概念。他对文化概念的引入让考古学家可以超越历史研究中纯粹年代模式的局限,看到史前史模式不只是一系列时代的垂直排列,而是也有水平成分。这样一来,考古文化的概念就将一种新的空间动能引入对考古文物的分类和解释。然而,"文化"一词含义众多,不仅限于某时某地广泛传播的一个阶段。这些变化多端的平行文化是由一个群体的整体考古记录展示出的实体。从每个实体的物质独特性可以推断出那个产生了如此特性的群体是一个社会单元,文化因此等同于社会或人群。柴尔德在《曙光》中展示的欧洲地图于是就成了在他所描述的每个阶段内,他所识别出的那些文化的地理马赛克。柴尔德这样描述文化:

> 每一个人类社区或族群都会依据现有环境及自身传统调整自身的生存与思考。祖先们经常要对差异很大的环境做出调整,就像英国统治阶级将高帽和长礼服带到了昆士兰这样的亚热带地方一样。这些调整——房屋、服饰、获取食物的方式,以及对干

100

旱或疾病进行解释的神话——的总和构成了考古学家和人类学家所谓的文化……（柴尔德 1929）

考古学之外，欧洲二十年代中期的政治场景也在迅速发生变化。考古文化这一新概念的支持者——尤其是科西纳及其追随者——能识别数据背后的"人"。毫无疑问，柴尔德的文化概念来自科西纳，科西纳是第一个在考古背景下使用这一词汇的人。但是科西纳对这个词的使用却是为了非常不同的目的，他尤其想要证明他的一个信仰，那就是"日耳曼人"（Nordic peoples）优于其他族群。

101　　　　科西纳是当时首屈一指的人物。他的影响力在整个二十年代都波及甚广，因为他把自己的学生安插到了德国和周边国家精心挑选的机构位置上（维尔［Veil］1984）。他自己虽然于 1931 年去世，但是他的学生却将他的教条主义和种族主义研究继承发扬了下去。纳粹在德国崛起时，科西纳的学生们获得了大笔经费，因为他们的研究提供、当然也支持了种族主义观点。在一系列科西纳及其学生的著作中，他们向考古学寻找证据，试图证明古代日耳曼人是欧洲所有族群中"最先出生"，也是最完美无瑕和最优越的人种。这一信念导致了纳粹党卫军祖先继承部的创立，很大程度上这个部门要为希特勒民族社会主义的暴行负责。这一组织的成员想要找到古代日耳曼人原始的地理分布，为其建立种族优越性，以便给后代也就是给二十世纪的德国人统治全欧的权利（见阿诺德［Arnold 1990］有关科西纳对纳粹民族主义考古规划的影响的讨论）。

科西纳出于种族主义动机使用文化概念，与此形成鲜明对比的是，柴尔德在《曙光》中对文化概念的定义是开放的。尽管开放，或者正可能因为这种开放，他对文化的定义才让种族主义者们将人等同于当代文化，将具体族群当成了物质和文化进步的创始者。这种立

场和柴尔德的思想大相径庭。在写给迈尔斯的信中提到《曙光》时， 102
柴尔德说此书的目的在于"从考古遗迹中提炼出一种文字出现前的
替代，即以文化而非政治家为行动者，以迁移而非战争来替代传统的
政治军事史"（柴尔德致迈尔斯 1925 年 10 月 12 日）。

　　二十年代开始时，文化这一概念，或者更具体地说是"雅利安"或
"日耳曼"种族优越性这一神话，在政治话语中处于相当前沿的地位。
根据施耐德（Snyder 1939，1962）和波利亚科夫（Poliakov 1974）的看
法，雅利安种族优越性的信条对所有从二十年代到二战末的西方思
想都产生了深远影响。这种思想最为德国所拥护，并借亚瑟·德·戈
比诺（Arthur de Gobineau）和休斯顿·斯图尔特·张伯伦（Houston
Stewart Chamberlain）的著作得以流行。雅利安神话是所有其他次一
等级种族主义神话的根源，在支持者眼中，这些神话证明了日耳曼主
义、盎格鲁-撒克逊主义以及凯尔特主义的正确性。因为种族主义者
们并不仅仅满足于宣布白人之于有色人种的优越性，也不仅仅满足
于歧视犹太人，而是觉得有必要在白人内部建立起一套生物和心理
的等级制度，那也是一种更为排外的种姓制，以便为征服、控制和称霸
等新的权力正名。这种正名将会为希特勒统治下的纳粹优越性提供
理论基础。1925 年希特勒在《我的奋斗》（*Mein Kampf*）一书中写道：

　　　　当雅利安民族和低等民族混血时，在历史上清晰可见的一
　　点是，其结果不可避免地造成了文明种族的毁灭。我们在地球上 103
　　所崇拜的一切——科学、艺术、专业技能和发明——只是一小群
　　民族创造的结果，很有可能最早还只是单个种族创造的结
　　果……如果将人类划分为文化的创立者、维护者和毁灭者三个
　　范畴，那么只有雅利安人能代表第一范畴的创立者。所有人类创
　　造性活动的基础都来源于他们……（希特勒，转引自科莫斯

［Comas］1953）

这种对欧洲文明的传播和演化的研究产生了严重后果,不管这研究来自科西纳、史密斯、佩里,甚至柴尔德本人。在对一本名为《文化:传播的争议》(*Culture*:*The Diffusion Controversy*)的论文集的书评中,柴尔德写道:

> 这个问题不光是学术问题,这一点对那些熟悉艾略特·史密斯学派其他著作的人显而易见。他们的立场中包括不可分割的一部分,那就是战争、压迫及文化的其他罪恶都是埃及那层或厚或薄的装饰贴皮对"自然人"平和善良的天性施加影响的结果。对某些多愁善感者而言,这个解释给了他们鼓励,而其他人则可能更想在对这些罪恶逐渐的改善、压抑和超越中追溯进步的脚步。实际上,史密斯学派站得离克鲁泡特金(Kropotkin)和托尔斯泰(Tolstoy)更近,而不是离马克思或列宁更近……(柴尔德 1929)

很明显,柴尔德知道东方主义者(如史密斯)和西方主义者(如科西纳)可能会对史前史施加的滥用。我们可以理解史前史学家们为什么没能意识到柴尔德的这种担忧,因为他最早在《人类》《自然》及《皇家人类学研究所所刊》上的发表并没有反映这种担忧。不妨对比柴尔德对佩里的两本书《魔术和宗教的起源》(*The Origin of Magic and Religion*)和《文明的生长》(*The Growth of Civilization*)的书评,它们分别发表于《人类》(这是皇家人类学研究所的官方出版物)和《平民》(劳工学院全国理事会的喉舌)。我们会发现一个有趣的结果。佩里是伦敦大学学院的文化人类学讲师,也是史密斯颇有影响力的一个学生。佩里和史密斯一样是个超级传播主义者,他相信埃及的"太阳之子"(Children of the Sun)为文明在全世界的传播负责。柴尔德用以下方式描述佩里的这两本书:

> 它们涵盖的研究领域很广,对物质文明和精神文明的整个演化过程展现出了一种宽阔综合的视野。正如任何真正的考古和人类学应该做的那样,它们将大量零散现象编织成了一个简单动人的统一体,还和社会学的重要问题建立了联系。结果就是它们打造了一个体系,不仅旨在吸引外行,对专家而言也一定是引人入胜和发人联想的……(柴尔德 1925:27)

然而在《平民》上柴尔德却这样写佩里:

> 佩里提出……阶级划分在人类历史上是多么古已有之的事,宗教如何从最早的时候起就是统治阶级为了达到朝代目的而使用的工具,普通人如何在各个历史时期从来都是祭司和国王游戏中的小卒……他的书旨在表达统治阶级如何起源,人类为何要发动战争。他在这些问题上的结论严重影响了社会学理论……(柴尔德 1924:441)

很明显,这两篇书评是为两群完全不同、各有各的理论框架的读者而写。前文是为其他考古学家所写的一篇专业细致的书评,后文面对的则是有学识且对社会学感兴趣的外行。这两种方法在柴尔德著作中的并用,到了三十年代他开始出版他所谓"大众著作"时变得再清楚不过,这些著作包括由科贝特出版社、鹈鹕丛书(Pelican Books)以及瓦茨思想者文库(Watts Thinkers Library)出版的《人类创造自身》

《历史上发生过什么》《进步与考古学》和《社会演化》。然而,鲜为人
知的是,柴尔德早在二十年代就利用了这样的双重法。这一事实清楚
表明,从事业之初开始,柴尔德就在寻求和更广大的学术界,而不仅仅
是和对他的领域立刻就有了解的那些人进行理性辩论,同时他对自
己著作的政治内涵也一直保有敏感。

因此,在《平民》发表的那篇书评代表了柴尔德对考古学的独特
贡献,因为他将马克思主义对概括的关心和对史前事实的学术关心
引入文中,而这些事实是和欧洲文明的独特个性相关的。还有一点也
很有趣,那就是柴尔德在《人类》上发表的那篇书评对佩里很尊重。
直到三十年代,佩里和史密斯都还是考古学和人类学领域内很有影
响的人物。柴尔德虽然对他们的著作持批评态度,却没有亮出自己的
观点。在经历过澳大利亚的政治迫害和求职过程中的种种困难后,我
们好奇他是否因为害怕报复而有意不给专业考古学家们看他对马克
思主义论辩方式的公开讨论。很明显,史前史领域没有多少工作机
会,而他也无疑不想做任何危害自己职位的事,包括公开讨论马克思
106 主义的优缺点。尽管在《平民》的书评中,柴尔德更持批判态度,但他
的结论是,佩里的两本书虽有缺陷,却"值得一读。对社会主义者而
言,它们提供了一个有用的弹药库,同时也让感伤主义者小心不去依
赖自己的结论"(柴尔德 1924:443)。

史前史的政治内涵

如果说柴尔德对各种史前史解释的政治内涵很有意识的话,那
么逻辑上我们必须要问一个问题:他为什么要出版《雅利安人:对印
欧人的研究》(1926)?因为纳粹对此书的滥用令他深觉尴尬。的确,
他后来在任何出版物中都不再提及此书(格林 1981a&b;皮戈特

1958a&b；霍克斯 1958）。我的观点是，虽然柴尔德在《曙光》中聚焦"作为人类精神的一种独特和个体表现的欧洲文明的奠基"，但是他是在研究和驳斥了某些人的极端观点后，才得出了这个结论。这些人包括宣称印欧人应该为欧洲文明的建立负责的科西纳。然而没有人意识到《雅利安人》其实写于《曙光》之前，虽然其发表日期是在《曙光》之后。这不是一个只有考古书目学家才感兴趣的小事，而是一件大事，因为这意味着柴尔德对史前史学有可能会在德国理论家手里遭到的滥用深感忧虑。我将表明柴尔德只是在被有潜在影响力的阿伯克龙比讲席考虑时才发表了《雅利安人》一书。不过，在揭示我认为《曙光》的发表日期早于《雅利安人》的原因之前，我想先对《雅利安人》做一番详细讨论。

107

在《回顾》一文中，柴尔德说他对史前史学和哲学的兴趣由来已久：

> 正如古斯塔夫·科西纳一样，我也是从比较语文学进入的史前史。我在开始研究欧洲考古时，是抱着找到印欧人的发祥地，识别其原始文化的初衷……这种搜寻自然是无果的，但它是我在牛津所作的文学士论文的主题……（柴尔德 1958:73）

不幸的是，柴尔德这篇学士论文的原文没能保存下来，但是有理由相信《雅利安人》一书的大部分内容就基于此。因为《雅利安人》的副标题"对印欧人起源的研究"与他最早对考古学的兴趣密切相关，且书中很多分析都在讨论基于现有考古证据并由语文学提供的雅利安人起源的各种理论。在聚焦雅利安人文化起源的同时，柴尔德还很小心地避开了对雅利安人重要性的种族解释，并明确驳斥了那种认为雅利安人在物质文化或体力脑力上更优越的思想。然而这种拒斥被埋葬在了一大堆考古描述中。此书最强大的措辞出现在第五章的中间部分。即使是在风格上,这部分也区别于全书其他部分,令我不禁怀疑这部分是书在出版过程中后加进去的。[12]柴尔德在其拒斥中警告读者,现代政治对雅利安主题的应用是错误的:

> 对日耳曼人的神化关乎帝国主义和统治世界的政策。"雅利安"一词已经成了危险派系的口号,尤其是成了更野蛮和公然的反犹口号。的确,对印欧语文学的研究在英国坠入了名誉败坏和不受重视的境地,这在很大程度上要归功于对休斯顿·斯图尔特·张伯伦及其同类的不当表述的正当反应。对"雅利安"一词最严厉的反对是认为它与种族或宗教大屠杀相关……(柴尔德 1926:164)

纵观《雅利安人》全书,柴尔德强调人的自然演化与其智识发展密切相关,并转而会被语言影响。他这样写道:

> 理性的发展反过来与语言的发展同步……语言是思想的材料。因此一种共同语言确实意味着说这种语言的人所共有的一种精神面貌。它不仅反映,也制约了语言使用者特有的思维方式,且在很大程度上,智识进步可以从语言的精炼程度上得到判断。因此,要继承一种极为精巧的语言结构就给了一个族群在进步之路上的优势……(柴尔德 1926:3)

《雅利安人》一书中贯穿始终的机械论辩毫无《曙光》中那种典型的深度与创新。据"文明史"编辑奥格登(C. K. Ogden)说,《雅利安人》一书原计划为《曙光》的姊妹篇,但它实际上更像柴尔德最早的老

师们对他思想发展的影响（奥格登 1926）。这样一来，对语言的聚焦
反映了牛津导师迈尔斯对柴尔德的影响，因为后者对人类文化学的
兴趣是基于语言、文化和种族是一个整体，并借对地理的敏感而达到　　109
平衡的认识之上的。迈尔斯著作的特点是依赖体质人类学的划分
（如地中海、阿尔卑斯、日耳曼等种族）以及印欧文化和东方文化之间
更基本的对立。迈尔斯认为，欧洲各种文化的出现是决定欧洲历史的
转折点，因为印欧人有组织、有理性，东方人却只有贸易的天赋，且偏
爱宗教上的蒙昧主义和政治上的专制（迈尔斯 1911）。

　　迈尔斯还对人类学更广泛的应用感兴趣，例如人类学对政治学
的影响，人类学对殖民治理有可能产生的好处等，且他对种族理论的
指涉大多处于时代热点问题的背景之下。[13]虽然他抱持当代种族传
统，但是同时也提出问题，对其表示了不赞成。他承认人类学敏感于
政治的影响，例如他认为多元发生说——认为人类有多个来源——
是"一场有争议的喜剧，其中很难说到底是人类学还是政治学更能误
导对方，使对方变得畸形"（迈尔斯 1916∶68）。

　　概括说来，柴尔德对"雅利安发祥地"或印欧人起源的聚焦，反映
了二十年代前首先按照语文学范畴书写欧洲史前史的倾向。虽然考
古材料的序列是严格按地域定义的，但是对其在大洲规模上的解释　　110
却要依赖比较语言学的模式，而比较语言学这个学科早在"史前史"
这个词发明以前就已经达到成熟了。因此史前史后来的"大事"就成
了印欧人的到来，其天才成就了欧洲历史上的各民族，其语言技巧则
表现在希腊、拉丁和梵文文学中（作为补充，我应该说，二十年代柴尔
德的希腊语和拉丁语非常娴熟，并且还在学习梵文）。

　　这样看就很清楚了，《雅利安人》反映了柴尔德还在牛津求学时
史前考古的主要目标，具体而言就是识别欧洲后来出现的各类文化
的共同来源。柴尔德在爱丁堡教过的一个研究生斯蒂文森回忆道：

柴尔德刚入行时更感兴趣的是语言不是考古,他搞考古是为了支持他(对印欧人发祥地)的研究。虽然《雅利安人》一书晚于《曙光》,但是实际上他先写的是《雅利安人》。他后来发现,理论上雅利安人还应该处于多瑙河的更上游,于是他就在自己的游历中往多瑙河的更上游走了走。这就导致他写了《史前多瑙河》。而这原本是他为了想给雅利安问题提供启发而收集的原材料,但是当然这些材料并没能提供启发。事实上他很早就意识到他在进行一场劳而无功的搜索,于是他调转了方向,不是转向雅利安人,而是转向实际发生了什么,结果就是《曙光》。我很肯定《曙光》一开始纯粹是语言上的搜寻……(作者访谈)

作为修改日期的证据,档案记录表明柴尔德写《雅利安人》早于《曙光》。例如,在写给迈尔斯和达利尔·弗德(Daryll Forde)的几封信中,他提及《雅利安人》均在他提及《曙光》前。[14]且在柴尔德死后不久 BBC 的一次广播中,弗德也回忆说,他于"二十年代早期在伦敦遇到柴尔德,我想他是一年前左右从牛津来的伦敦。他已经写了《雅利安人》一书,当时正在写《欧洲文明的曙光》"。弗德这里的回忆是,《雅利安人》是柴尔德先写的书。若干年后,在有关柴尔德的另一段评论中,弗德再次重复了他认为《雅利安人》在先的观点。他在回忆格林·丹尼尔一篇文章的时候——此文发表在短命的《新传播主义者》(*The New Diffusionist*)杂志上——写道:

戈登·柴尔德正在伦敦工作,当时[二十年代]恰好又有一次有趣的冲突。柴尔德对德国考古学家科西纳敌意很深,科西纳因为能左右任职,在德国算是相当有影响力的一个人物。他的信条是,波罗的海以南地区是旧石器以后欧洲文化的起源,这就等于把这些文化同日耳曼人联系了起来。柴尔德在写《历史的曙光》第一卷的时候，很想找出平行文化和文化从古代东方传播至东南欧和中欧，同时也在地中海传播的证据，他认为这具有十足的必要性和重要性……（弗德 1973：447）

没理由怀疑弗德的观点，因为他的观点和柴尔德在《回顾》中对自己牛津学士论文的描述是一致的。柴尔德在爱丁堡的学生之一，斯图尔特·克鲁登也认为柴尔德最早的兴趣和工作始于《雅利安人》：

> 柴尔德是从《雅利安人》走到《曙光》的。雅利安人是他研究的起点，与多瑙河相关的大块信息则阻挡了他的前进。《曙光》是一种通俗化，或者说是合成，是把太大块的材料弄成易懂可读的东西的尝试，它是作为副产品开始的。我很肯定他亲口告诉我《雅利安人》是《曙光》的开始。这两本书出版的顺序其实并不是书写的顺序，也不是写书人的意图。（作者访谈）。

112

《雅利安人》和《曙光》虽然程度不同，却都反映了柴尔德在对印欧人起源问题的痴迷和疑虑之间感到的紧张，他疑虑的是印欧人的起源问题是否能解释历史差异。就柴尔德早期事业写过文章的人认为，他或者退后一步写了《雅利安人》，或者回归到了他对史前史学问的原初兴趣（特里格 1980；格林 1981b）。但是，考虑到柴尔德的政治敏锐度，一个合乎逻辑的判断是，他知道自己的想法会被德国理论家和种族主义者滥用。他在二十年代的游历甚广，能流利地说德语和所有其他欧洲语言，对风向变化也很有政治敏感性。情况果真如此的话，那么他很可能只是将自己的论文搁置架上，再也不想将其出版了。

阿伯克龙比考古讲席和《雅利安人》的政治内涵

本章早些时候,我说到柴尔德只是在他被考虑为爱丁堡大学阿伯克龙比史前考古学讲席人选时才出版了《雅利安人》。这是个有争议的独创观点,必须由事实支撑。阿伯克龙比学术职位的创立在考古

113 学的职业化过程中是一个重要步骤。对这个职位的宣传很广,但是没有几个考古学家能达到阿伯克龙比勋爵提出的严苛要求。以自己名字创立这个讲席的勋爵本人就是个显赫的史前史学家。他对苏格兰古物学会和古物学家们的故步自封深感沮丧和愤怒,于是就在一份事实上不为人知的遗嘱附录中宣布,苏格兰所有古物学家都没资格担任这一职务。阿伯克龙比对讲席的设想是这样的:

> 首先,我所提议的讲席仅限在考古科学系内设立……其次,任职之人须精通法语和德语,对意大利语至少应有够用的知识;第三,任职之人须在任何时候均能尽量知悉欧洲出版的一切考古文献;且我希望任职之人不仅能将所得知识传授给学生,还能借出版和其他途径将知识传播至更广大的读者;第四,我希望任职之人不仅满足于传播其他作者的事实和理论这一被动角色,还能致力于研究并解决围绕在考古学周围的诸多问题与困难……(考古所档案)

尽管苏格兰所有史前史学家均不适合这一职位,但是柴尔德也不是这个职位的第一或第二人选。爱丁堡大学在最初的遴选后,将这一职位给了剑桥大学的迈尔斯·伯基特(Miles Burkitt),但是伯基特拒绝了。另一轮遴选开始了,职位给了莫提默·惠勒,然而惠勒也拒

绝了。和伯基特和惠勒相比,柴尔德的学术地位不够高,实质性的发　114
表也缺乏,这是他任职的主要障碍。截至 1925 年底,他只出版了一本
考古学专著和几篇论文。他的能力,当然还有社会地位都还不符合爱
丁堡大学官员的期待。

　　发表不够部分解释了柴尔德为什么想要发表《雅利安人》。还有
一点也很重要,此处需要注意,那就是《曙光》的书评好坏参半,而《雅
利安人》除了在德国被用来支持日耳曼种族优越理论以外,在别处基
本都被忽视。虽然今天《曙光》被广泛认可为考古学作为现代学科建
设过程中的里程碑(丹尼尔 1967,1981a),但是当其作为凯根·保罗–
特伦奇–特鲁布纳公司"文明史"系列图书之一出版的时候,没有一个
书评者认识到了它的重要性。对这些书评的口吻总结得最好的是弗
雷泽(A. D. Fraser),他在给《美国考古杂志》(*American Journal of
Archaeology*)所写文章中,认为柴尔德解释欧洲文明肇始的举动会

　　　　让他多多少少成为几十个考古领域内的专家,他还必须熟
　　悉从旧石器时代末、中石器时代初直到有文字记录以来的整个
　　历史过程中很多不同文化的发展历程。这种事明显是不可能的。
　　考虑到加在柴尔德身上工作之艰苦,没能写出一本很有建设性、
　　很有启发的书是很可原谅的。(弗雷泽 1926:26)

　　据柴尔德在爱丁堡的三个学生——克鲁登、斯蒂文森和巴塞　115
尔·斯金纳(Basil Skiner)说,柴尔德告诉他们,自己发表《雅利安人》
的初衷就是为了得到这个讲席。因为在初选阶段没能得到这个职位,
柴尔德就感到有必要发表他的这份——我认为的——论文。1931 到
1935 年间就读于爱丁堡的学生斯蒂文森这样回忆道:

柴尔德的毕业论文是《雅利安人》。我认为这是毫无疑问的。从背景看,他和我一样,开始都是古典学者。是古典学者就要学习语言——语言就是文明。就当时而言,《雅利安人》只是没有达到其写作目的的一个卷册。但是写完后,到了后来,柴尔德才意识到,如果将其发表,政治上会对他有好处。这当然发生在他申请阿伯克龙比讲席时。(作者访谈)

《雅利安人》对柴尔德而言格外尴尬,因为它发表于希特勒《我的奋斗》发表后一年内。[15]一定程度而言,此书的出版损害了他的政治信仰。考虑到他在澳大利亚遭受的政治迫害,以及他在考古界求职时的数次被拒,这一点是可以理解的。当他写信给迈尔斯,讨论自己对阿伯克龙比讲席的兴趣时,他说自己"现在以亲德著名,但[他]也不想让保守主义者们认为他不亲德"(柴尔德致迈尔斯 1925 年 12 月 23 日)。考察一下二十年代早期柴尔德的发表,尤其是他对科西纳著作以书评形式发表于《人类》和《皇家人类学研究所所刊》的分析,就会发现他为什么会被人以为亲德了。因为他对科西纳著作的评价很高,

116　事实上,他写了几篇热情洋溢的书评总结科西纳:

　　　　无疑是德国史前史学家中最卓越的人物。自蒙特留斯以来,他对考古研究的影响,至少是在莱茵河以东的影响,无人能及。由于其观点的论战风格及某些民族偏好,使其真正伟大之处很可能没有被这个国家*完全欣赏,然而在将地方史前遗迹研究上升到官方承认的学派地位方面,不仅对致力于将其推向前进的专家,也对这样做的外行而言,他却贡献良多……(柴尔德 1923:55)

---

* 指英国。——译者

　　我上文说过,苏格兰古物学者不得担任阿伯克龙比一职,然而他们仍对柴尔德的当选表示了公开的敌意。苏格兰古物学会的成员之所以强烈反对柴尔德,是因为他是澳大利亚人。在他们看来,来个英格兰学者都已经够糟的了,来个澳大利亚人更是双重侮辱,何况柴尔德还有全心拥护马克思主义理论的名声,这就更让保守的爱丁堡考古界对他深恶痛绝。柴尔德当选的消息刺激得苏格兰学界的领军人物——乔治·麦克唐纳(George Macdonald)和约翰·格林厄姆·凯林德(John Graham Callander)愤而提笔,给爱丁堡大学校长写了一封信。据安格斯·格林厄姆说,柴尔德听说这一消息后,也给校长写了一封措辞严厉的信,毫不迟疑地要求校方对他予以全力支持(格林厄姆1980:263)。尽管考虑到柴尔德先前经历的政治迫害,他如今的反应可以理解,但这没能让爱丁堡校方喜欢上他。不幸的是,大多数苏格兰史前史学家不知道,可能也不在乎柴尔德先前的经历。的确,因为 117 他的反应,大多数人认为他为人偏执。

　　斯图尔特·皮戈特,柴尔德的继任者,下一任阿伯克龙比讲席教授,回忆说柴尔德的整个考古学研究方法都与囿于传统的苏格兰考古界的地方研究格格不入:

　　　　柴尔德恰是在苏格兰考古最封闭的时候来到了苏格兰。正当苏格兰几乎不向边境以南窥探一下的时候,柴尔德却突然亮出了这个非常开阔的欧洲视角。他用这个教学、写书,还第一次用欧洲方式解释苏格兰材料,再加上他政治上的左派观念,这就导致大多数苏格兰古物学家一定觉得他是个怪人,这是从最好的方面看。从最坏的方面看,他像是个异端。(作者访谈)

安格斯·格林厄姆,苏格兰古纪念物委员会秘书,说别人对柴尔德的敌意几乎不加掩饰。实际上,乔治·麦克唐纳不论是在个人方面还是政治方面都对柴尔德十分仇恨。据格林厄姆说,麦克唐纳不止一次说过,克罗福德和柴尔德的区别不在政治,"因为他俩都是共产分子,但是克罗福德不是个傻瓜"(格林厄姆 1981)。简而言之,皮戈特的总结很恰当,他说柴尔德"在苏格兰考古界不喜欢和不赞成的一片阴云下开始了他在爱丁堡大学的生活"。苏格兰古物学会的年长成员尤其憎恶柴尔德占据了一个本应属于"一个真正的苏格兰人"的学术职位。遇冷多年的柴尔德甚至不被邀请参加古物学会组织的各类会议。在北爱尔兰发掘期间,在那种阴沉的背景下,柴尔德在笔记本里写道,他生活"在一种被所有人都不喜欢的仇恨和嫉妒氛围中"(考古所档案,第 47 号笔记本)。

以经济探索史前

虽然《曙光》在考古学史上取得了里程碑般的地位,但是早在 1930 年,柴尔德就已经意识到文化–历史进路的价值有限。他怀疑某些种族或民族的历史可以追溯至史前时代,由于这些种族和民族的区别由独特的社会条件造成,因此照这一线索追踪下去的研究无法赋予考古记录以意义(柴尔德 1930:240—247)。于是他开始将文化–历史路径看成一种方法,借此来对考古记录的原始材料和微小细节形成连贯叙述。随着对史前遗迹的了解越来越多,这种叙述必然会被不断更新和修正,因此《曙光》经过了六次再版,《远古东方》也有四版。[16] 然而,既然现在已经有了这样一幅对欧洲和近东史前史的图景,柴尔德就想通过考察更广泛的经济趋势,逃离文化发展中狭隘的技术观念所固有的那些局限。在为《社会科学百科全书》(Encyclopedia of the Social Sciences)定义"史前史"一词时,柴尔德认为史前史研究应该采取这样的路径：

> 年表一旦确定,就可以通过研究特定年代和区域中与环境
> 相关的遗迹,并经常比照落后族群现在仍在制造和使用的类似
> 物件,对居民的物质文化和经济组织形成较为清晰的认识……
> 考古学因此揭示人类在走向文明的进步过程中的各阶段,其标
> 志就是人对物质环境的控制能力越来越强,而这种控制是通过
> 物质文化——工具、武器、住所——的改善而实现的……(柴尔
> 德 1933:316)

柴尔德的这个新路径取得的成果以《远古东方》(1928)、《青铜年代》(1930)和《远古东方新探》(1934)的发表为顶点。[17]在这些书的第一部《远古东方》里,他系统勾勒出了未来他在食物生产和冶金方面将要进行的很多工作。[18]通过聚焦社会经济基础,柴尔德主张文明传播有几个原因,最主要是东方对原材料的需求。[19]他认为青铜业的发展不光造成了向新区域提供原材料的文化刺激,还导致了工匠的迁移。这样一来,通过将注意力转向冶金的经济和社会含义,柴尔德就发展出了一部等值于经济史的考古史,成了这样做的第一人。而且他认识到自己花大力气描述,且按时间顺序排列的石器时代、青铜时代和黑铁时代,有一些和欧洲和近东非常不同的社会类型相关的技术。

柴尔德在下一本书《青铜时代》(1930)里引入了很重要的两点,120
指出了冶金的经济和社会内涵。首先他认为,如果假定金属加工是一种全职工作,它就包含了工业的专门化,就会把社会上一些人从寻找食物的主动参与中解放出来。其次,假定青铜与奢侈品相反,是第一种不可或缺的交易商品,则他认为青铜加工意味着新石器时代自给自足的消失(柴尔德 1930:10—30)。这种对考古记录的经济学解释

预示着柴尔德对欧洲史前史态度的重要转变。虽然早先在《曙光》里,他强调传播对欧洲受众文化的积极方面,但是现在,他对传播却抱持非常负面的看法。比如他在《青铜时代》里这样写道:

> 在我们的时代,对发源于欧洲的物质文化的任何一个重要贡献,都不可能发现于爱琴海以外区域。如果认为这种物质文化的贫乏自有其内在的精神优越作为平衡,则不妨指出中欧诺维茨(Knoviz)族群的食人宴和瑞典基维克(Kivik)墓碑上的人牲场面以为反驳。青铜时代的墓葬当然暗示着家庭实行一夫一妻制以及妇女享有崇高地位,但是毕竟没有几个东方人能养得起妻妾成群,埃及王后们下葬时的排场也都足够盛大。说斯堪的纳维亚(Scandinavian)的装饰艺术优于巴比伦(Babylonian)或米诺斯(Minoan)是很傻的。任何头脑正常的人都不会想把瑞典石刻和哪怕质量很差的埃及浅浮雕,或者把丹麦特隆霍姆(Trondholm)地方出土的太阳神马车上的马和公元前3000年的苏美尔(Summerian)公牛作比。(柴尔德1930:238—239)

很明显,柴尔德对史前史的解释已经发生了重大变化。他将《远古东方》的改版命名为《远古东方新探》(1934),并将他对欧洲关联"东方之光"的早期传播路径与经济和社会分析结合起来。他认为"从新石器时代的野蛮人到西欧人的进步纯粹是文化的,在对其进行考古研究的同时,还必须看到经济上的革命"(柴尔德1932:17)。如此,他对经济基础的利用就在一定程度上吸收了他对当代人类学的解读,因为他认为考古学和人类学是密切相关的学科。这个眼界对英国考古学家而言相当不同寻常,这可能是柴尔德受他朋友弗德影响的结果,可能也解释了柴尔德为什么要在1936到1939年间三访美国

（皮斯 1988）。在一封写给美国人类学家怀特的信中，柴尔德明确陈述了马克思主义和社会人类学对其思想施加的相辅相成的影响：

　　我从马克思主义拿来经济可以作为整合社会的力量的想法，但是我同样受到马林诺夫斯基（Malinowski）功能主义的影响，我想把考古碎片拼贴起来，方式就是按照它们在一个能够运转的有机体中的角色……（柴尔德 1943 年 2 月 4 日，本特利历史图书馆）

柴尔德和怀特以及哈佛考古学家哈勒姆·莫维斯（Hallam Movius）的通信内容表明，他认为对以往社会运作的研究应该按功能主义的路径进行。这个路径是当时英国社会人类学占主导地位的模式，但是对很多英美考古学家而言仍然相对陌生。柴尔德强调，应该将社会的所有方面都表达为一个独立、可调试的系统，他认为：

　　我们的哑巴遗迹和纪念物永远不能揭示史前首领的名字、先知们的梦，或有关某些战斗的争议，但它们能揭示某个族群或年代的经济组织……从此角度出发而对文化进行的研究和理解，又给考古学家赋予了新的义务。现在他再也不能只满足于对他发掘出的物品做描述和分类了，他还必须确定它们是如何制作的，制作材料又来自何方。为了做到这一点，考古学家必须寻求地质学家、植物学家、动物学家、真实的农民、工匠、工程师以及民族志学者的帮助……（柴尔德 1935:10）

柴尔德认为，不能将考古文化理解为“一堆死去的化石或古董，而是应该将其理解为活着的、还在运转着的有机体”。因此对他而言,史前史研究不能只满足于人类的抽象概念。这种整体观点和其他英国考古学家形成了鲜明对比,因为后者认为考古证据固有一些严重局限。柴尔德却认为:

> 有一种老式历史,完全由国王和战争组成,而绝不包括科学发现和社会状况。同样,认为自己唯一的功能在于追溯迁移、定位族群发祥地的史前史也是一种老式史前史。最近的历史已经变得不那么政治——不那么是阴谋、战争和革命的记录,而是更加文化了。这就是被错误地称为唯物主义史观的那个东西的真正含义,它将经济组织和科学发现中的变化置于前景。很明显,对史前史可以进行现实主义的构思,考古学家也有足够的机会和历史学家在文化和经济方面开展合作⋯⋯(柴尔德 1935:9—10)

柴尔德对马克思主义的借用越来越清楚了。1930 年后,他对马克思主义理论的依赖正在以各种方式增加。他开始使用类似摩尔根在《古代社会》以及恩格斯在《家庭、私有制和国家的起源》中那样的语言。在《青铜时代》里,他用"野蛮、原始、文明"等字眼命名文化的发展阶段。发现于《青铜时代》校样中的柴尔德笔记里有这样的话:"只要证据许可,我就必须使用革命这一概念,参见恩格斯对手工业从农业中分离出去,作为人类一个发展阶段的论述。"(考古所档案)在被任命为东安格利亚史前史学会这个保守组织的会长后,柴尔德在会长演讲中,格外强调了马克思主义理论和经济理论对考古学家的重要性。[20]

柴尔德认为,旧石器、新石器、青铜和黑铁等时代划分显示了"影响人类生活所有部门的真正革命",他因此想要向其他考古学家的描

123

述性分类和分类焦点里吹进一点生气。这是因为三十年代,绝大多数考古学家都深陷于考古记录的微小细节中不能自拔,同时也深深纠缠于建立细致年表的努力中。与之形成鲜明对比的是,通过将经济视角纳入考古记录,柴尔德提出:

> 旧石器、新石器等词语应该被认为是经济阶段的显示。通过调整,用经济分期做分类方法后,考古学不会抛弃那个我认为是文化概念赋予它的历史特性。我们将继续区分文化,并在一个绝对年表的框架内为各个文化分派恰当的位置。只有到了那时,我们才能用"功能主义-经济学"的分类考虑文化应该被配给的经济阶段。后一个步骤构成了史前族群之间在物质装备、经济组织和科学知识上的对比……(柴尔德 1935:9)

124

马克思主义在史前史的根本应用,在柴尔德看来,提供了一种解释考古记录的方法或路径。这个路径基本是历史的,并包括对以下观点的接受,即应该从因果关系的角度理解人类历史从一个时代到另一个时代最广阔的发展变化。因此马克思主义包含一种历史哲学。除此,马克思主义还使学者们通过研究过去(也包括现在),作为对未来的规定性指导。因此,对那些正在起作用,也还会被期待继续塑造当前社会的原则和力量而言,考古和历史记录是包含其证据的。理想状况是考古学家能对社会做出真正和实际的贡献。当然,柴尔德此处从学术理论跳到了实践,这说明、可能也以一种不同方式证明了他对以行动为导向的马克思主义的信仰,他是将其作为一种社会的、科学的工程来看待的。

为拓展他对人类过去的解释,柴尔德对"生产方式",即人类的物质遗留感到依赖,因为正是在这些地方柴尔德感到重大的社会问题和社会结构应该通过考古推断来识别。他觉得有可能对"生产方式"做出假设，因为生产资料和生产方式是错综复杂交织在一起的。在对这个观点的持有上，柴尔德明显受到了科学界某些同事的影响，他们接受了历史辩证观。从这个角度看，或者正如科尔所说，这种"现实主义史观"包含这样一种历史进程，它在物质力量变化影响人类社会和考古文化的基础上，通过运动的不断对抗和矛盾得以发展。[21]其潜在动因不是思想，而是不断变化的生产方式，其形成受到了人类知识在面对自然力量时会增长的影响。但是，现实史观即使凸显了人类历史的宽广运动，也不只限于生产方式。因为柴尔德相信人类创造了自身的历史，同时也认识到，人是也一直都是社会动物，其思想和性格除非放到一定社会背景下予以考虑，否则就是令人费解的。因此，人类不能单独或以个体方式创造历史，而必须通过社会活动来创造历史。

历史变化的直接证据或动因不是生产资料，而是人在生产资料基础上建立起来的运动，以及生产方式和历史进程之间的关系，而历史进程又是由这些力量的改变造成人与人之间社会关系发生改变的结果。柴尔德认为，伟大的历史创造者是那些通过创造或实验，或者通过扩大人类知识的深度，从而改变生产资料特性的人。借此他们也改变了人类的生活方式，并通过经济手段组织了自我。生产资料发展过程中的每个阶段都包含一种相应的经济体系，而考古记录可以反映这种经济体系。

鉴于考古记录的固有局限，柴尔德寻求通过经济理论和物质理论而扩大他对人类过去的解释。他清楚知道考古记录的局限，他也关心考古推论所基于的理论基础。他知道考古记录是物质的，或者通过人造，或者产生于环境，或者是两者的结合。它明显"不依赖于文本"，因此想要直接获得为证据负责的那些个人或族群的动机和观点，手段是缺乏的。简而言之，史前史也是历史，但它是一种独特的历史,因为它能配合那类提出问题的分析。考虑到数据的独特性,这些问题是可以回答的。既然对欧洲史前史已经建立起了一个可靠的年表,柴尔德就想通过经济方式重建过去的社会。他的重建包括试图建立史前史的思想和行为,因此考古学既是科学的,也是物质的,原因在于它能系统研究应用科学在人类历史上的某些物质体现。这样一来,柴尔德开始在一种物质和经济基础上依附于马克思主义,并将马克思主义作为史前史研究的最好框架。

结　论

　　尽管柴尔德现在被认为是二十世纪最重要的史前史学家之一,但是正如我所展示的那样,他在事业发端之时却遭遇了颇多磨难。在澳大利亚遭受政治迫害后,他不得不在英国忍受数次求职被拒的经历,最后才在皇家人类学研究所找到了一份图书管理员的工作,后来又成为爱丁堡大学阿伯克龙比考古学讲席教授。就职爱丁堡后,柴尔德写信给达特,说他终于能够"逃离激进政治的致命诱惑",从此将精力投入欧洲文明的演化和发展中了。如果法西斯主义没有席卷德国,没有威胁到欧洲的大多数地方,并从根本上要求学术界的科学家们予以回应,或者纳粹不以科学之名构造民族社会主义,那么这将是柴尔德今后的命运。

　　1925 到 1930 年间,有五本著作出版的柴尔德横空出世,成了欧洲史前史学界的领军人物。他的澳大利亚政治背景帮他以一种前所未有的方式阐释欧洲史前史。他不仅对欧洲史前史,也对当代政治的重要性的宽阔社会政治背景有着敏锐认识,因此他对过去和现在的视野彻底革新了这一领域。尽管一直以来他都被印欧人的起源问题吸引,但是为了解释史前史变化的各种模式,他对欧洲史前史的综合

127

128　　看法却在有意寻求别的替代模式,也就是那些对物质记录和相关社会发展更为关心的模式。因此在《曙光》及其所有后续的考古研究中,柴尔德对史前欧洲的解释都在唯物主义框架下进行。

　　柴尔德利用考古数据和经济理论的特殊性,寻求从经济角度重建以往社会,从而重现史前族群的思想和行动。在他手里,考古学既是科学也是历史,因为它系统研究时间进程中应用行为的物质体现。柴尔德对马克思主义意义上科学的聚焦,对考古记录的解释,以及总体而言的他的社会主义,都受到了三十年代与其交往的其他左翼学者的影响。这种更为宽广的智识氛围就是我接下来要谈的内容。

注　释

129　1. 有关柴尔德在澳大利亚政治方面的著作,见柴尔德(1918,1919,1922[未署名],1924)。他的考古著作则由 1915,1922,1923,1924,1925,1926 代表。

2. 有关英国共产党建立的历史讨论,见马洪(Mahon 1976),布兰森(Branson1985)。

3. 柴尔德交往了很多亲德的民族主义者,因为大多数主要博物馆通常都由他们掌管。在这些小博物馆当中,有构成柴尔德《曙光》一书基础的那些文物。此外,1920 年前的民族主义考古学还没有像十年后那样变成一种严重威胁,还只是一种没有被接受的特殊的理论视角。

4. 柴尔德为其在《自然》杂志上作讣告的赫尔内斯教授和帕里亚蒂博士是东欧考古的重要人物。帕里亚蒂尤为重要,因为他花了三十年时间研究摩拉维亚(Moravia)的史前状况。他对古代欧洲的研究发现比当时所存的一切研究都更详细,且有其母语捷克语本的出版,而柴尔德是可以流利阅读捷克语的。

5. 伦敦政治政治经济学院由费边主义者亨利·哈钦森(Henry Hutchinson)创

立,他为"宣传及其他目的"赠给了学会一万镑。在比亚特丽丝和西德尼·韦伯(Beatrice and Sidney Webb)夫妇的领导下,伦敦政治经济学院得以蓬勃发展。考虑到柴尔德与霍普·辛普森及工党研究部的关系,任命他为政治经济学院的客座讲师是一个符合逻辑的选择,见特里林(Terrins)和怀特海(Whitehead)1984 年对费边主义及伦敦政治经济学院建立的分析。　　130

6. 见牛津大学图书馆西翼手稿中迈尔斯于 1924 年 5 月 2 日致爱丁堡大学教务长的密信,以及在一封没有日期的柴尔德来信的底部,吉尔伯特·默里写于大约 1920 年的个人笔记。

7. 1925 至 1928 年间,柴尔德为凯根·保罗-特伦奇-特鲁布纳公司翻译了四本书,见德拉波特(Delaporte 1923);莫里特和戴维(A. Moret & G. Davy 1926);霍莫(L. Homo 1927);波罗夫卡(G. Borovka 1928)。

8. 柴尔德写信给迈尔斯,说他"会接受任何工作,不管多小,只要能有一份工资够糊口"(柴尔德致迈尔斯 1924 年 2 月 21 日)。

9. 迈尔斯是个训练有素的古典学者,且在英国学界政治中扮演了重要角色。他在很多学会中担任官方职务,例如他曾是皇家人类学研究所所长(1928—1931)、英国学会(British Association)总干事(1919—1932),还是皇家人类学研究所官方出版物《人类》的第一任主编。他愿意参与管理事务和大学政治,这使他成了人类学界的一个强大成员,但他缺少来自大学官方的支持。关于迈尔斯学术生涯的细节,详见伯德曼(Boardman 1961)。

10. 截止到 1980 年,受雇于英国并认为自己是全职考古学家的人数估计超过一千,比 1925 年增加了一百倍。

11. 今天佩里和史密斯的超级传播主义学派已经不为人重视,然而二十年代早期,他们是这一领域内相当有影响力的人物,其理论视角不容他人忽视,而是必须对其做出严肃考虑。　　131

12. 柴尔德经常会对自己的著作做最后一分钟式的修改。考古所档案中有几十册柴尔德数次再版的书。哪怕只是粗略翻看,也会经常发现段落的增删、引用的增加,以及无数小的修改。

13. 这就是当迈尔斯在英国学会开展一场有关精神和肉体特点之间关系的讨论,旨在创建一套种族心理分类时的情况。他的数据基于个人观察之上,结论是这些特点中的某些特点"在广大区域上的分布足够普遍,使其能够对种族特质予以暂时接受"。这些特点包括,比如"阿尔卑斯裔有沉重迟缓、热爱细节的苦干精神",其他特点如红皮肤"好像是杂交时受到心理和生理构造干扰的结果"。迈尔斯的论断基于动物杂交的类比之上,推论是"和精神特点及生理特点相关且可以在这种相关中传播的假设,能够在对更高级哺乳动物的实验中得到证实"。他虽然暂未做出一个种族高于另一个种族的结论,但他又证明说,在希腊和英国的混血中,"脾气秉性紧随血统"(迈尔斯 1923:116)。

14. 整个二十年代早期,柴尔德与迈尔斯的通信很多,他的信可以支持这一论断。

132　15. 据霍克斯说,柴尔德在言谈和文章中都不再提《雅利安人》。他通常脾气不错,可是如果有人硬要和他讨论这本书,他会大怒。关于《我的奋斗》一书的出版史,见巴恩斯和巴恩斯(Barnes & Barnes 1980)。

16. 《曙光》最初出版于 1925 年;第二版稍有改动,于 1927 年发行;第三版重新修订和排版,等于在很大程度上重写了一遍,于 1933 年出版;第四、五版经扩充后于分别于 1947 年和 1950 年出版;第六版,也是最后一版,则是完全重写,于 1957 年出版。《远古东方》最初出版于 1928 年,1929 年重印;1934年重写重出,书名改为《远古东方新探》;次年发行第三版,并有一定修改;第四版也是最后一版,有显著修订,于 1952 年出版。

17. 在《远古东方》(1928)里,柴尔德全面考察了从最古老的农耕者直到公元前三千年埃及、美索不达米亚和印度文明的崛起。此书在最基本的层面上可以看成《曙光》的姊妹篇。除聚焦经济因素外,此书和《曙光》的另一个重要区别是,柴尔德相信东方发明在欧洲文明的发展过程中占据首要地位。

18. 在将注意力集中在农业在文明崛起中扮演的角色上,柴尔德处于英国考古
133　研究的主流。G. 艾略特·史密斯(1923)将农业的重要性扩大至他的超级传播主义研究。皮克和弗勒(Peake & Fleure 1927)则采信绿洲说,认为冰

川时代末期,近东的大规模干燥化造成人类对动植物的驯养,以便为聚居在幸存下来的水源地周围更加稠密的人口提供食物。

19. 除了对原材料的需求,《远古东方》认为农业从东方传播出去的其他原因还包括:由于农耕者的方法原始,农业将不可避免地造成地力消耗,最终迫使社群外迁以寻找新土地;内讧也会导致较小社群从较大族群中分离出去,寻求独立;且荒年时,柴尔德觉得食物的采集者会向食物的生产者转化。

20. 柴尔德被选为东安格利亚史前史学会的会长。该会直到三十年代中期都还只是个小组织,只对当地史前史感兴趣。在其内部因严重不合而分裂为两派后,柴尔德当选为会长,并在任职期间将此学会及其官方出版物《史前史学会会刊》(*Proceeding of the Prehistoric Society*)变成影响深远的组织和刊物。

21. 柴尔德所指科尔正是 G. D. H. 科尔,他二人曾在工党研究部的附设学校共同度过了 1922 年夏天。科尔无疑对柴尔德的史前史解释发挥了重要影响。科尔与其说是个学术理论家,不如说是个想要让受过教育的外行了解马克思主义思想的通俗化传播者。他也不是个教条主义者,这一点一定让柴尔德印象深刻。在《马克思到底是什么意思》(*What Marx Really Meant*)一书中,科尔试图把马克思学说中已经不再适合的部分剥离出去。他说:"如果马克思还能为我们所用,我们就绝不可重复其词句,或者死记硬背其学说。"(科尔 1934a:8)他认为"唯物主义史观"一词根本就是误导,也的确被人误解甚深,以至于几乎不可能对其进行恰当的定义。他说,大多数人认为唯物主义是在"断言物质高于意识,甚或是在完全否定意识的存在"(科尔 1934:14—15),他却相信马克思称为"物质"并认为是社会演化的能动力量的东西其实是人类意识的产物。他说:

134

马克思称其史观为"唯物主义",是因为他决心要和黑格尔及其追随者的形而上学的唯心主义鲜明地区分开。马克思说的"唯物主义",在我们今天这个时代应该叫"现实主义"。因为作为一种哲学视角,我们正在习惯于用现实主义,而非唯物主义,来和唯心主义对立……(科尔 1934:16)

04　马克思主义与科学

导　言

　　十九世纪三十年代,在欧洲不断变化的面貌下,激进政治在英国蓬勃发展起来。大萧条造成的严重的经济衰退为社会上每个人所感知。资本主义眼见正在崩溃,约有三百万工人在柴尔德来到爱丁堡后的不到两年内失业。某些工业区的失业率达到60%,贫穷、营养不良、救济和大规模抗议成了英国的常有之事。政治也成了不仅知识分子还有工人都经常在说的一个词。

　　鉴于经济状况如此之差,则马克思主义在艺术家、作家、工人和知识分子当中变得相当时髦也就不足为奇了。很多知识分子和政治家将俄国革命当成社会可以变革的证据。截止到三十年代末,马克思主义对科学和社会的作用,以及对科学家角色的看法得到了广泛认可。各种成色的马克思主义似乎一夜之间涌现出来。被马克思主义吸引的人背景不一,柴尔德和达特来自国外,其他人则来自英国中上阶层家庭,很多人就读于剑桥或牛津(见附表一)。比亚特丽丝·韦伯(Beatric Webb)在日记中描述这一时期的英国知识分子为"温文尔雅亡命徒",也就是心怀理想主义的青年男女。他们有着体面的家庭出身和职业,但是对现状不满,质疑社会的一切方面。[1] 这些致力于为普

通劳动者改善社会政治状况的男男女女的无穷精力感染着柴尔德,

而且既然他们认为知识分子的作用在于推动变革,并将其当成自己人生观的核心,柴尔德就感到他不仅找到了一个帮助当代社会的办法,也找到了一个将科学和考古的路径融入对过去的解释中的方法,这就让他转向了当时那种正在被普遍讨论和实践的马克思主义科学。为考察这一大型运动对柴尔德思想产生的影响,我将重点讨论马克思主义和科学的关系,以及三十年代最重要的科学集会——第二届国际科技史大会——的持久影响。

温文尔雅亡命徒

整个三十年代,忠于马克思主义和仅仅对马克思主义感兴趣的人,都认为马克思主义提供了一种理性和科学的世界观。马克思主义者自认为一种新学问的代表,自认为给资本主义国家的工人带来了学术思想和现代文化积累的成果。他们最深切的愿望是教育大众,将学术民主化,将马克思主义辩证法和自然科学相融合。查尔斯·威尔肯斯(Charles Wilkens)在《历史唯物主义》(Historical Materialism)一文中大力宣扬马克思主义和社会主义的科学价值:

> 科学和世俗发展联合行动,取代了形而上学者的大军,把他们送到了失败事业的家园——大学里面。当世界继续向前,他们却可以置身牛津剑桥不折不扣的中世纪氛围里,为了取悦彼此而尽情阐释自己的空泛理论……(威尔肯斯 1933)

137

今天马克思主义以尖锐论战闻名,但在三十年代它却被定义为一个科学运动,是基于过去的历史演变和现在的经济状况之上的科学运动。例如,三十年代销量最大、最受欢迎的对马克思《资本论》的解读手册认为,马克思对商品形式的分析是由一些等式支持的,然而这些等式的核心地位"只有在其真实性得到科学和数学的证实后才能达到稳定状态"(《给学生的马克思主义》[*The Students' Marx*])。唯物史观,或者按社会主义工党小册子的叫法,"马克思和恩格斯于1848年发现的社会成长的法则",是对宇宙的科学理解的核心。尽管"无产阶级科学"的概念自乌恩特曼(Ernest Unterman)出版《科学与革命》(*Science and Revolution*,1909)一书以来就一直存在,但它主要是在那些持革命观点的人中受欢迎。

认为马克思主义是一门科学信仰,或是一种以科学事实为依据的观点,其建立的基础是恩格斯最早发表于十九世纪六十年代的《反杜林论》和《路德维希·费尔巴哈》。[2] 当然,科学的观念在马克思的《资本论》里也很明显,因为《资本论》将经济形成的过程看成"自然历史的演化",并宣称自己发现了资本主义生产的"自然规律"(马克思1949)。因此马恩自己都说,马克思主义是应用于人类社会的达尔文主义(具体参见恩格斯《在马克思墓前的讲话》一文)。事实上,整个二十世纪二三十年代,英、美、欧的马克思主义学者都在越来越多地利用从自然史中借来的术语。[3] 第三国际期间,科学范式得到广泛讨论,恩格斯的《自然辩证法》一书也得以再次出版。它先是在1925年于苏联出版,后又于1934年由达特译成英文,并附长篇介绍,然后又在1937年译成了法文。

在英国,那些被马克思主义和历史唯物主义吸引的人并不否认马克思主义在"纯"科学和"应用"科学之间所做的划分,但他们否认这种科学之间的互动使一个变成了另一个的影子。科学的根本目的在于理解自然,终极目标是发现真理。中央权威可以控制科学、计划科学,但不会严重限制科学家的自由,也不会瘫痪真正的科学活动。霍尔丹(J. B. S. Haldane)在恩格斯《自然辩证法》的首个英译本序

言中,这样评价马克思主义对科学的影响:

> 马克思主义对科学有着双重影响。首先,马克思主义者对科学的研究和对其他人类活动的研究共同进行。马克思主义者表明,任何社会的科学活动都取决于那个社会不断变化的需求,从长远看还同样取决于那个社会的生产方法,因此也就取决于整个社会。任何对历史的科学把握都需要这种分析,如今甚至连非马克思主义者也都接受了其中的某些成分。但是其次,马恩二人并不满足于只分析社会的变化,而是在辩证法里看到了变化的普遍规律。这种变化不仅存在于社会和人类思想中,还存在于人类思想所反映的外部世界中。也就是说,这种规律可以应用于"纯"科学和科学的社会关系……(霍尔丹 1940:vii)

随着二十世纪三十年代的发展,科学家和非科学家一样,都对马克思主义思想的运用及其在"社会科学"中扮演的角色更为熟悉。虽然不是所有人都对此表示接受——的确,有些人强烈反对一切形式的马克思主义分析——但是,英国的左派学者还是试图为马克思主义树立一种功利主义的角色。他们相信马克思主义有助于缓解当代问题,他们为自己对冷峻真理的冷静执着而深感自豪。因此,大多数和左派相关的作者的著述里都会详细陈述他们对马克思主义科学阐释的信念。根据约翰·斯特拉奇(John Strachey 1933)的看法,马克思主义的科学性被认为存在于"人类社会的运动规律"中。杰出的社会历史学家罗德尼·希尔顿(Rodney Hilton)如此评价马克思主义的科学价值:

> 马克思主义和社会的关系,就像有关物质结构及发展的科

139

学规律和科学的关系一样……正如工程师没有力学定律的知识
就无法架桥一样,工人阶级及其联盟如果不掌握蕴含在马克思
列宁主义中的社会发展规律,也将无法建立一个新社会……(希
尔顿 1950)

整个三十年代都不断有很多不同领域的不同理论概念在这个或
那个时候打着马克思主义科学的旗号出现。英国的马克思主义者因
为相信马克思主义类似自然科学,因此声称马克思主义扩展到了政
治经济领域,可以用于预测和控制世界的改变(霍尔丹 1938)。此外,
马克思主义不同于民主政治,其基本思想建立在科学而非政治意识
形态的基础之上。在决定准确的社会控制和实验方法方面,与科学结
盟的马克思主义被认为比民主更严谨、更准确。根据莱斯格罗斯·克
拉克(LesGros Clark)的看法:"科学无政治,但是科学延伸弥漫到包括
政治在内的人类生活的每一个领域,并最终用它温和的影响力控制
这些领域。因此,如果你愿意的话,科学终究还是最最政治的。"(莱
斯格罗斯·克拉克 1938)考虑到这一点,则马克思主义者的基本希望
不啻穿透世俗现象的表面,发现必然性的内核,找到如同身披铁甲般
颠扑不破的发展规律。马克思主义的主旨及其巨大的吸引力在于它
提供了一个模型,这个模型代表科学的确定性,而不仅仅是另一种意
识形态。

那些被英国共产党招募为党员的人,或者那些由英共组织的无
数卫星行动,创造了马克思主义和科学关系的新内涵。例如,我将要
在本章后面讨论的"思想者文库"系列,按照《理性主义者年鉴》
(*Rationalist Annual*)上一则广告的说法,旨在提供智识指导:

现代思想不断变化;传统体系业已式微;科学正在扩展其征

服,也在打开新思想和新抱负的无数世界。作为这种躁动精神的直接后果,前些年对主流观点几乎不带任何疑问就能接受的人,现在却发现自己正在寻找坚实的原则,以便重建宇宙本质和人类责任的观念。"思想者文库"精挑细选,旨在帮他们完成这个求索。这是一些对普通人而言具有直接吸引力,同时能激发其同情的书。哲学家和科学人将以解释者的身份在这些书的字里行间出现。尽管他们想要传达的信息关系到自然最深层的奥秘,他们使用的语言却是那么简单清晰……

　　在将马克思主义和科学相联系的过程中,知识分子能赋予先前革命的世界观以精确的目标。因此,和革命的政治以及资本主义的混乱形成鲜明对比的是,科学社会主义可以用一种可测、可控的方式引导和改善社会。这种视角被描述为一种改进了的技术人文主义,其特征就是其实践者是"科学的社会关系",后者试图通过计划和控制世界生产而取代资本主义制度的残酷和剥削。对英国马克思主义者而言,科学就是"和了解其功能,并向同一个目标进发的力量合作"(贝尔纳 1939)。因此,科学是进步的变革力量,它不仅为新的社会秩序提供技术手段,还为各种组织形式提供原型,以便实现这一变革(贝尔纳 1939)。1917 年的俄国革命被认为是朝向最高生活水平的社会转型迈出的一大步,或者至少是这样一个转型的证据。在《科学的社会功能》(*Social Function of Science*)一书中,贝尔纳这样写道:

　　　即使不多种一英亩地,也有至少够两倍于当今世界人口吃的粮。如果把现有的所有好地都种上庄稼,就会有足够两百倍于现在人口吃的粮。如果这还不够,我们现在也已经知道如何利用水和空气制造食物的基础。在一个组织有序的世界里,即便没有

141

142

新发明,也没有人需要每天工作超过四小时。(贝尔纳 1939:
409)

鉴于当今世界的经济状况,尤其是东欧社会主义国家的崩溃,则
贝尔纳的评论以后视之明看来实在是乐观得出奇。然而在二十世纪
三十年代,左派以马克思主义为科学的良知,将其作为"对整个社会
生活而言,一种统一协调的控制,且首先还是一种有意识的控制"(贝
尔纳 1939:410)。马克思主义因此为科学家们提供了一套广泛的理
论,给了科学改善人类生活的机会。李约瑟(Joseph Needham 1934)说
马克思主义是"科学方法的精髓",柴尔德认为科学证明了人类的进
步,贝尔纳则认为科学能使其从业者"预测和塑造人类的发展"。

"科学的社会关系"中的领军科学家——如霍尔丹、利维、霍格本
(Hogben)、贝尔纳——无疑是共产党招募的最著名的新兵。他们还
是才华横溢的学者和大受欢迎的教育家,这就使他们不可避免地和
牛津剑桥的导师发生了冲突。这些科学家尽管出身精英阶层,却都逐
渐疏远了自己学生时代接受的古典文学教育。据贝尔纳说,在"不科
学的过去",常规的人文教育是好的,也确实是为从政所做的最好准
备。然而,情况在二十世纪发生了变化。职业政客和科学专家不得不
合为一人,以便为科学做出协调的规划(贝尔纳 1931)。

143   向马克思主义和科学的转向也越来越倾向于历史研究。例如,霍
格本很受欢迎的两本书《百万人的数学》(*Mathematics for the Millions*
1936)和《公民的科学》(*Science for the Citizen* 1938)就是以历史为导
向的研究,它们自古代起追溯特定学术分支的发展。霍格本警告读
者,人类命运不应落入"小册子作者"、"聪明的谈话者"或"辩论者"
之手(这里的暗示不算微妙,因为它指的就是希特勒和法西斯分子)。
同样,贝尔纳的《科学的社会功能》以历史为导向,包含了很多他日后

会在《历史中的科学》(*Science in History* 1954)中加以详述的主题。整个三十年代,李约瑟也对历史问题很感兴趣。事实上,尽管因为纸张短缺,《中国的科学与文明》(*Science and Civilization in China*)一书直至四十年代末才告出版,但是李约瑟是从三十年代就开始了这项不朽的研究(个人交流)。

我提到的这么多人都找到了一个有趣又相当不正式的出口,以表达他们对科学在马克思主义和当代政治中所起作用的关注。他们的组织叫"众人众说",发音为"陶岑阔"(Tots and Quots)*,由索利·祖克曼(Solly Zuckerman)组织,以常在一起聚餐的几个人为中心,成员包括——如果只举几个知名人士的话——柴尔德、李约瑟、麦克默里(MacMurray)、杨(Young)、利维、贝尔纳、霍尔丹和霍格本。第一次聚餐时,这些人中还没有一个皇家学会的会员,但是到了最后他们都成了会员。整个三十年代,"众人众说"在伦敦随机挑选的饭馆里每月一次定期聚会。这些晚餐桌上的讨论并不无聊,事实上还相当严肃,以至于拒绝外人参加(祖克曼 1978)。参加者只能受邀,且须获得已参加者的一致赞成。

祖克曼回忆说,第一次聚餐发生于 1931 年,主要关注科学对经济的影响。利维先开口,他质疑科学和经济在多大程度上是社会的原动力。从这次餐会起,以及在随后的餐会上,有一个主题主导了接下来好几年的大多数餐会,那就是马克思主义理论的伦理内容。祖克曼回忆说,最初两三次餐会后,他给几个经常参加的人写了一个条子,询问他们被马克思主义吸引是否因为他们对马克思主义的科学根基有一

144

------

* 所谓 Tots and Quots,语出古罗马剧作家泰伦斯(Terence,公元前 195?—前 159?)所言 Quot homines, tot sententiae,拉丁文意思是"这么多人,这么多观点"(so many men, so many opinions)。——译者

种——对他而言是——不加批判的信仰。祖克曼回忆说，他当时写的是"马克思主义，尤其是在狄金森（Dickenson）的阐释中，很可能会以不自由和僵化的教条终结，因为它没能认识到一个因素，那就是人在心理上的不均衡"（作者访谈）。此处祖克曼明显对坚持政治教条持保留态度，无论这教条属于马克思主义还是保守主义，因为他丝毫不想参与到任何准政治话语中去。据祖克曼说，成员们对他的质询的反响无比热烈。

> 作为一个群体，我们是"中间偏左"的，到了后来，至少有两个人变得非常左……还有一两个人当然是右的。所有成员都有话要说，所有人，或者几乎所有人，也都有一个共同点，那就是在精神和言论上完全自由，看似不受教条约束。每次讨论都能引发意见冲突，且分歧越大，见面就越让人激动。我们谈话涉及的问题越来越广，但是我们讨论得越来越多的问题却是科学对社会的意义，以及科学可能会在社会发展中起到的有意识的作用。虽然我们的会面没有任何福音派意味，尤其是因为我们喝了不少酒，但是我相信我们都认为，作为一个整体，我们是在开辟一条了解科学、马克思主义和社会之间交流的道路……（作者访谈）

145

从这些会面中，"陶岑阔"们开始认识到，科学界永远不可能完全远离社会压力。对那些相信思想和科学自由的科学家们而言，唯一合乎逻辑的路线就是和那些为了全社会的利益而最致力于科学进步的政治力量结盟，而唯一一个这样积极开展科学、马克思主义和政治之间交流的国家是苏联。那些经常参加"众人众说"活动的激进分子因此尤其对苏联思想持开放态度。然而，直至1931年第二届国际科技史大会在伦敦举办，英苏学者之间都还没有互动。

第二届国际科技史大会

在众多与会学者的回忆录中,标志左倾及广泛接受马克思主义 146
和科学的关键事件是 1931 年在伦敦举行的科技史大会。海因曼和布
兰森(Heinemann & Branson 1971)称 1931 年为"分水岭年",因为在那
之前的有序社会突然变得混乱、不道德和危险起来。在英国,工党政
府倒台,莫斯利(Mosley)领导的新党(New Party)成立。同时墨索里
尼(Mussolini)已经掌权,希特勒也就快掌权。欧洲的未来徘徊在法西
斯主义和共产主义两个极端之间,中间地带则在快速下沉。约翰·斯
特拉奇先从工党辞职,再从新党辞职,最后与共产党结盟。他那本颇
有影响的书《即将到来的权力之争》(*The Coming Struggle for Power*
1933),书名即反映了当时的一种普遍情绪。此书为欧洲设想了一个
需要在共产主义和法西斯主义之间做出选择的未来:对那些站在捍
卫文化、科学和文明一边的人,未来是共产主义,法西斯主义则意味着
"精神和道德自杀,从而确保西欧进入一个新的野蛮黑暗时代"(斯特
拉奇 1933:405)。在这种情况下,斯特拉奇认为学者们"既是最充满
希望的人,也是最感到挫败的人"(斯特拉奇 1933:45)。

尽管受到全球危机的影响,1931 年 6 月 29 日到 7 月 4 日间,英国
学者还是齐聚伦敦,参加了第二届国际科技史大会。此次会议对与会
学者产生了不可磨灭的深远影响,因为苏联代表团首次向西方历史 147
学家展示了如何运用马克思主义处理围绕在科技发展周边的经济和
社会力量。[4]这个苏联代表团的规模和影响力之大出乎意料,仅在会议
结束十天后,一本包含其贡献的《十字路口的科学》(*Science at the
Cross Roads*)一书就出了限量版。[5]《曼彻斯特卫报》称它为"五天奇
迹",历史学家们也都一致认为这是英苏马克思主义史上的一份重要

文献(希恩[Sheehan] 1985;伍德[Wood] 1959a&b;瑞[Ree] 1984;沃斯基[Werskey] 1971b,1978;麦克劳德[MacLeod] 1972)。

按李约瑟说,会议的中心议题,而且是标志科学史上新转折点的中心议题,是苏联人对一种探索的巨大关注,那就是诸如阶级的内在影响,以及更大的社会政治气候到底在多大程度上影响了科学研究等问题。那些对会议做过评述的学者都认为有两篇文章最具影响力,一篇是黑森(Hessen)的《牛顿原理的社会和经济根源》(The Social and Economic Roots of Newton's Principia),另一篇则是布哈林(Bukharin)的《从辩证唯物主义的角度看理论与实践》(Theory and Practice from the Standpoint of Dialectical Materialism)(《十字路口的科学》1931)。实际上,李约瑟回忆道:"我们都是从黑森文章中初获经验的。"(作者访谈)

黑森试图证明,牛顿的自然观是对社会和经济领域发展的理论

148　反映。很明显,牛顿时代的主要特点是资本主义的兴起,它创造了对技术的需求,促使人们寻求新的海洋贸易,还造成了英国社会内部深刻的社会政治分歧。在列举了科学家们面临的一系列技术问题后,黑森断言:

> 牛顿原理的核心包括我们上面分析的技术问题(弹道学、流体静力学、磁学、光学和力学),这从根本上决定了那个时代物理研究的主题……(黑森 1931)

黑森接着说,牛顿的分析方法和经济因素直接相关,但又不限于此,因为黑森认为有必要将哲学理论和宗教信仰形成的上层建筑考虑进去。因此他将牛顿原理分解成唯心、唯物以及机械论三部分,以证明牛顿的伟大功绩在哲学上相当于十七世纪末的社会和政治达成

妥协。黑森运用马克思式的语言得出结论,说科学不可能在一个限制科技进步的社会中取得进步。他这样写道:"科学是从生产中发展出来的,那些成为生产力桎梏的社会形式,同样也会成为科学的桎梏。"(黑森 1931)古今社会都如此,因为在资本主义社会里,科学是为富有的实业家的利益服务的。李约瑟认为,当黑森在其演讲结尾说"在所有重建社会关系的时代里,人们都在重建科学"时,他是在将英国革命与苏联革命进行对比(作者访谈)。

　　黑森文章的核心意思是科学,包括过去和现在的科学,都与日常　149
生活紧密交织,而非贵族式的对自然法则的思考。这触动了某些与会者的神经,因为这些人正在寻求自己作为科学家可以参与到大萧条时期政治动荡中去的通路。对马克思主义科学感兴趣的学者发现自己没有了解过去和指导未来的分析工具(艾布拉姆斯[Abrams]1968;佩里·安德森[Perry Anderson]1968),而提供答案的苏联学者却正在伦敦的中心。李约瑟评论道:"我们的困难的根源也许在于我们对英国资本主义经济抱有乐观态度。直到 1931 年我们都很能接受现状。但是当苏联人表达了他们截然不同的观点时,当然还要再加上大萧条的蹂躏,这一切就都变了。"(作者访谈)显然,对资本主义而言,发展得最为完善的一种替代是后革命时期的苏联。然而,1931 年前,英国学者对苏联事务的兴趣,以及这方面的学问最多还只是零星。事实上,只有霍尔丹一人在苏联领土上见过苏联人。他虽然对苏联基本持赞成态度,但也还是表达了一些焦虑,而柴尔德本人更是直到 1935年才访问了苏联。

　　黑森的文章无疑意义重大,但是如果没有布哈林将其置于更广　150
阔的理论视角下,它也不会产生这样的影响。在与这次会议相关的人物中,布哈林无疑是最著名的。他是俄国革命早期列宁值得信赖的助手,然而时至 1929 年,他以"右倾路线偏差分子"头目的身份被斯大林赶出了政治局。尽管他后来成了最高国民经济委员会工业研究部部长,并在改革苏联科学院的过程中发挥了重要作用,但他从未真正从这场政治挫折中恢复过来。1929 年他甚至成了前一个部门的领导,但是到了 1931 年,他却被孤立于所有建设性的政治角色之外。及至 1938 年,他终于在斯大林更著名的一次清洗中遭到了审判和处决(卡托夫[Katov] 1970)。

　　布哈林向会议提交的文章《从辩证唯物主义的角度看理论与实践》,是当时呈现给英语读者的对辩证唯物主义最成熟的处理。布哈林投入大量篇幅解释理论和实践的统一性和实践的首要性,因此为实践是所有科学的源泉这一观点奠定了基础。根据布哈林的认识,科学是为了在人与自然的斗争中扩大和深化实践而存在的,因此它远非自给自足,而是与人类社会生活密切相关。他还进一步指出,科学是社会上层建筑的一个重要组成部分,科学的发展有赖于社会经济结构。

　　布哈林接着谈到了危险。他说,与其说危险存在于科学实践,不如说它更加内在于对科学的"崇拜"和"对相应类别的神化"。他还借机赞美了苏联的五年计划,说计划是社会使自己摆脱向不可理解的必需品做出臣服的过程,这样一来未来就成了一个有关科学意志,而非命运的问题。因此,"未来是摆在我们面前的一个计划,一个目标:因果关系通过社会目的论实现"(布哈林 1931:32)。这种计划不仅适用于经济学,也适用于对自然界的了解,计划的原则因此侵入了科学和理论领域。接下来它会驯服科学,消除科学的神秘。和社会主义结合后,它还会推动人类的前进。

　　从苏联的角度看,这次会议,及其在《十字路口的科学》一书的出版中宣告的高潮,代表一个由行政管理者、哲学家和科学家共同组成的重要团队的集体立场。根据历史学家加里·沃斯基(Gary Werskey

1978）的看法，与会的苏联人将其学问呈现为对社会主义重建项目的贡献，且这种重建严重依赖于自然科学家的工作。更广泛地说，苏联想和西方学者交流的是，社会主义社会最看重智识活力、自我意识、对社会的有用性，以及纯粹的科学繁荣。显然，这是这次会议对自然科学家产生巨大影响的一个原因。然而，具有讽刺意味的是，此次会上　　152
呈现的很多苏联智识观点在英国的传播比在苏联更充分，因为很多与会者是斯大林清洗的受害者。[6] 会议召开的时机也很重要，它发生在乔拉夫斯基（Joravsky 1961）称之为"伟大突破"的时刻。

　　在英国，自然科学家们热情拥抱《十字路口的科学》中的思想。的确，贝尔纳、霍尔丹、霍格本、利维和李约瑟都认为此书是他们生活中的一个重大转折点。克劳瑟（1931，1935）评论了苏联代表团对科学史展示出的史无前例的热情，这激励他对十九世纪英国科学进行新的解读。海曼·利维（1939）回忆了当时观众的不适，说黑森的研究几乎让所有科学史研究都变得过时。李约瑟批评了他自己那本很有突破的胚胎学的书，说希望"未来的历史研究能让我们为伟大的胚胎学家做出类似黑森为牛顿所做的出色贡献"（李约瑟 1934）。霍格本受到启发，开始对数学和科学进行通俗的历史研究（霍格本 1936，1938）。贝尔纳（1931）则受到苏联代表团统一性、哲学完整性和社会目的的震撼，开始写作《科学的社会功能》（1939）以及《历史中的科学》（1954）这本要到更后来才出版的书。

　　这群杰出的英国知识分子尤其认可黑森文章的开创性，以及《十　　153
字路口的科学》的广泛重要性。这次会议不仅标志着对科学史进行重新评估的起点，还证明在混乱的资本主义框架下，利用科学促进社会重建的不可能（贝尔纳 1939；利维 1939）。那种认为科学对社会有用，科学可以实际应用于社会的想法给柴尔德的与会同事留下了深刻印象。

然而,这里需要注意的很重要的一点是,苏联人的出现不仅激发了对马克思主义和科学关系感兴趣的人,而且随着大萧条的深化,科学研究还开始受到财务限制的影响。李约瑟回忆道:

> 政府用于学术和工业研究的缓慢的资金增长停止了,然而这是二十年代我们都在努力寻求并要靠它谋生的东西。失业对我的同龄人和化学家等训练有素者成了一个现实。像柴尔德这样的人认识到了自己的面包哪面没有黄油*,而像我们这样出席会议的社会主义者则被政局的更大方面强烈吸引了。现在和我在实验室的头几年不同,现在在我们的工作中,任何程度的脱离社会都是不能容忍的。我尽量坚守自己的领域,然而政治不断闯入。柴尔德从来没有试图坚守他的领域,我认为他一直都在忧虑他的工作意义何在……(作者访谈)

在这次会议召开和法西斯主义出现前,贝尔纳、克劳瑟、霍格本和利维等学者都是将自己的政治观点和职业生涯分开对待的。回忆至此时,李约瑟谈到了此处的核心问题:

154

> 这次会议对我自己和贝尔纳、利维、柴尔德以及所有左派的意义在于,它以一种非凡的方式将已经在我们思想里酝酿了一段时间的东西结晶出来。这些[苏联]代表所采用的一致立场激发了我们的意识,影响了我们后来的工作……(作者访谈)

克劳瑟在回忆这次会议对他产生的影响时,对苏联人到底说了

---

* 英语习惯用语,即知道自己的利益所在。——译者

点什么会对与会者产生如此巨大的影响,他的表达更为明确。他说:

> 这场运动将科学史从次要学科变成了主要学科,而黑森的
> 文章是其中最精彩的表达。它表明对科学史的了解不仅是好古
> 者的娱乐,还对解决当代问题必不可少,而当代问题的形成根源
> 在于技术社会的无组织发展……(克劳瑟 1941)

除了苏联代表团的高质量论文外,苏联政府对科学重要性的认
可也给那些同情马克思主义的人留下了深刻印象。与会者并非被辩
证唯物主义或共产主义哲学所说服,而是对苏联人正在以一种旨在
改善社会的理性方式控制和利用科学印象深刻。苏联人在《十字路
口的科学》一书的序言中对自己的科学目标的声明,正是接下来十年
间英国马克思主义者努力想要达到的目标:

> 在苏俄,一个绝对全新的前景正在科学面前展开。社会主义
> 计划经济,建设的巨大规模……都要求科学以非凡速度向前推
> 进。全世界被划分成两个经济体系,两个社会关系体系,两种文
> 化……在世界的社会主义地区,我们观察到一种全新现象,那就
> 是理论和实践正在开展新的结合,正在大国规模上对科学研究
> 的集体组织做出规划,同时一种单一的方法——辩证唯物主义
> 的方法——也正在越来越多地渗透进所有科学学科之内。因此,
> 一种新型的智识文化正在支配数以百万计工人的精神活动,成
> 为当今社会最伟大的力量……

155

会议的时机与结果

在我讨论会议的结果前,需要指出很重要的一点,那就是柴尔德

没有留下任何直接证据表明他出席了会议。尽管如此,他肯定知道这
次会,因为他和很多与会者有定期见面的联系。此外,他还为很多上
述学者的著作写过评论,而这些著作都向苏联代表团表示了感谢。柴
尔德在其所有评论中都提到了这一事实,他还遗憾地表示自己无法
讨论会议的影响和意义,因为他说:

> 那种认为科学是魔法的后裔,是富贵绅士的消遣带来的副
> 产品的普遍印象,是资本主义和僧侣偏见制造的一种错觉……
> 科技史大会引导学者们研究所有科学分支的社会背景,考察这
> 些学科如何与人类社会不断变化的需求相关联……苏联代表团
> 已经表明,为了理解杰出的发现,必须详细阐述特定的历史背景,
> 而且这种分析法关系到包括考古学在内的每一种学科的努力。
> 任何聪明人都不可能看不到这种方法的可能性,也不可能看不
> 到《平民》杂志回顾的很多优秀的例子……(柴尔德 1934:23)

156　　　显然,柴尔德觉得这次会议为学者们提供了一个根植于历史背
景的科研和分析的新方法,它将在三十年代剩下的时间里指导学者
们的工作。此外,苏联代表团抵达伦敦的时间非常关键,因为它恰逢
大萧条不可预见的经济灾难发生的时刻,这对英国的社会主义者们
产生了明显影响。然而,必须指出的是,从 1929 至 1932 年间,苏联人
从来没有像 1931 年春天那样如此积极地讨论过"马克思主义科学"
的含义问题(希恩 1985)。[7] 希恩认为,再晚个一两年也许会产生以下
两种可能性中的一个:苏联人或者不会参会,或者苏联代表团会呈现
出完全不同的样貌。

　　　1929 至 1932 年间是苏联科学家和政府间关系"严重破裂"的时
期。据希恩说,这一时期前,苏联科学家几乎没有受到什么政治约束,

他们作为"资产阶级专家"的服务从革命最开始的时候就得到了认可。然而,宽限期很快就因 1929 年斯大林权力的巩固而宣告终结了。此后,苏联科学院通过选拔共产党员以及政治上忠诚的工业科学家和工程师而变得"布尔什维克化"。面对自己的研究要么是反马克思主义,要么是与马克思无关的指控,学术研究者们第一次被迫详细捍卫自己的观点。最终的结果是在官员和科学家们中间强化了对科学的哲学基础,以及对科学研究和国家生活之间关系的有意识的讨论。正是在这种对未来的高度自觉中,苏联决定派代表团前往伦敦。然而,从负面看,这也代表了斯大林式清洗和党的僵化路线的考验的开始。

从保守的《伦敦泰晤士报》到自由的《曼彻斯特卫报》(克劳瑟是《曼彻斯特卫报》的记者),根据各类流行报刊对此次会议所作的报道,这次会议明显吸引了大量关注。沃斯基说与会者一定对此相当震惊。实际上他说,虽然"科学家有时会登上头条,但是科学史学家却从来不会,而且也有充分理由不会"(沃斯基 1978:138)。

《十字路口的科学》一书出版后,对此次会议和此书的评论源源不断,而且并非都是正面之辞。在自封为"科学界的泰晤士报"的《自然》杂志上,格林伍德(Greenwood)将苏联代表团中很多人支持的历史唯物主义描述为"对科学发展的一种共产主义解释,它以牺牲天才的荣光为代价来提升群众的整体工作"(格林伍德 1931:78)。他还认为"苏联代表的态度很难解释任何历史,无论其主旨及其在自己的教育体系内将其付诸实践的努力多么让人感到刺激"(格林伍德 1931:79)。一个月后,历史学家马文(F. S. Marvin)在评论《十字路口的科学》时,同意知识部分是社会产物的观点,但是同时又质疑这样的见解是否可以解释科学史的所有方面。他还谴责马克思主义对"资产阶级科学"所持的观念,因为他认为"自然法则对所有人都是一样的"

157

158

（马文 1931:130—131）。虽然《自然》认为苏联人的参会值得注意，但却强有力地否认了苏联人的贡献，理由是他们的贡献是外来哲学的一部分。相比之下，其他评论就很恶毒了，比如《泰晤士报文学增刊》对《十字路口的科学》的书评就表达了彻底的敌意。其匿名作者认为苏联人的文章：

> 旨在对科学史做出贡献。从这个角度看，它们是完全的教条主义，有时候竟至于走到可笑的地步……那篇对牛顿立场的长篇分析……旨在展示"牛顿的物理内容源出于时代任务，是为了完成正在掌权的阶级提出的任务"。文章的作者们没有为了科学本身而献身科学的概念，因此科学对他们而言意味着技术……（匿名 1931）

尽管苏联代表团只在伦敦待了十余天时间，但是他们留下的人和想法却制造了持久的影响。的确，马克思主义在英国的哲学反对者们做出了如下推断："反对纯科学和反对科学自由的运动最早由苏联人带入英国，那是苏联代表团前来伦敦参加 1931 年科技史大会时"（唐斯利、贝克［A. G. Tansley & J. Baker］1946）。于是从 1931 年起，在英国学界最高级别的团体里，就形成了一个非常能干的左翼学者的核心。他们在科学史和科学哲学方面热情寻求马克思主义的路径，特别强调科学对社会关系的多个面向。这些人自己追求科学社会主义，因此无情揭露过去和现在的科学对意识形态和社会政治所做的种种假设。对他们而言，科学已经成了人类成就的一个媒介，是衡量人类进步的标准，也是变革的关键杠杆。在这样的历史背景下，对马克思主义科学所做的研究是一种对社会状况的合理反应，也是一项为改进社会而审视社会的努力。科学的核心在于它既是一种伟大的进步力量,也是对社会上鼓励其发展的积极力量的反映。马克思主义者认为,文艺复兴和宗教改革不仅是对封建主义的打击,也是为争取科学研究的自由而进行的斗争。

马克思主义科学的作用

被左派吸引或者加入共产党的有历史导向的青年学者,是在参加此次会议的那类作家/科学家的影子下成长起来的。此后十年间,这些学者将拾起此次大会上提出的主题,并在此基础上对其进行拓展。事实上,柴尔德最畅销、最广受认可的著作《人类创造自身》(1936)就是他应贝尔纳之邀于 1933 年底或 1934 年初开始写作的。本来贝尔纳想请他为一本计划中的马克思主义科学史(该项目未能实现)[8] 写一章史前和早期东方的内容。贝尔纳提议的这本科学史旨在展示实践需求这一功利主义的理论依据,因为它构成了马克思主义科学概念的基础。为了达到这个目的,对马克思主义科学的普及在几方面得到了开展。

在那些试图向大众传播马克思主义的团体中,最重要者是理性主义出版协会(Rationalist Press Association),它由瓦茨(C. A. Watts)创立于 1899 年。瓦茨是一个卫斯理派牧师之子,他有自由思想,在牛津期间皈依了社会主义。理性主义出版协会以"思想者文库"和"科学与文化文库"之名出版了一系列廉价因此易得的经典著作(怀特1949)。它旗下还有一本有影响力的月刊《文学指南》(*Literary Guide*),以及一本名为《理性主义者年鉴》的年刊。在此协会三十年代发行的大多数出版物中,尤其在其期刊上,标题页上都印有对该协会主旨的简短说明。这些说明风格各异,但是大多可以用以下内容代表:

160

　　当今时代的最大需求是清楚地思考所有那些影响进步和福利的问题。理性主义者认真对待科学,接受科学方法在思想和生活所有方面产生的结果。他们认为,或从直觉或从神圣文字中获得某些卓越知识的说法不可接受。人类的命运掌握在人类自己手中,人类不应期待奇迹,但是科学赋予人类的力量如此强大,因此文明正处于一个十字路口。我们必须做出选择,或者利用这些知识增进人类的快乐与幸福——这是理性主义者的方式,或者为服务于狂热和偏见而用这些知识来行摧毁之事……

161　　　　二十世纪三十年代,"思想者文库"系列的销量超过三百万本,并在停业前总共出版了110卷册(见附表二)。此处有很重要的一点需要注意,那就是理性主义新闻协会对瓦茨出版社的支持使后者成了除共产党官方出版社劳伦斯和威斯哈特(Lawrence and Wishart)以外的另一个选择。尽管瓦茨被广泛认为是共产党的一个外围组织,但是它出版的图书发行量更大,售价也更低,而且不携带任何与共产党出版社有关的污名。因此,柴尔德最畅销的书《人类创造自身》(1936)、《进步与考古学》(1944)、《历史》(1947)和《社会演化》(1951)由瓦茨出版就成了一件意味深长的事。不只柴尔德选择让瓦茨出书,帕斯卡(Pascal)的《德国改革的社会基础》(*Social Basis of the German Reformation* 1933)、利维的《科学的宇宙》(*The Universe of Science* 1939)和霍尔丹的《事实与信念》(*Fact and Faith* 1939)也都由瓦茨出版。在很多情况下,与选择一家更为成熟的出版社相比,决定让瓦茨出书的作者酬劳会少很多。

　　至少有两个原因可以解释柴尔德和其他左派人物为什么通过瓦茨出书。第一,如果在受人尊敬的大学出版社出书,书的发行量会受到限制,书价也会太贵,让普通人负担不起。柴尔德正是因此拒绝了牛津大学出版社,而牛津为获得《人类创造自身》的版权,提出要给柴尔德很大一笔钱。第二,如果在共产党的官方出版社(劳伦斯和威斯哈特)出书,则书会被当成共产主义的官方宣传。柴尔德尽管并不特别在乎是不是在"思想者文库"系列出书,但他还是在写给达特的信中表达了自己对被人贴上马克思主义者标签的感受,以及为一个很大的读者群写作的感受。写信的契机由一个激起了柴尔德回应的问题而起,那就是他被提议为马克思故居(现为马克思纪念图书馆)的长驻史前史学家,并有可能出版恩格斯作品《家庭、私有制和国家的起源》的注释本。

162

　　很遗憾,我得出了以下结论。我看不出让一个住在爱丁堡的史前史学者作为历史学家加入马克思故居的真正有用的目的是什么。唯一的实际效果就是往我脖子上套个标签,但是我不喜欢标签,尤其是如果标签还容易产生误导的话。这个标签就有可能是这样的性质。对我而言,马克思主义意味着一个解读历史和考古材料的路径和有效方法,我接受马克思主义是因为也只是因为它是有效的。对一般共产主义者而言(之所以有必要给我贴这个标签,想必只是为了他们的利益考虑吧),马克思主义意味着一套教条——大师的话,普通人必须从中品出真理来,就像中世纪经院主义哲学家对待《圣经》那样。然而科学家希望从观察和实验中得出真理,考古学家则可以做些实验,也总是在积累新的观察成果。我想当一名科学家;为什么这两个群体*都应该被骗,以为我是个中世纪经院主义哲学家?我想向我的同事和学生传达好的马克思主义思想,在这方面我取得了一些成功,可是我

---

*　两个群体指普通人和科学家。——译者

要是一开始就表明我是个马克思主义者,那他们就不会听我的了……(柴尔德致达特 1938 年 10 月 14 日:马克思纪念图书馆达特藏品)

这里需要注意的是,柴尔德在马克思主义作为一种思想体系,以及马克思主义被其同事误解为苏联所做的一种共产主义实验之间做了一个尖锐区分。正如柴尔德指出的那样,"马克思主义者"的标签由于没有每个马克思主义者都认可的同质学说而往往造成误导。柴尔德的马克思主义经常不同于当时的或正统的马克思主义。同为考古学家的克里斯托弗·霍克斯回忆说,柴尔德自称是一名"有偏差的马克思主义者",且他使用"偏差"一词是经过深思熟虑后的故意选择,意思是说当时正时兴的苏联"马克思主义"是有偏差的,苏联"马克思主义"不是真正的马克思主义。霍克斯回忆说,柴尔德的马克思主义仅仅来自马克思和恩格斯。实际上,柴尔德曾经告诉他,自己读过好多遍德文原版的《资本论》(作者访谈)。

柴尔德对科学史的兴趣也考虑到了进步概念。对进步科学所扮演的角色既是个人信念,也是学术信念。一方面,面对经济崩溃和法西斯主义威胁,进步给了他对未来的希望;另一方面,进步被用来重建人类通往文明道路上积累知识的方式。因此,柴尔德的进步观是科学的,因为它建立在通过观察真实现象而严格验证的基础上。在这里,柴尔德借鉴了由马克思和苏联理论家发展出来的历史唯物主义的变革模式。他对进步概念的使用是科学的,体现在辩证法的原则里,包括变化的恒定,发明的积累,以及作为变化的能量来源的进步和保守元素之间的对抗。辩证法的原则认为变化总是进步的,因此质疑我们有没有进步是不相关、不科学的,因为答案必须是肯定的。然而柴尔德和他的十九世纪先驱不同,他强调进步并不总是有益于社会,也不总会使人变得更文明,甚至连让人在演化的阶梯上更上一层都做不到。[9] 随着法西斯主义的崛起变得更可怕,这一事实是不言自明的。

简而言之,整个三十年代,这场由柴尔德和马克思主义相关人士发起的战斗,目的在于传播坚定站在进步、理性和自由思想一边的科学。他们相信,当今时代,科学正在飞速发展,它对人类的社会条件已经产生并且还会持续产生深刻影响,在某些国家,这种影响甚至还很令人恐慌。与其说科学知识和科学方法对物质世界的应用影响了人类,不如说科学进步改变了人们的精神面貌,激发了历史、伦理、哲学、宗教和文化等每一方面新概念的孕育。

《人类创造自身》(1940)和《进步与考古学》(1944)因此是"思想者文库"系列的合理选择。[10]最初发表于 1936 年的《人类创造自身》更是见证了这一时期柴尔德思想的演变。正如我在第三章中展示的那样,柴尔德在所有 1931 到 1932 年后出版的作品中,都用更为技术和经济的语言重新定义了他对欧洲和近东史前文明的实证主义模型。在诸如《人类创造自身》这样的著作中,柴尔德开始强调这样一种认识,即传播和技术进步——这两个他试图平衡的概念——尽管源自考古记录,其实都是主观构造。其次,从他野外工作笔记上的批注也可以清楚地看出,他敏锐地意识到了考古数据的局限性。[11]他这样写道:"史前记录从来都是残缺和随机的,这是随时间推移而产生的各种自然行为和文化行为的结果。"(考古所档案)

既然忧虑考古记录的局限性,柴尔德就开始否认在历史进程外还有任何现实来源,并因此感到有必要依赖物质记录,以便从中推导出史前社会的结构来。其次,他还强调现实的易变性,这是一个迫使他采取唯物主义或现实主义史观的重要因素。然而他对马克思主义又是偏离的,因为他并不总是在用辩证法解释变化。作为对格林·丹尼尔一篇将他描述为马克思主义考古学家的文章的回应,柴尔德说:

165

166　　　　马克思主义历史观和史前史观是无可否认的物质决定论和唯物主义，但是这个决定论并不就意味着机械论。马克思主义论述实际上被称作"辩证唯物主义"。它的决定论在于它假设历史进程不仅仅是一系列无法解释或奇迹般发生的事，而是所有组成事件相互关联，形成一个可理解的模式。历史科学的任务就是发现这个模式，并通过观察已经做了的事或发生了的事而发现事件的普遍原理，因为马克思主义者将历史看成科学。马克思主义的历史是唯物主义的历史，因为它将物质事实和生物事实作为第一线索，从而去发现隐藏在一片明显的、由表面看来互不相关的事件构成的混乱之下的普遍模式。它从一个显而易见的事实出发，那就是人活着就得吃饭。因此一个社会除非其成员能够找到食物，让自己活下去，否则这个社会就不可能存在……（柴尔德 1932）

柴尔德对马克思主义的解释从技术模型的角度出发，目的是为理解欧洲史前史的进步和演化。因为柴尔德相信，人的谋生会在长远上决定人的信仰和制度。然而，还有同样重要的一点是，柴尔德是一个需要信仰某种信念或哲学的人，尤其在欧洲陷入混乱，世界大战的威胁越来越严重时。对柴尔德而言，这种信念或哲学就存在于他对史前史的实用性和对反法西斯主义斗争越来越深刻的关注中。

结　论

167　　　　大萧条的经济混乱震荡着我所描述的这个历史时期，并导致科学、哲学、政治（既有激进，也有保守）以及马克思主义传统中的政治间关系的转变。很多有才华的学者在这一时期转向马克思主义，因为

他们认为资本主义社会正在崩溃。马克思和恩格斯在各自的著作中
认为,历史的发展方式使科学成了一种认知活动,它在整个世界观的
框架内展开,而世界观又被社会经济秩序所塑造。过去的科学植根于
过去的世界观,也被过去的生产关系植根,这样的科学是人类理解力
演化过程中必不可少的阶段。因此,有必要揭开过去和现在被取代了
的意识形态的真相,以便让一个新的社会秩序浮现出来。

　　从一开始,对马克思主义理论的兴趣就和当时的社会问题密不
可分地交织在一起,并引发了多方面的努力,以减轻社会面临的可怕
状况。就柴尔德而言,为了对史前社会的性质做出推断,他转向了对
过去的经济解读。这种关心因为法西斯的威胁而变得急迫起来,因为
柴尔德写信给达特,说自己的学术"既不制造炸弹,也不制造黄油"。
然而,他在马克思主义里不仅找到了一个强有力的打击法西斯主义
的方法论工具,还找到了一个继续活下去的理由。

注　释

1. 这里必须强调两点。首先,不是表中列举的所有学者都加入了共产党,柴尔 168
   德也包括在内,但是这些学者对马克思主义的认同都很真诚。事实上,我采
   访过的一些人认为,柴尔德、克里斯托弗·希尔(Christopher Hill)、希尔顿和
   多布等学者身在党外更有利。其次,大多数以马克思主义为导向进行分析
   且以此闻名的学者,二十世纪三十年代前在政治上就很活跃。他们的活动
   可以分为两类:或参与劳工运动,或在一战期间出于良心而拒服兵役。

2. 关于马克思主义和科学关系的文献数量巨大,最全面彻底的分析来自希恩
   (1985)。

3. 在美国,马克思主义和自然科学之间的关系得到了社会主义工党及其创始

人丹尼尔·德莱恩的热烈支持,而德莱恩又受到了恩格斯《反杜林论》及刘易斯·亨利·摩尔根《古代社会》的启发。

4. 会议最后一天为苏联论文安排了一个特别报告时间。接下来的五天内,在苏联使馆里,一大群译者和打字员为了《十字路口的科学》的出版而紧张忙碌着。尽管直到后来才装订成册,这本到处都是排字错误和字行颠倒的书还是在一些天后就流通了起来。

5. 苏联代表团的贡献不在苏联学术结构的主流范围内。沃斯基(1978)和瑞(1983)都认为,苏联人在会上提出的观点对他们自己祖国的影响有限,因为大多数学者后来都死于斯大林之手。

6. 关于苏联代表团为何没能将他们在伦敦描述的工作继续下去,见李约瑟(1971)。在其对《十字路口的科学》第二版所作的前言中,李约瑟追踪了苏联代表团每个成员的下场。

7. 据希恩的说法,苏联人的到来及他们代表的地位之高令人惊讶,引发了相当争议。

8. 贝尔纳的文章现藏马克思纪念图书馆。必须指出的是,我所讨论的这些人后来都成了各自领域的领军人物,但在 1931 年他们的地位都还远没确立(见沃斯基 1978)。地位最高的是作为爱丁堡大学阿伯克龙比考古学教授的柴尔德,以及因胚胎学的开创性研究而获得认可的李约瑟(李约瑟1931)。而且,整个二十世纪三十年代,所有这些提到名字且对科学史特别感兴趣的学者所立身的制度基础都还很薄弱。除了缺少能延续科学史传统的期刊,在柴尔德、贝尔纳、克劳瑟、法林顿(Benjamin Farrington)、希尔、霍布斯鲍姆(Eric Hobsbawm)、霍格本和李约瑟等一干关键人物中,也还没有一位处于可以培养新一代专业科学史家的地位上。

9. 有关维多利亚学者对进步观念运用情况的讨论,见波勒(Bowler 1984,1986,1989)。

10. 大多数人都没有意识到的是,《人类创造自身》原本属于另一套和"思想者文库"类似的系列图书。该系列名为"科学与文化文库",也由理性主义新闻协会资助,编辑海曼·利维是最早加入共产党的科学家之一,也是科学工作者协会的创始人。"科学与文化文库"系列旨在研究科学进程对社会状况的影响,其设计目的从最普遍的意义上讲是要:

> 向普通读者展示科学正在塑造的世界,包括行动和思想。它将揭示人类如何在科学中寻求满足自身各种需求的手段,以及科学如何反过来激发新的愿望,激励更崇高的进步,唤醒想要更多掌握人类命运的希望……

除了《人类创造自身》外,"科学与文化文库"还出版了朱利安·赫胥黎(Julian Huxley)的《科学研究与社会需求》(*Scientific Research and Social Needs*)、利维的《思想与行动之网》(*The Web of Thought and Action*)、威廉·帕特森(William Paterson)的《命运的问题》(*Problems of Destiny*)以及大卫·福赛斯(David Forsyth)的《心理学与宗教》(*Psychology and Religion*)。

11. 二十世纪三十年代,柴尔德在奥克尼(Orkneys)发掘期间记录下了这些想法。

170a　附表一

温文尔雅亡命徒

（主要基于伍德 1959a:75—90）

显赫的自由派家族	记者	医学	商业	学者	军人	神职人员
霍尔丹	考德威尔	奥登	考尔德·马歇尔·康福德	康福德	伯吉斯	戴·刘易斯
雷曼	利曼	盖斯特	C. 霍尔丹	霍尔丹	伊舍伍德	兰登-戴维斯
麦克林	斯宾德	李约瑟		汤因比	马奇	麦克尼斯
蒙塔古	斯特拉奇					华纳
斯宾德						
斯特拉奇						
汤因比						

教　育

生年	牛津	剑桥
1900 年以前	柴尔德,霍尔丹,兰登-戴维斯,普里特,里克沃德	

续　表

生年	牛津	剑桥
1900—1910 年	奥登,考尔德·马歇尔,科伯恩,福克斯,戴·刘易斯,麦克尼斯,斯莱特,斯宾德,斯特拉奇,华纳	布朗,盖尔斯,赫特,莱曼,蒙塔古,莫顿,帕斯卡,菲利普斯,斯隆,汤普森,厄普沃德
		科学家
		贝尔纳,布莱克特,李约瑟,皮里,鲍威尔,E. A. 伍斯特,伍斯特,沃丁顿
1910—1920 年	布莱克,古德曼,希尔,希利,希尔顿,泰特,普莱茨-米尔斯,汤因比	伯吉斯,康福德,康福斯,盖斯特,海涅曼,霍布斯鲍姆,凯特尔,基尔南,克卢格曼,诺克斯,麦考林,马奇,麦克莱恩,帕特曼
		科学家
		伯奇,伯霍普,利雷,梅,肖恩伯格,辛格

170b

附表二

思想者文库

书名	作者
人类学	
《人类学》(*Anthropology*) 《猎头：黑色、白色和棕色》(*Head-hunters：Black，White and Brown*) 《文明的起源》(*The Origin of Civiliza-tion*) 《誓言、诅咒、祝福》(*Oath，Curse，Blessing*) 《黎明之人》(*Men of the Dawn*) 《伊俄卡斯忒的罪行》(*Jocasta's Crime*) 《王权》(*Kingship*) 《人类创造自身》(*Man Makes Himself*) 《进步与考古学》(*Progress and Archae-ology*)	泰勒（E. B. Tylor） 哈登(A. C. Haddon) 艾略特·史密斯(G. Elliot Smith) 欧内斯特·克劳利(Ernest Crawley) 多萝西·戴维森(Dorothy Davison) 洛德·拉格兰(Lord Raglan) 霍卡特(A. M. Hocart) 柴尔德(V. G. Childe) 柴尔德(V. G. Childe)
历史	
《世界简史》(*A Short History of the World*) 《英国文明史》(*History of Civilization in England*) 《历史上的审判》(*Historical Trials*) 《人类的殉难》(*The Martyrdom of Man*) 《知识税史》(*A History of the Taxes on Knowledge*) 《对意见的惩罚》(*Penalties Upon Opin-ion*) 《女性简史》(*A Short History of Women*)	威尔斯(H. G. Wells) 巴克尔(H. T. Buckle) 麦克唐纳爵士(Sir J. Macdonell) 温伍德·里德(Winwood Reade) 科莱特·多布森·科莱特(Collet Dobson Collet) 邦纳(H. B. Bonner) 兰登-戴维斯(J. Langton-Davies)

书名	作者
心理学	
《正在形成中的思想》(*The Mind in the Making*)	罗宾逊(J. H. Robinson)
《为普通男女所作的心理学》(*Psychology for Everyman [and Woman]*)	曼德(A. E. Mander)
《思维的神话》(*The Myth of the Mind*)	弗兰克·凯尼恩(Frank Kenyon)
普通科学	
《人类的由来》(*The Descent of Man*)	查尔斯·达尔文(Charles Darwin)
《野蛮的幸存》(*Savage Survivals*)	摩尔(J. H. Moore)
《炉边科学》(*Fireside Science*)	兰凯斯特(E. R. Lankester)
《人类和动物的情感表达》(*The Expression of Emotion in Man and Animals*)	查尔斯·达尔文(Charles Darwin)
《你的身体:如何构造,如何运转》(*Your Body: How it is Built and How it Works*)	斯塔克·默里(D. Stark Murray)
《人类及其宇宙》(*Man and His Universe*)	兰登-戴维斯(J. Langton-Davies)
《科学术语词典》(*Dictionary of Scientific Terms*)	比德内尔(C. M. Beadnell)
《科学的宇宙》(*The Universe of Science*)	海曼·利维(Hyman Levy)
《吻的起源,及其他科学消遣》(*The Origin of the Kiss and Other Scientific Diversions*)	比德内尔(C. M. Beadnell)
《生活在展开》(*Life's Unfolding*)	查尔斯·谢林顿(Charles Sherrington)
《天文学概论》(*An Easy Outline of Astronomy*)	戴维森(M. Davidson)
《人类研究生命》(*Man Studies Life*)	里德利(G. N. Ridley)
《生命的化学》(*The Chemistry of Life*)	培根(J. S. Bacon)
《医学与人类》(*Medicine and Mankind*)	索斯比(A. Sorsby)
《人类生活中的地质学》(*Geology in the Life of Man*)	邓肯·莱奇(Duncan Leitch)

170d

续　表

书名	作者
普通哲学	
《最初和最后之事》(*First and Last Things*)	威尔斯(H. G. Wells)
《宇宙之谜》(*The Riddle of the Universe*)	恩斯特·海克尔(Ernest Haeckel)
《论自由》(*On Liberty*)	穆勒(J. S. Mill)
《现代哲学史》(*History of Modern Philosophy*)	本(A. W. Benn)
《超自然现象的证据》(*The Evidence for the Supernatural*)	艾弗·塔克特(Ivor Tuckett)
《更清晰的思维:普通人用的逻辑》(*Clearer Thinking: Logic for Everyman*)	曼德(A. E. Mander)
《第一原则》(*First Principles*)	赫伯特·斯宾塞(Herbert Spencer)
《今天的自由》(*Liberty Today*)	乔德(C. E. Joad)
《人对国家》(*The Man Versus the State*)	赫伯特·斯宾塞(Herbert Spencer)
《让人们思考》(*Let the People Think*)	伯特兰·罗素(Bertrand Russell)
《世界革命与西方的未来》(*World Revolution and the Future of the West*)	弗里德曼(W. Friedmann)
《时间的征服》(*The Conquest of Time*)	威尔斯(H. G. Wells)
《逃离冲突》(*Flight from Conflict*)	劳伦斯·科利尔(Lawrence Collier)
宗教	
《吉本论基督教》(*Gibbon on Christianity*)	赫胥黎(T. H. Huxley)
《讲座与文章》(*Lectures and Essays*)	格兰特·艾伦(Grant Allen)
《上帝观念的演变》(*The Evolution of the Idea of God*)	莱斯利·斯蒂芬(Leslie Stephen)
《一个不可知论者的辩护》(*An Agnostic's Apology*)	卢埃林·鲍伊斯(Llewelyn Powys)
《情感谬误:关于基督教的研究》(*The Pathetic Fallacy: A Study of Christianity*)	罗伯逊(J. M. Robertson)
《基督教简史》(*A Short History of Christianity*)	罗伯逊(J. M. Robertson)

书名	作者
宗教	
《阿多尼斯：东方宗教史研究》(*Adonis：A Study in the History of Oriental Religion*)	弗雷茨(J. G. Frazer)
《我们的新宗教》(*Our New Religion*)	费舍尔(H. A. L. Fisher)
《上帝的存在》(*The Existence of God*)	约瑟夫·麦卡贝(Joseph McCabe)
《事实与信仰》(*Fact and Faith*)	霍尔丹(J. B. S. Haldane)
《开放思想的宗教》(*The Religion of the Open Mind*)	戈万·怀特(A. Gowans Whyte)
《基督教的社会记录》(*The Social Record of Christianity*)	约瑟夫·麦卡贝(Joseph McCabe)
《希腊宗教的五个阶段》(*Five Stages of Greek Religion*)	吉尔伯特·默里(Gilbert Murray)
《耶稣的一生》(*The Life of Jesus*)	欧内斯特·勒南(Ernest Renan)
《伏尔泰作品选》(*Selected Works of Voltaire*)	约瑟夫·麦卡贝(Joseph McCabe)
《理性时代》(*The Age of Reason*)	托马斯·佩恩(Thomas Paine)
《诸神的黄昏》(*The Twilight of the Gods*)	理查德·加内特(Richard Garnett)
《没有启示的宗教》(*Religion Without Revelation*)	朱利安·赫胥黎(Julian Huxley)
《圣经及其背景》(*The Bible and Its Background*)	阿奇博德·罗伯逊(Archibald Robertson)
《理性主义的福音》(*The Gospel of Rationalism*)	戈勒姆(C. T. Gorham)
《圣经中的上帝》(*The God of the Bible*)	伊文思·贝尔(Evans Bell)
《寻找真正的圣经》(*In Search of the Real Bible*)	豪厄尔·史密斯(A. D. Howell Smith)
《神话的轮廓》(*The Outlines of Mythology*)	刘易斯·思彭斯(Lewis Spence)
《魔法与宗教》(*Magic and Religion*)	弗雷茨(J. G. Frazer)
《教会与社会进步》(*The Church and Social Progress*)	马杰莉·鲍恩(Marjorie Bowen)

170e

续　表

书名	作者
宗教	
《伟大的神秘主义者》(*The Great Mystics*) 《古代墨西哥的宗教》(*The Religion of Ancient Mexico*) 《一个反对基督教的世纪》(*A Century Against Christianity*) 《耶稣：神话还是历史》(*Jesus: Myth or History*)	乔治·戈德温(George Godwin) 刘易斯·斯彭斯(Lewis Spence) 肯尼斯·厄温(Kenneth Urwin) 阿奇博德·罗伯逊(Archibald Robertson)
小说	
《天使的反抗》(*The Revolt of Angels*) 《弃儿》(*The Outcast*) 《避风港》(*The Fair Haven*) 《天灾》(*Act of God*)	阿纳托尔·法朗士(Anatole France) 温伍德·里德(Winwood Reade) 塞缪尔·巴特勒(Samuel Butler) 丁尼生·杰西(F. Tennyson Jesse)
其他	
《教育：智识、道德和身体》(*Education: Intellectual, Moral and Physical*) 《达尔文自传》(*Autobiography of Charles Darwin*) 《伊菲革涅亚》(*Iphigenia*) 《可怕夜晚的城市及其他诗歌》(*The City of Dreadful Night and Other Poems*) 《论妥协》(*On Compromise*) 《世界上最早的法律》(*The World's Earliest Laws*) 《我们该拿生活怎么办？》(*What Are We to Do With Our Lives?*) 《人是什么？》(*What Is Man?*) 《人权》(*Rights of Man*)	赫伯特·斯宾塞(Herbert Spencer) 查尔斯·达尔文(Charles Darwin) 欧里庇得斯(Euripides)的戏剧 詹姆斯·汤普森(James Thompson) 爱德华兹(C. Edwards) 齐普瑞克·爱德华兹(Chilperic Edwards) 威尔斯(H. G. Wells) 马克·吐温(Mark Twain) 托马斯·潘恩(Thomas Paine)

续　表

书名	作者
其他	
《如此人性》(*This Human Nature*)	查尔斯·达夫(Charles Duff)
《诚信之书》(*A Book of Good Faith*)	杰拉尔德·布利特(Gerald Bullett)
《真理候选人》(*A Candidate for Truth*)	杰拉尔德·布利特(Gerald Bullett)
《道德、礼仪和人》(*Morals, Manners, and Men*)	哈夫洛克·霭理士(Havelock Ellis)
《律师笔记摘录》(*Pages from a Lawyer's Notebooks*)	海恩斯(E. S. P. Haynes)
《我的世界观》(*The World as I See It*)	阿尔伯特·爱因斯坦(Albert Einstein)
《人的自由及其他文章》(*The Liberty of Man and Other Essays*)	英格索尔(R. G. Ingersoll)

05 赤 潮

导 言

　　时至 1933 年,很难说史前史是一门毫无用处,完全远离现实生活,或与现实生活无关的研究。至少在一个伟大的国家里,有一个虽然未经训练,但无疑是天才的头脑对史前事实做出了很不完美的理解,其阐释已经彻底改变了整个社会结构。任何一个读过《我的奋斗》,甚至是《泰晤士报》对其节选的人,都不会不知道"雅利安"种族优越论对当代德国产生了多么深远的影响。借此理论之名,人们被逐出公共生活、关进集中营,书籍被焚,言论被扼杀,就像漫长黑暗的一千五百年里曾经发生的那样。(柴尔德 1933:410)

这是柴尔德在爱丁堡大学考古学方法论课上给学生上第一次课时说的话。随着法西斯主义的愈演愈烈,柴尔德相信,欧洲正在面临自摆脱黑暗时代以来最严重的危机。新的威胁不再是高教会派(High church)的教条,而是高度技术化的现代战争和纳粹党的宣传机器。在险恶的、新的黑暗时代里,他担心迷信将战胜理性,科学将致力于满足日益狭隘的技术。而这种技术之所以被设计出来,不是为了人类的共同利益,而是为了军事统治。

虽然二战的流血直到1938年9月才开始,但在此前大约六年间,不祥的乌云已经开始聚集。1933年1月希特勒上台后,纳粹党不是用枪,而是借打击理性和学术开始了其攻击。以种族、宗教信仰和政治观点为由的迫害、流放甚至大屠杀震惊了国际学术合作的捍卫者柴尔德。在纳粹党的名义下,德国大学的自由思想被废止,一切智识工作也被引导至破坏性的目标上。只有将柴尔德的工作置于这种政治危机的背景之下,才能理解他在战争年代所写著作的含义。为了评估这种威胁对柴尔德思想产生的影响,必须研究以下若干问题:一、纳粹德国对史前史的政治化;二、从柴尔德的行为和著作中体现出的他对这些威胁的反应,以及马克思主义在多大程度影响了他的反应;三、柴尔德工作的政治内涵,以及他因工作所遭受的政治骚扰和恐吓的程度。

法西斯主义的威胁

尽管距今已有将近六十年,但是对考古学在"新德国"建立过程中扮演的角色还是鲜有报道。然而,柴尔德太知道史前史在雅利安民族法西斯主义政治合法化过程中起到的核心作用。事实上,自从1933年1月30日掌权起,阿道夫·希特勒就在迅速改变德国社会和文化的一切方面(布雷迪[Brady]1937)。在党卫队创始人海因里希·希姆莱(Heinrich Himmler)和内政部长威尔海姆·弗里克(Wilhem Frick)的指导下,德国的整个教育结构发生了变化。1933至1939年间,纳粹德国史前考古讲席教授的数量增加了不止三倍。事实上,整个三十年代,英国只有三个史前考古讲席,德国却有不下二十五个(阿诺德1990)。[1]

科西纳已于1931年去世,然而他培养的态度和他安插在著名博物馆里的学生却非常适合德国现在新的政治形势,因为整个三十年代,德国考古都在越来越关注"日耳曼人"(Germani)的历史。考古学家提供"证据",证明德国人是所有族群中的"长子",德国人是完美无缺、卓越优秀之人,且他们最初的地理分布给了他们统治整个欧洲的权利。据此逻辑:

> 我们已经再次找到了承认我们祖先光荣事迹的勇气。他们的荣誉就是我们的荣誉!几千年的岁月再也不能将我们分开。永恒的纯正血脉跨越时代,将我们和那些完美无缺、没有被半人半兽的劣等种族玷污的日耳曼人联系在一起。只有他们才是雅利安民族的奠基者……(雷纳特[Reinerth] 1960:121)

雅利安人被认为造就了文明世界中文化的高标准发展。即使在古代也如此,因为美索不达米亚、埃及、地中海等文明都是原始印欧人或"日耳曼种族"的衍生物。此外,"日耳曼种族"的后裔被认为对现代罗曼语国家的文化做出了贡献。据纳粹分子称,所谓的"日耳曼种族"被赋予了某些身体特征,代表了人类形态的最高演化,并通过种族传承拥有了优越的大脑素质。这个种族凭借自己杰出的脑力和体力优势,在古代成了霸主,在当代也是当之无愧的社会统治阶级。每当"日耳曼血统"和其他"劣质血统"混合时,日耳曼的种族纯洁性就遭到了玷污。因此,纳粹国家的目的就是要在生物、社会和文化上维护"日耳曼"种族的纯洁、完整及主导地位(麦肯[McCann] 1988)。毫不奇怪,"最纯洁"的德国人成了纳粹党的领导层。实际上,希姆莱相信:

> 如果我们把人分为三类——文化的创始者、维护者和破坏

者,那么只有雅利安血统能被视为第一类的代表……(科莫斯
1953:24)

这一简单而有吸引力的理论正可以为纳粹考古学家所用,他们
想讨好那些没有受过教育的小资产阶级的自负心理,因为后者构成
了纳粹运动的主体。于是一场宣传战开始了,学校和军队开始教授日
耳曼史前史,数十万本小册子和文章被印制出来,为德国人的优越感
提供支撑。很快大学也受到了纳粹的政治控制,不但"非雅利安"教
授被解雇,留下来的教授也被置于那类因政治忠诚而非学术成就而
上位的当权者的权威之下。例如,从 1935 年开始,所有博士学位论文
都必须提交给纳粹官方审查。甚至在更早的 1933 年,所有参加国际
会议的学者也都必须获得科学会议中心——第三帝国的一个宣传机
构——的批准(茅、克罗斯尼克[Mau & Krausnick] 1959)。

考古学家提供的原始种族主义学说正是纳粹领导人想要的东
西,因为希姆莱说"史前史是有关德国人在文明之初就达到显赫的学
说"(莫斯[Mosse] 1966)。考古学被提升到官方科学的地位,并很快
和纳粹意识形态基础交织在一起。事实上,考古学为纳粹提供了其标
志性符号,即那个"雅利安万字"。菲尔绍(Virchow)创立已久的德国
人类学学会消失了,科西纳的德国史前史学会却蓬勃发展起来。科西
纳被尊为"大师",他的书也被视为日耳曼-雅利安官方神话的福音
(莫斯 1966)。三十年代的考古文献开始和政治携起手来,向德国的
所有敌人发动攻势。的确,1939 年考古学家提供"证据",证明波兰是
一个古老的日耳曼领地,然后年底前德国军队就进驻了波兰。

柴尔德是最早谴责纳粹宣传员滥用史前史领域的史前史学家之
一。他用学术讲座抨击纳粹德国集中营的存在,他熟悉很多死于臭名
昭著的布肯瓦尔德(Buchenwald)、达豪(Dachau)和萨森豪森

(Saschsenhausen)集中营的德国自由派学者。这些将要灭亡数百万犹

176 太人的死亡集中营于1933年初建立,因为纳粹在巩固政权的过程中
相信集中营为"公共秩序和安全原因"所需。根据1933年2月28日
魏玛宪法第48条的规定,这些集中营是合法的,而此时距离希特勒上
台只有不到一个月而已。在一份发表于英国《左派评论》(*Left Review*)的目击者叙述中,杰伊·洛夫斯通(Jay Lovestone)这样描述德
国的情况:

> 眼下纳粹正在狂热利用一切宣传鼓吹的工具,向德国人头
> 脑里灌输一种观念,让他们以为1914年的大战还没有结束。收
> 音机、媒体、教会、军队、警察、大学、小学、占卜师、天气预报和科
> 学家们都被动员起来贩卖一个想法,那就是世界大战只打完了
> 一个阶段。德国人在这一阶段的战败不是败给了敌人的军事实
> 力,而是败给了自己内部的敌人,这些敌人就是马克思主义者、共
> 产主义者、犹太人……今天的德国有不下六十五个集中营……
> 关押了五万多名"战俘"(阶级战争的战俘)。还有同样数量的人
> 因为"预防性或保护性逮捕"而被警察局拘留或监禁……警方被
> 告知,对那些散发马克思主义传单并试图逃脱逮捕的人,可以不
> 经常规质询而直接开枪……(洛夫斯通1933:599—600)

据格雷(Gray 1981:28)的说法,1933到1935年间,约有五十万名
希特勒的政治反对者被处死,其中首批遇害者就包括社会主义者、同
性恋和犹太人。曾经在欧洲——尤其是德国——广有游历的柴尔德
和希特勒的反对者很熟。德国社会党(German Social Party)——希特
勒最直言不讳的反对者——不仅目睹了自己的党员被处死,还看到

177 甚至与其几乎没有关系的人也被处死。左派内部的这种恐怖众所周

知,柴尔德肯定认识很多死者,尤其因为他在担任澳大利亚工党研究官时,曾经会见过很多激进和自由派政客。

法西斯主义在英国的影响

二战和法西斯主义对考古学理论的威胁没有人们想象的那么直截了当。某种程度上,考古学在理论和实践上的发展在全球战争的更大问题中消失了,不过考古学也并非停滞不前。同样重要的是要认识到,德国考古和类似科西纳及其学生那样的考古学家在整个欧洲都很受尊敬。例如,二十世纪三十年代,克劳福德在《古物》发表的大多数社论,内容都和德国博物馆制作的高标准教材有关。事实上,阿诺德(1990)和伊文思(1989)一致认为德国国家社会主义考古间接影响了英国考古的发展。原因有二:其一,德国考古学家更擅长发掘现场。例如,遭到希特勒清洗的难民格哈德·贝苏(Gerhard Bersu)来到英国后因为在伍德伯里(Woodbury)做田野调查,改变了战后英国考古学家田野调查的方式(伊文思 1989)。其二,英国考古学家对德国政府赞助考古学田野工作印象深刻,他们呼吁英国政府效仿。然而,尽管受到德国考古学家田野技术的影响,英国考古学家对前者工作的政治影响却视而不见。例如,格雷厄姆·克拉克在评论一本德国考古学手册时写道:

178

> 阅读此类书籍时,任何对英国考古感兴趣者都会难以抑制嫉妒的情绪,也没法不心生绝望。这么多材料,对材料如此精细的处理都意味着大量人力、财力和学术的投入,这是为我国考古学所不可能支配的,除非我们国家改变看法……出版如此规模和价格的考古手册意味着更广大公众的存在,这远非少数学者

和个别感兴趣者所组成的小圈子可比。它反映了一个情况,那就是整个民族对意识到自己的过去激动不已,国家考古学知识就像代数或拉丁动词一样,被视为儿童正常素质的一部分……(克拉克 1938:351)

尽管克拉克意识到,德国考古可能会有陷入种族主义解释的危险,但是和意大利及苏联的文化政策相比,他对德国考古的组织工作,尤其是德国考古对史前史的重点关注,却表达了无限的钦佩之情(克拉克 1939)。[2]克拉克并非是唯一一个对德国考古学家心怀敬意的人。事实上,作为史前史学会主席的阿道夫·马尔就是个纳粹同情者,这是往最好里说。他当然也是个反犹主义者,甚至还有可能就是德国政府的代理人(阿诺德 1990)。即使此人的政治观点众所周知,史前史学会仍然选择无视他那令人怀疑的倾向。

甚至作为《古物》创始人和长期编辑的克劳福德,尽管其政治态
179 度被普遍认为是左翼甚或马克思主义的,也和德国考古学家保持着密切联系。迟至 1939 年 8 月他都在访问德国,甚至还承认自己在将航空摄影应用于考古学的开创性工作方面,从知识到实践都要感谢德国航空部(纳粹德国空军的前身)。在评论自己的德国之行,及德国对他使用空中摄影术的影响时,克劳福德这样写道:

> 我和贝苏一样不喜欢纳粹,但是很久以前我就考虑过我在对待外国考古学家时应该采取的态度……我决定在纳粹、法西斯、共产主义者和民主派人士之间不做区分……(克劳福德 1955:248)

克劳福德提到的贝苏是德国难民,也是一位备受尊敬的考古学

家。在他和他妻子玛丽亚逃离德国后,柴尔德和克劳福德曾经对他们施以援手。战争期间,当贝苏被关押到马恩岛(Isle of Man)时,柴尔德竭尽全力帮过他。然而,当柴尔德希望贝苏公开表示他不喜欢德国国家社会主义时,却发现贝苏采取了骑墙态度:

> [我]绝不愿意让贝苏继续于舒适安全中骑墙,以便无论谁赢了这场战争,他都不会有任何损失,而我却要被迫忍受不平等……(柴尔德致克劳福德 1940 年 5 月 11 日:牛津大学图书馆档案馆)

显然,柴尔德强烈地感到,贝苏应该站出来声明他反对法西斯、反对希特勒的立场,尤其是因为柴尔德自己直言不讳的观点给他在爱丁堡惹来了麻烦。声称英国考古学家不知道纳粹如何利用过去达到自己政治目的的借口是没法为克拉克和马尔等人的行为开脱的。在学术难民的到访和证词外,一个人只有把头牢牢扎进沙子里,才能不知道德国发生了什么事。

纳粹胜利的意义

随着柴尔德对法西斯理想的越发憎恶,他对社会主义的信念也越来越强。此外,整个三十年代,他对法西斯主义不可动摇的厌恶中还夹杂着对共产主义的疑虑,因此造成他哲学思想的不断变化。和其他很多知识分子一样,对柴尔德而言,共产主义的核心吸引力在于它是唯一公开反对法西斯的政治运动,因此它的缺点都被忽略了。据三十年代所有认识柴尔德的人说,他对法西斯主义的感受非常清楚。例如,他在写给玛丽·爱丽丝·伊瓦特(Mary Alice Evatt)的信中说他对

柏林之行的印象是:

> 从外表看,希特勒的德国相当乐观繁荣。看不到一个犹太人
> 挨打,也看不到一个共产主义者被锁链锁住。饭馆和森林里人山
> 人海。但是对于一个拒绝爱因斯坦、莱因哈特(Reinhart)和沃尔
> 特(Walter)的民族,我还能说什么!用恶搞人类学和历史的办法
> 为它正名就更糟!(柴尔德致伊瓦特 1933 年 5 月 1 日:考古所
> 档案)

柴尔德对于为政治目的出卖史前史学问感受强烈,他还从来都
很反对民族主义的史前史研究,他更欣赏他在自己作品里强调的那
种更广阔、更包容的研究路径:

181
> 客观的史前史研究更强调导致文明发生的共同传统的增长
> 有多宝贵和重要,而不是任何独立群体的特异和分歧,无论这些
> 特异和分歧多么辉煌。将自己或自己的社群从这种赋予生命的
> 传统中割裂出去,或者试图割裂出去的做法都无异于精神自杀。
> 只承认凯尔特人、日耳曼人或印度人是好人,其他种族都不是好
> 人的做法,就像排他的民族主义所要求的那样,是不科学和不符
> 合历史的⋯⋯(柴尔德 1933:418)

柴尔德在考古同行中独一无二,因为他不仅清楚纳粹理论家对
史前史的滥用,还试图将法西斯的威胁告知给尽可能多的公众。在这
样的努力中,他加入了很多英美人类学家的行列,他们相信自己的研
究能缓和民族主义,增加宽容,能为人道主义而向德国法西斯打出一
拳。弗朗茨·博厄斯(Franz Boas)在种族概念方面的活动和著作最

能说明这些人的努力。在英国,反法西斯运动最好的例子表现在很多
学者加入了由皇家人类学研究所成立的种族和文化委员会(巴肯
[Barkan] 1988;普罗克特[Proctor] 1988;斯多金 1968)。

　　除了我将在本章后面讨论的《人类创造自身》和《历史上发生过
什么》以外,柴尔德对法西斯主义威胁的担忧还可以在其《平民》的发
表中找到最好的例证。1939 年夏,柴尔德和裘力斯·布朗索尔
(Julius Braunthal)卷入了一场纳粹如果胜利,结果会如何的辩论。二
十世纪三十年代,有些左派人士认为在英国这样一个资本主义国家
里,为民主而战是不值得的。尽管大多数自由主义者和马克思主义学　182
者恐惧纳粹胜利的后果,布朗索尔却在一篇题为《如果希特勒赢了会
怎样?》(What if Hitler Won?)的文章里,假设希特勒打赢这样一场世
界大战会对社会产生三方面的影响。一是认为纳粹胜利将使法西斯
主义成为一个具有巨大威望的社会形式;二是作为三大洲的霸主,法
西斯政权将能养得起数百万武装力量,以震慑任何对其现状构成威
胁的势力;三是因为自身力量强大,法西斯会把亚非欧先前几十个独
立经济体焊接在一起,组成一个巨大的单一经济体。布朗索尔认为这
种强大的法西斯经济:

　　　　优于自由资本主义经济,会让数百万被征服人民的生产力
　　倍增,生产出足够养活他们的食物,甚至逐渐改善他们的生活条
　　件。(布朗索尔 1939:26)

　　为了回应布朗索尔,柴尔德写了一篇题为《生产力与法西斯经
济》(Productive Power and Fascist Economy)的文章,在历史的基础上
质疑布朗索尔的结论。柴尔德认为,历史表明,产量的增长总是取决
于市场的扩张,而市场的扩张又总是依靠群众购买力的提高。

历史上没有几个生产力倍增,生活水平也得到提升的时期。其中一个大约始于公元前 300 年亚历山大大帝(Alexander the Great)为希腊贸易和殖民打开近东时,并大约持续到公元 50 年罗马皇帝克劳狄乌斯(Claudius)将不列颠并入罗马帝国。第二个碰巧和伊斯兰教于公元 650 年到 850 年间的扩张同时。第三个则始于大西洋海上航线向欧洲商业开放时,或者还要更早两三个世纪。在每种情况下,产量的增加都伴随着市场的扩张……(柴尔德 1939:54)

在柴尔德提到的每一个案例中,经济扩张都被社会剩余分配的不平等,即太少人占有太多资源所抑制。僵化的正统吸纳了互为冲突的意识形态,科学研究失去了工业扩张的刺激,以及不受阶级国家干预的自由。柴尔德认为,社会主义者对现代欧洲资本主义的抱怨在于,资本主义没能给群众足够的购买力购买其产品,因此资本主义经济就会不断爆发经济危机。事实上,柴尔德认为大萧条后美国经济的繁荣完全是"通过刺激大众购买汽车、空调等工业产品实现的"。他相信世界资本主义已经达到极限,工业必须扩大范围,将较低阶层也包括在内,否则就会有停滞的危险。然而,要做到这一点,就必须"改变社会结构"。如果未能做出适当的改变,就会造成"科学的受挫,而科学家们早就预见到了这一点"(柴尔德 1939:55)。

柴尔德还认为,生产力的倍增只有将科学应用其中才能实现。然而,科学只在知识自由(不能与政治自由相混淆)的时代才会蓬勃发展,因此他说:

纳粹政权是对知识自由的否定。如果现有的教条主义持续下去,必将阻止科学的进步,然而只有科学进步才能释放出新的生产力。我们当然无法预测未来会发生什么,我们只能推断,如果当前的趋势继续下去,纳粹的胜利必将使社会倒退回封建主义,那是纳粹的野蛮人祖先施加在罗马帝国废墟上的东西……(柴尔德 1939:55)

柴尔德想象一个这样的封建社会:胜利的纳粹将会创造一个自给自足的经济体系,德国人作为一个数量稀少的统治阶级分散其中。作为天选之族,他们会把统治利益分发给被征服的群众。简而言之,"最纯洁"的德国人将会成为封建领主,追随者则是位于他们之下封建等级各层级上的卖国贼们。柴尔德认为,纳粹正在试图建造一个类似公元 100 年时候罗马帝国的情况,他们对争取生存空间(Lebensraum)的叫喊实际上复兴了石器时代人在作战时的叫喊:"唯一处置我们人口不断增长的办法,是以牺牲他国为代价在欧洲占领更多土地。"因此,如果纳粹获胜,那将意味着对公元前 3000 年以来经济史上最显著趋势的逆转,并且没法像布朗索尔认为的那样增加产量或扩大市场。

大学劳工联合会邀请柴尔德对古代科学和经济学及其与当代世界事件的关系发表评论。虽然没有直接回应布朗索尔,但是柴尔德这篇题为《自古以来的人与科学》(Man and Science from Early Times)的文章这样写道:

国家社会主义旨在提供一个逃避资本主义制度矛盾的途 185
径,然而六年来,国家社会主义的实际政策却是在向五千年前爆发的新石器时代的自给自足经济倒退。它的具体经济计划是在一个由神任命且为战争目的分层组织的统治者种族的支持下,为了这个种族的利益实施扩张和统一,因此它是一个为了将财

富集中在武力征服者种姓手中而翻新的手段。其次,它实际上将
科学吸纳到了一种包容一切、不许讨论的意识形态正统内。有一
个想法甚至也为一些社会主义者所有,那就是这个体系如果获
胜,就有可能为数百万人增加财富,提高其生活水平,哪怕这数百
万人是被征服者,然而这个想法明显是和所有历史先例相矛盾
的⋯⋯(柴尔德 1941:3)

柴尔德接着强调,不论是斯大林的极权主义,还是纳粹的极权主
义,都阻碍化学、技术和物理研究,但又没有完全将其制止。由于极权
主义放缓了技术进步和经济发展的速度,因此柴尔德认为:

　　苏联的计划经济和第三帝国计划经济的根本区别在于,前
者的目标至少是让群众能够消费的商品数量倍增,后者则是为
了让以领导原则组织起来的军国主义集团能够获利而转移产
量。作为一个人数很少的统治阶级,这个集团分散在数以百万计
被征服的人民之上,社会剩余——奢侈品消费——将会继续用
来仅仅满足于他们的需要。然而,臭名昭著的是,奢侈品消费无
法支撑起一个不断扩张的工业⋯⋯(柴尔德 1939:55)

抗击法西斯主义

当柴尔德书信的基调与诸如《史前史有用吗?》(Is Prehistory
Practical?)和《人类学与致敬希特勒》(Anthropology and Herr Hitler)一
类文章结合后,就表明了他蔑视纳粹理论家利用考古研究来为其政
治宣传涂抹科学外衣的做法。在柴尔德看来,考古学从一开始就明确
站在反法西斯主义阵营中。1933 年他给爱丁堡大学学生上第一堂课

186

时,就讨论了考古研究的实践。他认为史前史不是领袖或伟人的历史,相反,它关心全人类,因为它显示出人类过去是、现在也是自己的建筑师。这样一来,柴尔德的言外之意就是,他相信人类可以继续构造自己的未来。

这在 1933 年并不是一个毫无意义的问题,因为法西斯主义不仅在纳粹德国大为流行,在英国某些地方也获得了青睐。考古学既然心怀全人类,那么考古研究的结果就必须让外行和与世隔绝的学生都知道。事实上,1933 年学期开始时在场的斯蒂文森回忆说,柴尔德"经常说文明的未来悬而未决,同时他在考古研究中对真理的寻求也带着一种绝望的气质"(作者访谈)。

政治和考古之间关系紧密,柴尔德这样描述其危险后果:

> 大众作家们仍然喜欢重复十九世纪的老生常谈,而政客们唯一有可能读到的就是这些作家。即使是某学科的专家,就比如我自己的学科,也经常不知道某个认知领域内工作人员的实验室里正在发生什么。此外,情感考虑不只在德国容易扰乱科学判断的客观性。对一个统治不同种族的帝国 * 的民众而言,带有种族色彩的历史理论对其有着强大的情感和经济吸引力。人只有在达成了雄心,也获得了安全感的时候才能无视这个事实……(柴尔德 1934:68)

187

柴尔德意识到,在纳粹德国和英国,情感和政治考虑都容易干扰和扭曲科学判断的客观性。因此,他在写给迈尔斯的信中说,政客们"只会向公众重复所谓的事实,以支持他们自己的信仰,而某个学科

---

* 指英国。——译者

的专家,就像我自己的学科,经常都不知道发生了什么"(柴尔德致迈尔斯 1934 年 3 月 1 日)。当柴尔德对《爱丁堡晚间新闻》(*Edinburgh Evening News*)刊登的一篇名为《你是雅利安人吗?》(*Are You an Aryan?*)的文章做出回应时,他的这种担忧显而易见。新成立的国际民族学协会将于 1937 年在爱丁堡召开第一届大会,这篇报刊文章报道的正是大会筹备会议的发现。

柴尔德对国际民族学协会这个组织持怀疑态度。国际史前史和原史大会将于 1937 年晚些时候召开第二次会议,民族学大会也将于次年在哥本哈根召开,那么国际民族学协会这第三个组织的性质又是什么?柴尔德指出该组织完全由德国研究所(German Research Institute)资助,他担心纳粹理论家正在试图在一种国际科学的背景下将其种族理论合法化。他还担心德国人正在想方设法向英国科学渗透,尤其因为英国人当中已经有人在同情法西斯运动了。事实上,他觉得弗里克"对离家更近的敌人而言只是个掩人耳目的幌子"(柴尔德致迈尔斯 1934 年 2 月 27 日)。[3] 柴尔德写信给《自然》杂志表达他对这个组织的政治目标的严重存疑:

> 鉴于民族学和第三帝国政治哲学之间的联系,我们好奇这种慷慨完全是因为受到了一种无私愿望的激发,想要推动国际科学的发展,还是为了获得各国的认可,好让各国都知道北欧民族就像第三帝国内政部长弗里克博士希望的那样,必须感觉自己是共命运者(Schicksalsgemeinschaft)……我觉得我有义务将《自然》杂志读者们的注意力引向这份坦率迷人的报告上来,以免他们发现自己支持的是一个正在和两个真正的国际会议抗衡的组织。回想起来,这两个组织正是为了处理人类学的各个方面而建立的,因为战前"国际人类学和史前考古学代表大会"的直

188

接继承者被认为是在过于明确的"盟国"基础上组成的,从而损害了来自"前敌国"的科学工作者……(柴尔德 1936∶1074)

柴尔德提到的那位第三帝国部长弗里克最近颁布了一份名为《历史教学指导方针》(Directions for Guidance in the Teaching of History)的通知,柴尔德对史前史教学法的关注让他和迈尔斯为英语读者翻译了这份通知。译文出现在 1934 年 2 月 24 日的《自然》杂志上。通知包含对德国所有学校历史教学的"指导思想",不仅下发给德国教育界的所有权威,还颁布给了学校教材出版商联合会,以作为教育权威们对向其提交、供其采用的历史教科书形成意见的标准。柴尔德写信给迈尔斯说:

> 我认为我们有必要逐字逐句,不予评论地复制弗里克的《方 189
> 针》。我不认为大多数德国史前史学家的态度有何隐晦之处。
> 科西纳把史前史变成了一个非常流行的科目,它现在已经成了
> 一门全国性的学问。因此也就吸引了很大一部分公众以及政府
> 部门的注意,从而变得更有条理,更有发展前景了,因为它提供了
> 比其他任何国家都更多的有偿工作岗位。且科西纳的假设中几
> 乎没有真的很荒谬的内容,也没有一个假设能被证明有错……
> 可是对这么一个至多不过是似是而非的理论,如果不加批判就
> 视之为确凿无疑的科学真理,我真是会觉得不幸之至(不,是**危
> 险之至**)。当那些在各自领域内好好干着我所说的诚实工作的
> 人不断将其重复,当作真理时,这种情况就会很容易发生。正因
> 如此,在我看来,弗里克对这个理论的潜在动机的结果所做的明
> 目张胆的陈述就会变得很有价值。如果能在一本科学期刊上读
> 到这份陈述,那么那些容易不恰当地受到德国声望影响的科学

工作者们就有可能去除蒙昧。可是这篇东西如果发在《泰晤士
报》上，它就不过是另一篇反德宣传罢了……（柴尔德致迈尔斯
1933 年 11 月 25 日）

柴尔德的这封信强调德国的史前史和其他科学领域的探索之间
有着很重要的不同。具体而言，史前史研究由国家提供大得不成比例
的资金支持，研究人员通过和崛起的纳粹党建立联系而有利可图。遵
循党的路线者可以在纳粹统治下获得学术上的合法性，并通过开展
在政治上倾向于纳粹教义的研究而推动个人事业的发展。相应地，考
古发掘成了证明优等种族的优越性以及团结"忠诚"的德国人的政治
机会。例如，为了让业余考古学家更接近士兵——因为前者能帮后者
找回过去，党卫队资助了大规模的实地考古调查，并摧毁了那些"歪
190 曲"史前记录中"事实"的发掘现场。简而言之，考古研究不仅包括实
地调查，还包括政治灌输。

柴尔德应英国《科学》杂志的邀请，对基于第三帝国考古学所做
的推断，以及德国以外学者对这些推论的接受度进行了调查。在题为
《人类学与致敬希特勒》的文章中，柴尔德讨论了弗里克的"方针"，提
出了三个基本假设：一、遗传的种族特点作为历史塑造因素的至高无
上的重要性；二、日耳曼种族相比其他种族的优越性；三、将种族等同
于语言和文化会如何。对柴尔德而言，将种族等同于语言和文化明显
非常错误，在这个问题上他和遭到德国驱逐的德国人类学家弗朗
茨·博厄斯的看法一致。文化和种族的巧合是第一个假设的推论，它
无法以自身直接证明，而是会随这条假设成立或不成立。柴尔德认
为，当一个人把心理和身体特征联系起来，那就和预兆值没有任何关
系了（这里他引用了博厄斯对移民的种族特征的研究）。柴尔德的结
论是，不能仅从有形的和被科学接受的种族表现推断某人或某国的

唯一重要特征,因此弗里克对史前史的整个种族解释都是错误无
效的。

至于日耳曼相较于其他种族的优越性,以及遗传性种族特征的
重要性等问题,柴尔德也予以了驳斥。在德国,在纳粹运动下,"雅利　　191
安"等同于"北欧"和"日耳曼",这是些可以互换的称呼。然而希特勒
对"纯日耳曼种族"是德国文化唯一基础的论断无法得到考古证据的
支持。事实上,种族概念不可接受,所谓"雅利安发祥地"的提法也没
有任何证据。此外,遗传种族特征的至高重要性向柴尔德揭示,种族
正在变成一个统计概念,人们最多可以从中推断出可能性,而且是那
些既不高级、当然种族也不优越的社会的可能性。血缘关系无法从生
理相似性确定推知。对柴尔德来说,如果一个史前头骨表现出和一个
现代日耳曼头骨同样的特性,那么其主人也会拥有和现代日耳曼人
一样的淡黄头发和蓝眼睛的情况最多只是概率问题。而且他还认为,
这个概率的性质"等同于你从交通事故的统计数据中推断出你会是
下一个受害者"(柴尔德 1934:68)。

柴尔德坚信考古学背后有一个真实有用的原因,那就是反对滥
用科学知识以谋求政治利益。关于在《自然》杂志上出版弗里克译文
一事,柴尔德写信给迈尔斯说:

> 我订购了大约十本《自然》,费用不算什么,但是我怀疑它们寄
> 到德国后是否真能起作用。我只有在脾气很差的时候才想伤害别人
> 的宗教信仰。还有些更不幸的人——就像贝苏或者雷纳德　　192
> (Reinada),尽管受不了弗里克的信仰,口头上还必须表示服从——
> 他们不应该受到不必要的折磨。邮件上有爱丁堡的邮戳,哪怕标签
> 是打字机打上去的,也还是太有可能就跟《史前史是有用的吗?》的作
> 者联系到一起……(柴尔德致迈尔斯 1934 年 2 月 27 日)

柴尔德此处所指为大多数德国考古学家,他们被纳粹党完全控制起来了。[4] 无论个人信仰如何,所有大学教授都必须教授纳粹官方的种族理论,并接受国家对他们研究的资助。这些人的默许无疑导致了对国家社会主义考古学事实上的支持。回想起来,我们的确可以质疑他们为什么什么也不做,然而柴尔德显然很同情他们的困境,因为那些不能接受,或者仅仅是质疑官方理论的人,很快就都遭到了迫害,或者被关进了集中营。

考古科学:《人类创造自身》和《历史上发生过什么》

在《左派评论》这份短命的激进刊物中,诗人奥登(W. H. Auden)写道,左翼知识分子不是那种"船沉的时候还在侃侃而谈航海"的人(奥登 1933:79)。为了保护科学不受威胁,也为了让所有科学领域都承担起社会责任来,左派开展了一场充满活力的运动。例如,由左派图书俱乐部(Left Book Club)组织的会议吸引了多达一万人参加,其目标很简单:"为了世界和平,为了社会和经济秩序更好,为了反法西斯主义的紧迫斗争而帮忙助力。"(摩根[K. Morgan]1989)

二十世纪三十年代,共产党向人民阵线的转向非常成功,党内人士的社会地位开始壮大。在英国,共产党人和社会民主派人士在流亡中走到了一起,形成了一个虽然迟到,却是真正的反法西斯同盟。这一广泛的知识氛围对柴尔德的影响最能体现在他名为《人类创造自身》(1936)的著作中。有三个因素促使他写了这本书:首先是他对史前史实用性的关注;其次是一心想统治世界的德、意、日三国法西斯政府的崛起;最后是 1935 年他的苏联之行。[5]

尽管柴尔德一直专注人类在史前欧洲的发展演化,但在《人类创造自身》一书中,他改进了阐释,将进步概念纳入其中。[6]不过他也将这一概念身上所有的十九世纪包袱都卸了下来,特别是进步和前进、改进之间的关系。他认为不仅历史学家对过去的个人解读受到了进步概念的影响,而且历史记录中的内容也受到了这个概念的指导。在柴尔德看来,英国历史主要局限于记录国王、政治家、士兵和战争的活动。虽然这个历史对经济状况和科学发现都有提及,但它采取的是政治和教会制度发展的视角,而这样的历史是不科学的。因此在《人类 194
创造自身》一书中,他试图将自己对进步的个人和政治信仰结合起来,并尝试勾勒出一个更客观的世界观。于是他第一次公开承认他从马克思主义中受益:

> 马克思坚持经济条件、生产的社会力量以及科学应用作为历史变化因素的首要重要性。他的现实主义史观正在被那些远离党的激情的学术圈所接受,而这样的激情是被马克思主义的其他方面煽动起来的。无论是对公众还是对学者,历史都在变成文化史,这让弗里克博士之流的法西斯分子极为恼怒。这种历史可以很自然地和我们叫史前史的东西联系起来。考古学家收集、分类、比较我们祖先和前辈的工具和武器,检查他们建造的房屋,耕种的田地,吃的食物(或者丢弃的食物)。这些东西是生产工具和器具,是没有文字记录的经济体系的特征……(柴尔德 1936:7)

在《人类创造自身》中,柴尔德认为,史前史和历史之间常有的那种二分法在传统理解中是虚假和误导的。他说,"为了分辨、择出贯穿于历史中的那条进步线索——如果真有这条线索的话,需要一种截然不同于正规教科书的历史观"(柴尔德 1936:10)。他认为,人类

对非人类环境越来越强的控制虽不连续,却是进步的。尽管进步概念
过去被认为是事实,但在二战前的一些年里却遭到了质疑。为了确定
195　人类是否真的在进步,需要更清楚这个词的词义。因此,柴尔德试图
将其发现和对考古记录的解释建立在科学基础上,并将人类的历史
进步看成生物演化的延续或延伸。于是在《人类创造自身》出版后,
他写信给克劳福德说:

> 我写这本书的原因之一是想从客观、科学的角度提出,即使
> 是在大萧条的日子里,也像上世纪繁荣鼎盛时一样,历史或许仍
> 能证明相信进步是正确的……(柴尔德致克劳福德 1936 年 8 月
> 1 日:牛津大学图书馆档案馆)

同样,在《人类创造自身》中,柴尔德写道:

> 也许冲突和矛盾[如前所示]本身就构成了进步的辩证。它
> 们无论如何都是历史事实。即使我们不喜欢这些事实,也不意味
> 着进步是一种错觉,而仅仅意味着我们既不了解事实,也不了解
> 进步,也不了解人类……(柴尔德 1936)

《人类创造自身》并非没有缺点。由于柴尔德对唯物史观的信
仰,再加上他长期以来认为的考古记录的局限性,都让他强调经济在
社会中的重要性。[7]某种程度上,《人类创造自身》受到了技术决定论
的阻碍。在他死后出版的《回顾》一文中,柴尔德在大约 22 年后解释
说,他认为《人类创造自身》没有达到马克思主义的程度,"因为这本
书没有强调科学只能在制度框架内得到应用,而且这个框架本身并
不完全是经济的"(柴尔德 1958:74)。然而,1936 年的时候,柴尔德

看到的是生产资料而非生产的社会关系,或者作为社会形式的控制
因素的人与人之间的经济关系。此外,《人类创造自身》给人的印象　196
是,人更像是技术的仆人,而非技术的主人。

　　这一点可以用柴尔德在描述新石器时代革命和城市革命时(他
认为这两者是与十八世纪工业革命相似的过程),对"革命"一词的解
释方式很好地说明(柴尔德 1936:9—12)。在很多方面,柴尔德对技
术革命模式的运用是对十九世纪演化论的重述。他以自己先前学术
著作中详细论证过的经验信息为基础,制定了一个进步计划。他认为
第一次革命是"新石器"革命,是一个从食物采集转向农业的时代,人
类从此开始掌控自己的食物供给。与狩猎和采集相比,粮食生产的经
济为人类提供了创造本地盈余的机会和动机。被柴尔德贴上"城市"
标签的第二次革命由第二产业提供营养,它将农民自给自足的小村
庄变成了人口稠密的城市。例如,在近东,城市革命和冶金业及其他
工艺的专业化发展相吻合。在 1939 年《人类创造自身》第三印次将
要做出的修改中有张便条,柴尔德这样写道:

> 　　马克思说过,历史不仅取决于"生产资料",还取决于"生产
> 的社会关系";在这些先决条件中,有比如迁移和传播等外部刺
> 激。我对这些刺激的强调还不够……(《人类创造自身》,考古所　197
> 档案)

　　柴尔德明确反对法西斯国家的阴暗徒劳,他在自己的下一部通
俗著作《历史上发生过什么》中转向更为鲜明的马克思主义,将其作
为解读过去的工具。他在此书中描述的人类社会的未来,在于人类用
他能支配的材料创造自己历史的能力,而不在于将历史塑造成他喜
欢的样子的能力。对柴尔德来说,如果科学和考古可以证明进步确实

是在向前,那么这应该有助于坚定人们的信念,增强人们为社会主义——这一超越资本主义的下一个符合逻辑的发展——而斗争的献身精神。因此在《回顾》中,柴尔德解释了他为什么要写《历史上发生过什么》这本他最畅销的书之一:

> 《历史上发生过什么》是对考古学的真正贡献,是专为在书摊上买书的公众设计的一个具体好读的证明,它证明人们通常理解的历史是可以从考古数据中提取的。我写这本书是为了说服我自己,黑暗时代并不是一个所有传统文化都会被最终吞没其中的深不见底的裂缝。(我当时相信欧洲文明——资本主义和斯大林主义——都在不可避免地走向黑暗时代。)因此和我的其他作品相比,我写这本书的时候怀着更多激情,也更想追求一种文学风格……(柴尔德 1958:73)

写于二战最黑暗时刻的《历史上发生过什么》追溯了人类从狩猎采集直到罗马帝国结束期间的进程。柴尔德相信,历史和史前史是人类适应环境或者调整环境以适应人类需求的持续过程的一部分。人类史是自然史的延续,人类的精神遗产是一种社会创造。因此,他认为:

> 人类社会显然不能仅靠面包生活。但是如果出自上帝之口的每一句话*没有直接或间接促进生长,那么让这些话成为神圣之言的社会的生物和经济繁荣,以及社会及其上帝就将最终消

---

* 指《圣经·旧约·创世记》中,上帝在造出动植物和人类以后,让所有物种"生养众多,遍满地面"。——译者

亡。从长远看,正是这种自然选择确保社会理想只是对人心目中
的物质的翻译和反转⋯⋯(柴尔德 1942:19)

　　例如,语言的起源,写作的发明,希腊科学和基督教神学的发展,
都被视为进步的实例,是自然史范围内完全可以解释的东西,而考古
学又是自然史的一部分。此外,人类还制造了迷信和压迫的工具,就
像人类创造了科学和生产的工具一样。这两者都被人类用来表达自
己,发现自己,成就自己。

　　在《历史上发生过什么》中,柴尔德也明确采用了马克思主义对
考古记录的解释,强调社会经济基础在影响社会和意识形态的上层
建筑方面起到的重要作用。虽然在《曙光》的第一版和第二版(1925 &
1927)中,柴尔德认为青铜工具和武器在欧洲的发展是欧洲历史最独
特、最重要的特点,但是现在他从马克思主义视角分析,认为青铜业在
欧洲的出现并没有解决他所认为的新石器时代经济中的基本矛盾。
在《历史上发生过什么》中,柴尔德认为土地短缺导致竞争和后来对　　199
改进武器的渴望,因此中北欧产生了一个统治阶级,他们从被征服的
农民手里榨取剩余物,以支付青铜冶炼的费用。因此,这一新兴产业
适应的是武士贵族的要求,而非农业或制造业的要求。柴尔德这样
写道:

　　　　新兴的青铜业既没有吸收任何比例可观的农村剩余人口,
　　也没有装备这些人去征服处女地⋯⋯昂贵的青铜军备只是巩固
　　了统治集团的权威,就像中世纪骑士的盔甲一样。此处的青铜时
　　代墓葬展示了一个贵族世界,它有着发达的上层阶级生活,建立
　　在有组织的奢侈品贸易和下层劳动的基础上⋯⋯(柴尔德 1942:
　　157—158)

尽管柴尔德用了一套基本上属于马克思主义的变革模式，但他采用的马克思主义分析却和传播论者的观点不谋而合，后者强调传播而非内部经济进步才是主要的变化机制。然而，还有一点也很明显，那就是柴尔德厌恶纳粹对史前史的滥用，这使他强烈拒斥西方主义的方法。事实上，他只字未提"雅利安人"的贡献，亦完全否定纳粹对这个词的使用。他是这样说的："一般纳粹和反犹主义者使用'雅利安人'一词的意思和陈旧的英国保守党人口中'造反派'和'赤色分子'的意思一样，都没什么意思。"（柴尔德 1942:155）

指导柴尔德整体观点的是历史唯物主义。让柴尔德区别于其他

200 学者之处是他没有盲目追随马克思主义，或是盲目追随当时的苏联考古。苏联考古学家在二十世纪三四十年代采取的研究方法是坚定的演化论，他们只关注前资本主义社会史，只从重建社会（它们是人工制品的生产者）的角度理解考古记录，因此苏联考古的终极目的是建立前资本主义的社会形式（米勒 1956）。柴尔德显然不能遵循这种教条的做法，因为他意识到了马克思主义理论的缺陷：

> 唯物史观主张经济决定意识形态。还可以更安全也更准确地用另一种方式重复已经说过的话，那就是：从长远看，意识形态只有在它有助于经济的顺利和高效运转时才能生存。如果意识形态阻碍了这一点，那么社会——以及意识形态——必将最终灭亡，哪怕这种清算有可能会被推迟很久。过时的意识形态可以束缚经济体，阻碍其变革，且时长超过马克思主义者所能承认的限度……（柴尔德 1942:17）

柴尔德反法西斯主义的个人和政治影响

在《历史上发生过什么》中,柴尔德成功说服自己欧洲尚未进入"黑暗时代",然而他的悲观情绪却并没有被完全治愈。二战爆发导致发掘工作和出国旅行终止,再加上爱丁堡学生的缺少都让他深感沮丧。谈到对弗里克指令的翻译时(本章前面对发表在《自然》杂志上的这份指令已有讨论),柴尔德写信给迈尔斯,说他认为这将有助于其他同感沮丧的学者:

201

> 我想把我买的几份《自然》杂志寄给其他学者……和这个国家的同事。身处当今的黯淡时日,他们可能会放弃进步这一强劲观念,转而接受法西斯主义的悲观哲学……(柴尔德致迈尔斯 1934 年 2 月 27 日)

战争期间,爱丁堡居民经历了相当严峻的匮乏。食物、汽油还有几乎所有生活必需品都很短缺。一定程度上,柴尔德依赖休·亨肯(Hugh Hencken)、哈勒姆·莫维斯和莱斯利·A. 怀特等美国朋友的慷慨馈赠,他们给他寄去罐头、干货和各类生活用品。事实上,《古物》杂志能在二战期间得以继续出版的首要原因,就是因为克劳福德与福特纳姆和梅森(Fortnum and Mason,伦敦一家百货公司)之间有着黑市关系,克劳福德用新鲜水果和蔬菜支付了一些出版费用。柴尔德这样描述爱丁堡的情况:

> 一切都以一种悬疑的常态进行着。我们已经克服了很坏的冲击,还做了更好的准备,以便避免甚至击败比苏格兰已经遭受

过的还要更坏的轰炸机。火车再一次跑起来了,而且跑得更快,
照明也更好。形势当然非常危急。在这种特殊情况下,防守当然
就是最好的进攻。悬疑期内最好的做法是保持正常的外表。所
以考古学继续进行,虽然大多数博物馆已经打好了一半包
裹……(柴尔德致莫维斯 1939 年 12 月 3 日:哈佛大学皮博迪图
书馆档案馆)

尽管爱丁堡躲过了如伦敦雨点般的空袭,但是据柴尔德在爱丁
202 堡的学生之一巴塞尔·斯金纳说,1940 和 1941 年,福斯桥还是发生
了一系列空袭事件,从市中心可以看到空中格斗的场面。福斯桥在战
略上是跨港口的重要一环,但是它得到了防空气球的良好保护。1941
年夏,柴尔德不确定是否还会有学生愿意为即将到来的学年注册。这
方面的情况并非只有柴尔德如此,剑桥大学迪斯尼考古学讲席教授
多萝西·加罗德(Dorothy Garrod)也只有两名学生。柴尔德的学生之
一斯蒂文森回忆道:

> 我参加了柴尔德的普通班,班上只有四五个学生,可能不到
> 六个。战争期间,我不觉得有超过三四个人听过他的课,或者参
> 加过他的研讨会,还有些人是读他的讲义。他偶尔组织学生去爱
> 丁堡郊外的考古现场参观。在实际操作方面,他允许我们中的某
> 些人处理博物馆藏品,或者绘制地图。他真是没多少学生,就像
> 当时所有大学都没多少学生一样。(作者访谈)

1939 年,柴尔德被解除了战争期间门罗(Munro)讲座的授课任
务,因为德拉蒙德(H. J. H. Drummond)被任命为爱丁堡大学的兼职
讲师,结果是柴尔德的收入下降了三分之一。[8] 德拉蒙德开始时被任

命为旧石器时代考古学和体质人类学的授课教师,但是如果柴尔德
在此期间出国,德拉蒙德也可以接管整个授课任务。据斯蒂文森、斯
金纳、克鲁登和丹尼斯·海伊(Denys Hay)说(前三人是三十年代柴
尔德在爱丁堡大学的学生,后者则是 1936 年加入的教师队伍),柴尔
德认为是由于自己那些反法西斯著作,才造成自己正在被解除阿伯
克龙比考古学讲席教授一职。爱丁堡大学是一所有着很强的自由主
义传统的保守大学。[9] 虽然在持反法西斯主义观点的左派人士中,柴
尔德并不被认为是独一无二的,但是考虑到他以爱丁堡为行动基地,
他就理所当然远远超出了主流。在英国考古界,无论什么样的反法西
斯观点都起源于伦敦、牛津和剑桥。

　　柴尔德早就因为被人看成局外人而遭到孤立,现在他直言不讳
的反法西斯观点更是只会进一步惹恼大学官员。[10]海伊、斯蒂文森、克
鲁登和斯金纳都觉得,在爱丁堡的知识分子中有一种感觉,如果德国
成功入侵英国,爱丁堡大学的官员是会和希特勒合作的。事实上,他
们似乎认为,教师队伍中的某些成员还会极力安抚希特勒,柴尔德则
于事无补,因为克鲁登回忆说他:

　　　　成立了爱丁堡史前史学家联盟,这当然意在模仿共产主义青
　　年团。但是史前史学家联盟只是个普通的分类组织,它分发写好
　　的论文,再版过去在考古期刊发表过但是现在已经看不到的文章。
　　我们甚至还出版过一次史前史学家联盟的会议论文。柴尔德请了
　　很多人从伦敦来爱丁堡做讲座,其中就包括他的朋友克劳福德。
　　不过我们这个小团体一点也不马克思主义。它之所以起这个名,
　　可能只是为了激怒那些有保守倾向的人。(作者访谈)

　　大学官员竟会意识到柴尔德政治观点的性质,这事似乎相当不寻常,不过斯金纳觉得他们也不可能注意不到:

　　　　那是爱丁堡大学历史上非同寻常的一段时间,因为整个大学除了神学院和医学院,都包含在老学院内。老院由艺术和法律组成,当时还没有社会科学,其他学科也基本上全都坐落于一个小小的四方院落内。爱丁堡大学是个相当小的机构。大学官员几乎不可能不知道课堂上都教了点什么和说了点什么,因为在很多情况下,官员们就在几扇门以外的地方……

概括而言,斯金纳记得柴尔德:

　　　　非常偏左,大家了解了他以后就会形成这种印象。我认为他是个令人敬畏的人,举止古怪,有狂人之名。我想他作为学者,知道自己和那些保守派或托利党同事不同。他好似远远坐在石壁上一个突出的岩脊上,管自己叫“红色教授”。(作者访谈)

　　海伊1936年成为爱丁堡大学历史系教师,他回忆说柴尔德特别憎恶大学的管理,这表现在他以震惊大学官员为乐。他回想起柴尔德身穿短裤、油布大衣(一战的剩余物)、头戴宽边帽出现在大学参议院正式听证会时的情景,而当时几乎所有与会者都穿着“正装”,包括大衣和学术长袍! 柴尔德的这一面,包括他的玩笑和他喜欢让人惊讶的癖好采取过多种形式。比如,1935年,身在苏联的柴尔德不仅给朋友们寄了明信片,还给爱丁堡大学校长也寄了一张用斯拉夫字母签名的卡片! 斯蒂文森如此描述柴尔德性格的这一面:

要想知道柴尔德的深浅是很难的。我怀疑如果写柴尔德,这会一直是问题之一。想要了解他就会如此。他有种强烈的幽默感,包括开那些头脑严肃者的玩笑,而他们对他某些观点的接受实在太过认真。他在那些日子里有自己深信不疑的信念和观点,然而让人看到表层的泡沫而不是深层的对立让他觉得好玩。
(作者访谈)

205

柴尔德在爱丁堡被边缘化的证据比比皆是。例如,他的办公室和史前史系的办公室尽管规模很小,却被分配到了爱丁堡大学校园最差的位置上。事实上,他经常上课的那个房间屋顶漏水,遇到下雨天,他只好一边打伞一边讲课!斯金纳、克鲁登和斯蒂文森都记得,柴尔德在后来出版为《史前史有用吗?》一文的课程开始前甚至会说"哦,好吧,这就是明年的预算"。学生们也还记得,柴尔德要求课上用《人类创造自身》和《历史上发生过什么》两本书,可是爱丁堡大学图书馆从来没能抽出时间购买这两本书,当地一些书店也不会为此囤货。此外,《左派评论》和其他自由派期刊上还出现了越来越多针对某些书店的暴力报道,因为这些书店出售著名反法西斯主义者——例如柴尔德——的书。[11]事实上,在一篇此类报道中,有家遇袭书店就位于爱丁堡大学附近,其橱窗里展示的正是"科学与文化文库"系列。

尽管柴尔德继续在三十年代的剩余时间里运用唯物主义史观,但是在政治世界里,他坚信法西斯主义教条和马克思列宁主义教条同样可能会对人类构成威胁。事实上,在1935年第一次访苏前,他清理了办公桌,为他万一回不来,谁来继任爱丁堡的教职做了安排。[12]随着战争的进行,英国似乎离失败越来越近,此时柴尔德觉得他有两个选择:或移民美国,或自杀。他确信,如果德国真的成功入侵英国,他是会被纳粹列入死亡名单的人。他宁愿自沉运河,也不愿被纳粹处

206

决。[13]他觉得美国是政治流亡者的安全避风港,因为仅仅在一年前,他
写信给欧内斯特·胡顿(Ernest Hooton)说:

> 欧洲文明随时都有可能被一场新的战争毁灭。我们的工作
> 成果——如果有成果的话——可能只有在美国才能保存。但是
> 你们的民主传统决定,任何真理的存活价值都取决于大众的欣
> 赏,而不仅取决于一个与世隔绝的学者集团的接受。(柴尔德致
> 胡顿 1938 年 8 月 30 日:哈佛大学皮博迪图书馆档案馆)

　　大量证据表明,柴尔德确曾认真考虑移民美国。[14]首要证据就是
他在 1936、1937 和 1939 年访美期间,在波士顿一家银行存了相当大
一笔钱(他在哈佛大学、加州大学伯克利分校和宾夕法尼亚大学担任
访问学者时,校方都付给了他优厚的报酬)。事实上,他写信给达特
说他"令人恶心地阔了起来",并且说他只有"在美国时,才对资本主
义有了一阵阵的同情"(柴尔德致达特 1938 年 8 月 19 日)。他选择波
士顿作为存钱地是因为他认识的几个避难者都被麻省理工学院聘用
207 了。然而到了 1941 年 9 月,柴尔德却在咨询莫维斯资产转移的程序,
因为他想把波士顿银行的钱转回英国。前文已经说过,代表柴尔德三
分之一收入的门罗讲座结束了,因此他很缺现金。和银行的协商不知
怎么拖了一段时间,在日本对珍珠港发动袭击后,柴尔德写信给莫维
斯,说他在美国存钱的理由已经不复存在了:

> 就我而言,没有必要把钱存在美国而不是英国。我想英国政
> 府会更想要把钱换回来,事实上,它有权随时对此提出要求。你

记得,我在美国存钱的理由是怀疑张伯伦*要和希特勒结盟。果
真如此,英国对我就不是个健康之地。但是我大大高估了张伯伦
的智力,也低估了民主仍能在英国施加的压力!(柴尔德致莫维
斯 1942 年 1 月 27 日:哈佛大学皮博迪图书馆档案馆)

幸运的是,对柴尔德来说,二战的走向开始对盟国有利。然而战
后,美国国内的政治气候发生了巨变。美国不仅远非柴尔德可以追求
学术兴趣的地方,而且冷战开始后他还无疑成了红色诱捕的受害者。

结 论

现代史学家们认为,希特勒还未在德国崛起前,失望、经济困境和
国家羞辱就已经在德国人心目中产生了一种想要回归早先荣誉的浪
漫渴望。这种渴望导致法西斯分子决心以武力收复他们认为历史上
就应该属于他们的东西,因此印欧起源问题成了法西斯主义哲学的
核心信条,并在全世界范围内得到宣传。对柴尔德而言,德国社会的
激进转型意味着对科学推理和自由思想的抛弃。它对人类造成的威
胁是压倒性的,因此他对纳粹理论家对科学的滥用发起了攻击。

然而,战后,一种新的威胁出现了。它比法西斯主义的公开威胁
藏得更深却同样危险,那就是冷战。希特勒上台过程中对自由思想的
攻击类似冷战时期对自由思想的攻击,事实上,马克思主义杂志《现
代季刊》上刊登的一篇社论得出结论说:

208

---

* 此处张伯伦指亚瑟·内维尔·张伯伦(Arthur Neville Chamberlain),英国政治家,而
非前文提到的种族主义作家休斯顿·斯图尔特·张伯伦。政治家张伯伦于 1937 年到 1940
年间任英国首相,并因二战前对纳粹德国实行绥靖政策而备受谴责。——译者

很明显,美国的作家和思想家们正在面临一个严峻选择。如果他们因为害怕而屈服于反共的歇斯底里,或是保持沉默,他们就会像当年希特勒准备开战时,与他合作或保持沉默的德国知识分子一样承担同样的责任。只要那些坚守原则者能够坚守阵地,他们就能把所有热爱自由的人们团结到为了世界和平和国家独立而奋斗的事业周围……(《现代季刊》7:121)

二战后英美政治气候的戏剧性变化的确是自由世界历史上的一个至暗时刻。这个时代对学者们的影响还没有得到广泛理解,而且它清楚表明,不论是像柴尔德这样的激进学者还是保守学者,都无法免
209 受更广阔的社会政治气候的影响。事实上,在下一章中,我将证明由于柴尔德和各种左派团体的关系,他不被允许进入美国,他的理论书籍也基本全都上了黑名单。

注　释

210 1. 二战前德国最具影响力的文化活动之一是一个名为"堕落艺术"(Degenerate Art)的展览,它在慕尼黑考古博物馆的十个展厅内展出。由于设计初衷是想嘲弄所有那些不符合日耳曼官方标准的艺术形式,因此诸如梵高这样的画家、所有印象派和毕加索这样的现代派都有作品展出,以证明其艺术的恶劣。展览非常成功,吸引了三百多万观众,这显然说明这一主题在德国受到了尊重和极高的关注度。

2. 在一篇写于 1934 年题为《考古学与国家》(Archaeology and the State)的论文中,克拉克只字未提任何国家资助的发掘工作,然而在《考古学和社会》(Archeology and Society)一书中,他却提倡公共资助的必要性。克拉克的著

作将英国对考古学的忽视归咎于工业革命造成的文化断裂（即缺乏一个农民阶层；克拉克 1939：211）。柴尔德强烈反对这一说法，他在一篇有关克拉克的书评中说：

> 在我看来，纳粹主义造成的缺陷被过度最小化，而苏联共产主义造成的缺陷却依赖于被污染的来源而遭夸大。英国考古学的困境并非由工业革命引起的人民与土地的分离造成，而是由充满封建贵族和东方郡守的意识形态的寡头统治造成……（柴尔德 1939：468）

3. 是什么导致了战争？柴尔德致信《新政治家》，在对战争原因所做的最明确   211
的陈述中说，为了让这个世界成为对民主而言的安全之地，还得再打一场战争的说法：

> 只会造成和上一场战争一样的灾难性后果，而且实际上还会摧毁英国现今一切还值得叫作文明的东西。为避免这场战争而采取的实际措施一样会摧毁文明，即使不那么戏剧化。看来英国不仅会容忍暴力……肢解捷克斯洛伐克（Czechoslovakia），还会协助纳粹暴政将这种肢解强加于中欧正式民主国家中的最后一个前哨身上……这点"外交政策"一定会在英国内部产生反响，其影响或许已经可以察觉到。一周前，一家温顺的媒体还在其中欧新闻及对其评论中展现出了一定程度的客观性，现在却在欢呼希特勒的条款为"张伯伦的和平计划"，还不加批判地采纳独裁者对苏台德地区（Sudeten）德国人的看法。在这种语气变化中看出政府为了有利于日耳曼哲学而实施操控难道还为时过早吗？即使政府的这种操控超出了法律的权限，其力量却没有因此而稍减一分。然后，当新的战争威胁制造了必要的恐慌，当新的"和平计划"成为必需，以便帮希特勒在诸如石勒苏益格（Schleswig）这样的地方"拯救被压迫的德国少数民族"（那就等于肢解丹麦），英国出版的科学文献就可以把相对论的概念悄悄抹去，文学、艺术和历

史也可以把我们欠雅利安人之前印度人和苏美尔人的债隐瞒下来,因为历史已经被调整过了,适应了英国化的希特勒的种族主义,而文学和艺术也都清除了犹太主义。那些奉希特勒为救世主,认为希特勒能救他们于马克思主义水火的德国知识分子,现在全都无能为力,无法抵御随之而来希特勒对科学和艺术的绝育。那些宁愿和希特勒结盟实现和平,也不愿和苏联联手抗德的英国知识分子,可能太容易就有理由怀疑,轰炸过后,伦敦和柏林的废墟是否比一具因为拒绝自由探索而陷入停滞的文明的骷髅更好……(柴尔德 1938:451—452)

4. 柴尔德不想给德国同行寄有爱丁堡邮戳的邮件。这种担心虽然像是夸张,但其沉默是有根据的。自从希特勒上台后,德国就不再有邮件隐私。正如我们已经看到的那样,柴尔德本人就经历过审查。德国宣传部长戈培尔(Goebbels)博士支持邮件干预,因为他认为这是纳粹国家利益范围内的事。早在 1934 年,英国邮政当局就已经向德国邮政当局递交了两份有关干预的正式投诉。一些"纳粹政治警察"驻扎在邮局内,专门负责拆开所有那些看起来可能包含纳粹感兴趣内容的信件。除此之外,所有离开德国的邮件也都必须经过德国海关官员的检查(斯蒂尔 1942)。

5. 《人类创造自身》和柴尔德 1936 年前出版的作品没有太大区别。诸如《史前学有用吗?》《变化的史前史研究方法和目的》(Changing Methods and Aims in Prehistory),以及《人类学与致敬希特勒》等文章都展示了柴尔德思想的演化。《人类创造自身》的不同之处在于,这是柴尔德第一次为大众所写的著作得到了同行以外各类身份人群的广泛阅读。这里还值得注意的是,《人类创造自身》和《曙光》一样,得到的评论都褒贬不一。唯一的例外是克劳福德在《古物》上写的书评,他认为《人类创造自身》是"对我们迄今所读的文明史最具启发、独创性和说服力的贡献"(克劳福德 1936:404)。

6. 柴尔德还探讨了东方的衰落,得出结论说:阶级结构是为城市化兴起而积累剩余的结果,它不利于进一步的增长或变化。柴尔德认为,它最主要的有害

影响是理论知识和实践知识的分离。因此,科学虽然使城市革命成为可能,   213
结果却被迷信利用,因为其主要的受益者是牧师、国王和上层阶级。柴尔德
于是写道:"魔法而非科学因此受到推崇,被赋予了世俗权威。"(柴尔德
1936:13)

7. 柴尔德的后续作品会继续强调这些刺激,但在《人类创造自身》前三版中,人
类进步似乎还是自主的。1939年出版的《曙光》第三版尤其强调传播主义,
并更多利用了外部刺激的作用。当环境变化、内部经济进步和外部刺激相
结合时,就成了人类进步的决定因素,并使这一过程不仅具有科学意义,还
具有历史意义。尽管如此,柴尔德还是不愿使用传播论,因为"出于对考古
学对希特勒主义的支持的敌意和恐惧,使我更加不愿承认欧洲所有野蛮行
为的积极方面"(柴尔德致迈尔斯1939年1月30日)。柴尔德一向反对过
分的传播论,战争期间更是几乎反对一切形式的传播论。档案工作者阿尔
弗雷德·詹金(Alfred Jenkin)——同时也是英国共产党历史小组的多年司
库——回忆道,1935年左右,柴尔德给剑桥大学考古发掘俱乐部做了一次
演讲:

　　他在演讲中提醒大家,在墨尔本,人们仍然认为戴高帽是正确做法,尽   214
管这种帽子早就在英国不流行了,可是澳大利亚有钱人开的车却是还没有
进入英国市场的美国车。如果演讲那天晚上文明就被摧毁,那么未来的考
古学家很可能会推断高帽和汽车都是澳大利亚的发明,但是只有高帽传到
了英国,汽车传到了美国。有个挺好的考古学家,就是观点比较保守,名叫
明斯(Minns)的在讨论中发言说:"看来纳粹相信传播论,布尔什维克不
信……。"(考古所档案)

8. 柴尔德的工资不高,就像三十年代爱丁堡大学雇用的所有人工资都不高一
样。阿伯克龙比讲席一职尽管威望很高,却非全职(海伊1983)。为增加收
入,柴尔德多年来一直在为门罗讲座授课,而讲义会在《苏格兰人》

（*Scotsman*）杂志上重印。

9. 对爱丁堡大学历史的研究,参见加拉格(Galager 1988),海伊(1983),唐纳森(Donaldson 1983)和菲利普森(Phillipson 1983)。

10. 柴尔德对未来深感悲观,他与世隔绝地生活在爱丁堡。他写信给克劳福德,说他相信未来:

> 认为我们将会生活得很有理性的极少数思维,给广大民众提供了一套很不适合他们仍处于旧石器时代末、中石器时代初的心态的装备,但是总的说来,这种思维败得很惨(而且我认为败得还很有罪),因为它没能像美国人说的,把一种理性的生活方式贩卖出去。我们被灭绝是一件很讨厌的事,但是也许为了缓慢孵化出一个新的、更宽广的文艺复兴,这样一个黑暗年代是必需的……(柴尔德致克劳福德 1940 年 1 月 6 日:牛津大学图书馆档案馆)

11. 二战爆发前和二战中,柴尔德对英国政府政策的尖刻态度和批评著作当然没能为他赢得保守派的喜爱。1939 年 10 月,英国共产党的官方刊物《工人日报》向各界知名左派人士——如萧伯纳(George Bernard Shaw)、H. G. 威尔斯、斯托克斯(R. R. Stokes)、J. B. S. 霍尔丹、斯塔福德·克里普斯爵士(Sir Straford Cripps)、彼得·查默斯·米切尔爵士(Sir Peter Chalmers Mitchell),还有柴尔德本人——发放了一份有关和谈的调查问卷。柴尔德的回答很简单。他不信任张伯伦,他对问卷问题"你赞成和谈吗?"的回答是:"只有在不让希特勒主义再次取得另一个慕尼黑胜利的条件下,我才赞成和谈。"柴尔德认为,和平解决方案应该由"一个经过改进和加强的国联保证。其中,苏联、斯堪的纳维亚民主国家、荷兰、瑞士等——如有可能的话——还有美国,应该起带头作用"(柴尔德 1939:6)。他还主张废除殖民地,将政府权力移交给一个国际政府。

12. 这是柴尔德生前的几个学生告诉我的。事实上,柴尔德对苏联的看法很严厉,对共产主义欧洲的未来也基本不抱乐观态度。关于苏德条约,他写道:

"毫无疑问,斯大林的举动会促进和加速共产主义的传播。但是不管张伯伦过去的政策有多能证明斯大林的这一举动是正确的,也没能巩固我动摇的信念,让我相信这是人类的希望。"(柴尔德致克劳福德 1939 年 10 月 1 日)柴尔德还拒绝在《泰晤士报》上刊登的一封著名的信上签名,因为这封信显示,有很多共产党员因为苏德互不侵犯条约的签署而退出了共产党。柴尔德写信告诉克劳福德,他不会为了让英国的法西斯主义者感到满意就在一封批评共产党政体的信上签名。此处我必须指出,人们不应该断定,216 柴尔德因此就对共产党和斯大林时期苏联国内的发展不抱持批评态度,他只是对爱丁堡的保守派更为不满。

13. 多年后,在战争形势转为对盟国有利后,柴尔德给克劳福德写了一封信,感谢克劳福德当初劝他不要自杀。克劳福德认为自杀"可能不可避免,但在此刻尚无必要"(柴尔德致克劳福德 1946 年 8 月 4 日)。在讨论柴尔德最后是否自杀而死时,斯蒂文森回忆了 1940 年初他和柴尔德的一次谈话和散步:

　　我从一开始就很肯定是自杀,尽管这么说的理由并不充分。但是我清楚记得 1940 年的一个下午,那时候德国入侵的说法已经变得严重起来了,我和戈登一起散步去爱丁堡。我们谈论无所不在的危险、法国的溃败等。他说他的名字一定会出现在纳粹的灭绝名单上,还说他会在他们来抓他之前就自沉运河。这是个实事求是的声明。如果纳粹真的入侵英国,这事就会发生。很明显,自杀的想法对他并不陌生。(作者访谈)

14. 我认为他在考虑移民美国,原因之一是他给哈佛大学的休·亨肯寄了一份《不列颠群岛的史前群落》(*The Prehistoric Communities of the British Isles*)的完整手稿。这么做有两种可能:一、柴尔德为了给这项研究配图,花了大量心血获取地图,其中很多图被认为是机密信息,他很可能不想这些图落入德国人之手。二、如果他真的自杀,这项研究还有可能出版,因为它已经是 217 完整草稿了(他当时正在和一家美国出版商合作)。

06　考古学中的政治

导　言

218 二十世纪三十年代，大量失业者经历了大萧条的混乱，以及饥饿和绝望带来的他们不熟悉的痛苦打击。这些都为共产主义组织在英美的生长提供了肥沃土壤。然而，随着二战的开始，经济萧条的苦难被战争的暴力恐怖取代了，并在战后四十年代，开始了一个新的镇压时代。某种程度上，三十年代被描述为一个不同于历史上其他大规模饥饿和经济萧条的时代。不管怎么说，它都是个坏时候，一个红色时代，一个不能讨论、合该被排除在国民意识之外的时代。如果非要提三十年代，也要以怀疑和蔑视的态度提。社会和政治气氛变得压抑（希克斯[Hicks] 1953；胡克[Hook] 1987）。而四十年代的史学家和政客们则给了新一代一个非常不同的对现实的解读，他们把以前的英雄和救世主都说成恶棍和掠夺者。他们说左派对科学、文学或真理漠不关心，他们还向所有人保证说左派受到了一种对异域哲学盲目狂热的忠诚的驱使，而这个哲学就是马克思主义的共产主义，因此左派的“目标”和“使命”是攻占美国文化，以便宣扬他们的异域哲学（史华茨[Schwartz] 1960）。

在这种历史背景下，很多学者——在英国的柴尔德和在美国的
219 左派们——突然因为自己的工作受到了攻击。他们在自我防护中改

变了写作风格,删除了对马克思、恩格斯或者任何与左派相关的二十世纪作家的引用。其他学者则背弃了先前的同事,加入了政客的行列,搞起了红色诱捕(希克斯 1953;胡克 1984;刘易斯 1988;施莱克 1986)。学术合作和目标一致被彼此猜疑和互不信任取代。在本章中,我将利用未出版的信件和个人访谈,探讨这种极寒氛围对和左派密切相关的柴尔德的影响,因为当前对柴尔德智识生涯的相当混乱的描述本身就是麦卡锡主义审查制度戕害的后果。

柴尔德在《古今》构建过程中扮演的角色对于理解他在冷战期间的困境至关重要。作为系列丛书,《古今》最初由科贝特出版社出版,它寻求从社会背景的角度分析当代问题。作为第六卷出版的柴尔德的重要理论著作《历史》(1947),不管是在左派还是右派那里,都激起了不由自主的反应。马克思主义学者对柴尔德对历史记录的解读持批判态度,保守主义者则利用这本书为阻止这套书在美国出版而辩护。[1] 丛书崩溃后,一本历史杂志于 1952 年采用了《古今》的标题。这本杂志的初衷是想连接马克思主义和非马克思主义学者,弥合他们之间的巨大分歧。柴尔德对这两项出版活动均有参与,这表明他想给自己的作品吸引尽可能多的读者。然而冷战期间,这些努力给他造成了严重的政治后果,那就是由于他和各类左派组织的关系,以及他在学术上的左派倾向,使他没法获得进入美国的许可。

220

《古今》系列

《古今:为了展示历史如何作用的文明史研究》是 1945 年由一个领薪酬的编委会组织,由科贝特出版社出版的系列丛书。编委会由柴尔德、本杰明·法林顿、西德尼·赫伯特(Sydney Herbert)、波尔顿(T. L. Poulton)和伯恩哈德·斯特恩(Bernhard Stern)组成。从本质上说,该系列旨在说明为什么"现代民主社会的公民需要历史"。编委会认为人类面临各种社会和政治问题,这些问题受到历史的制约,也只能根据历史解决。编委会确信,"人类故事可以根据当前的知识状况,以一种有助于解决当前问题的方式讲述"。按照最初的计划,这套丛书包括 48 卷册,覆盖一系列话题。法林顿写信给美国编辑斯特恩说:

> 这个系列不会被专门公布为马克思主义,当然也不禁止对马克思主义文献的引用。大约有一半作者是马克思主义者,同时我们也视其在各自领域的杰出表现而挑选了一些非马克思主义的合作者。我们的信心是,他们如果真的是科学家,就会不由自主地帮助马克思主义思想发展壮大……(法林顿致斯特恩 1945 年 8 月 1 日)

221

1945 至 1950 年间,作为英国出版商的科贝特试图在美国出版这一系列。截至 1947 年 6 月,英国已经出版了七册,相同卷册也计划在美国出版。早在 1945 年 12 月,美国出版商亨利·霍尔特(Henry Holt)就表现出了"浓厚兴趣",希望获得该系列的独家版权(斯特恩致法林顿 1945 年 12 月 20 日)。霍尔特尤其对柴尔德的书,也就是本系列第六册《历史》印象深刻,提出想购买版权(法林顿致斯特恩 1945 年 10 月 17 日)。霍尔特于是和科贝特签了合同,计划出版整个系列,结果却在契约油墨未干之时就退出了协议,不惜承受资金和纸张的巨大损失。斯特恩写信给法林顿,说他觉得霍尔特不想和一套可能被视为有"政治倾向"的系列图书扯上关系。

1947 年底,美国只有两个出版商对这套丛书表现出了兴趣,一是巴恩斯和诺布尔(Barnes and Noble),另一个是舒曼(Schuman)。科贝特最终与巴恩斯和诺布尔签了协议,让后者获得了该系列的美国独家版权。然而尽管签了合同,巴恩斯和诺布尔还是突然食言了。他们给了决定不再出版该系列的表面原因,但是一名斯特恩称为"自由主义者"的员工私下写信,说该系列:

222

> 包含有价值的实际材料,但其解释却在系统朝向共产主义哲学——马恩哲学——倾斜。这里有一个刻意宣传的背景。政府官员建议我们最好注意以下事项……尤其是被你引用以示欣赏的柴尔德的《历史》。你可能已经注意到了,也可能没有注意到:此书第七章"历史是一个创造性过程"所引书目只有马恩列斯,没有别人! 这是不可接受的……(史密斯致斯特恩 1949 年 2 月 18 日)

史密斯信中明显传达的信息是,对"政府官员"而言,该系列及其将具有马克思主义观点的作者吸纳进来的做法是不可接受的。在斯特恩看来,毫无疑问:

> 这个系列被取消的原因在于有人对其马克思主义倾向的不满,哪怕也有很多表扬信正在来的路上。出版社已经放弃发表我的《人类学选读》(*Readings in Anthropology*) 和《人类学大纲》(*Outline of Anthropology*),《选读》是对《大纲》的补充。这无非是对任何带有共产主义或马克思主义意味,或是对以任何方式被人等同于苏联的东西的普遍敌意的反映,而这股子敌意又是被这个国家的强大力量煽动起来的。针对所谓"非美国"活动展开调查的联邦和州一级委员会,对宣誓效忠的要求,以及那些以密谋教唆鼓吹通过武力和暴力手段推翻美国政府的罪名而对共产主义联盟发起的审判,都在恐吓知识分子……全国上下,被定性

为立场偏左的教师正在被解雇,或者得不到重新任命。巴恩斯和
诺布尔显然觉察到,如果这一系列真的出版,销量可能会被危
及……(斯特恩致法林顿 1949 年 5 月 7 日)

从严格的商业角度看,巴恩斯和诺布尔有充分理由担忧《古今》
的出版,因为该系列大概有一半书目是公开的马克思主义著作。尽管
损失了一大笔钱,但是巴恩斯和诺布尔做出的是一个艰难但合理的
决定。作为四十年代末美国最大的教科书出版社,作为与科贝特所签
合同的一部分,它既然同意推广整个系列,就得和立法者、州长和政府
任命的学校主管和教育督导打交道,搞好关系。因此巴恩斯和诺布尔
就像其他大出版社一样,对主导了一时潮流的反共的歇斯底里非常
敏感。事实上,时至 1952 年,整个出版业都处于强烈的红色诱捕下
(阿普特克[Aptheker] 1953;阿伦森[Aronson] 1953;霍奇斯 1951)。
例如,根据史密斯法案,国际出版社总经理亚历山大·特拉滕伯格
(Alexander Trachtenberg)就因为"出版发行宣传马克思列宁主义原理
的文章、杂志和报纸"而面临五年监禁和一万美元罚款。[2] 其他受影响
的出版人还包括《工人日报》编辑约翰·盖茨(John Gates)、《政治事
务》(Political Affairs)编辑杰罗姆(V. J. Jerome),以及旧金山《人民世
界日报》(Daily People's World)编辑里士满(A. I. Richmond)和菲利
普·康奈利(Philip Connelly)。甚至美国最古老的出版社——里特
尔-布朗(Little, Brown)——也被一份红色诱捕小报《反击》
(Counterattack)单挑了出来(霍奇斯 1951)。

科贝特最终放弃将整个系列交由一家出版商出版的计划,而是
开始单独出售其中各分册的版权。柴尔德的书——被认为是这一系
列中"政治"上最不可接受之一的《历史》,最终由舒曼出版社于 1953
年在美国出版,此时距该书在英国首版已经过去了六年。舒曼这个被

斯特恩称为"年轻天真之人"的出版商是唯一愿意或者傻到愿意出版柴尔德书的人。[3] 除《历史》外，舒曼还出版了《古今》系列中数量有限的其他书，如克拉克的《从野蛮到文明》(*From Savagery to Civilization*)，弗兰克·沃尔班克(Frank Walbank)的《罗马帝国在西方的衰落》(*The Decline of the Roman Empire in the West*)，以及马里恩·吉布斯(Marion Gibbs)的《封建秩序》(*The Feudal Order*)。

舒曼的选择是折中的，因为以上作者中既有保守的克拉克，也有倾向于马克思主义的柴尔德、吉布斯和沃尔班克。舒曼对这些书的推介也是这些书应得的样子，那就是为受过教育的外行或大学生奉上廉价书评。只卖一美元一本的"舒曼学院平装书"从技术上讲不是一个系列，但是这些小卷本封底上的描述称这些书为"和英美著名学者合作开发的历史研究，旨在展现文明史——艺术史及各类制度史——如何帮助理解并解决当代问题"。这一推介可算是对柴尔德、法林顿、赫伯特和波尔顿对《古今》系列所做原始描述的直接解释了！

斯特恩对舒曼"年轻天真"的描述可能并不完全准确。仔细查验科贝特版《历史》和重命名为《什么是历史？》(*What Is History?*)的美国版，会发现两版的正文内容虽然没变，但是两版之间又确有一个显著区别，那就是舒曼版对第七章"历史是一个创造性过程"的参考书目有省略。唯一遭剔除者是马恩列斯的著作。很显然，为了避免政治争议，舒曼故意删掉了这些引文。

225

柴尔德所著《历史》的重要意义

《历史》的重要性从它在英美得到的不同待遇上可以看出。1947年英国出版《历史》后，《劳工月刊》和《现代季刊》对其发表了不下七篇书评，而美国版《什么是历史？》则完全被学界忽略。事实上，它只在著名文学杂志《哈珀季刊》(*Harper's Quarterly*)上得到过一篇明显不公的评论。这篇书评起名为《心灵的镣铐》(Chains for the Mind)，其中不仅将这本书，也将柴尔德所有研究共产主义的书都视作"危险的宣传"。书评人吉尔伯特·海厄特(Gilbert Highet)将柴尔德的书单挑出来予以严厉抨击，是因为他认为：

> 这本名为《什么是历史？》的书是一本明明白白的宣传之作……在这本手册中，作者为了铺垫"历史是一个创造性过程"，利用并抛弃了各种广为接受的历史模式理论，最终引出了马克思和恩格斯阐述的辩证唯物主义。为了能让一个十八岁的孩子接受，这本书的章节里充满了经过精心伪装的马克思主义的歪曲和过度简化……在我看来，此书是伪装成心平气和的教材模样的廉价欺骗。它的倾向性太强，观点居中的教师会发现很难将其用作无偏见的文本，甚至用于讨论都不行，而一个业务纯熟的同道却可以像刺刻文身一样将其模式牢牢植入学生的头脑之中……(海厄特 1953：98)

　　海厄特显然是敌对的，他坚信柴尔德的著作用心险恶。他认为，当前共产主义的甚嚣尘上背后有着一个不可简化的事实，那就是与苏联开战的危险，以及某些美国共产主义者为了苏联事业而干下的已经被"证实"了的行动。这里还有一个相当公开的因素，那就是恐惧，因为海厄特感到一个十八岁人的心智是有可能被"腐蚀"的。这篇评论清楚说明了柴尔德写作时的历史背景。美国人恐惧氢弹，恐惧核军备竞赛，恐惧科学家，恐惧间谍，恐惧共产主义，恐惧苏联人和中国人，恐惧收支逆差和失业，当然还恐惧恐惧本身。美国人，尤其是美国军方，正在向一个事实妥协，那就是他们在原子导弹问题上不像他们想象的那样有领先苏联十年的优势。罗森伯格（Rosenberg）夫妇因间谍罪被判处死刑，这仅仅是《什么是历史？》出版前六个月的事。阿尔杰·希斯（Alger Hiss）因否认自己是共产党员而以伪证罪受审，同时流传的还有幽灵打字机和在南瓜里发现绝密缩微胶卷的传言。[4] 海厄特一边想着这种广泛的社会政治气候，一边结束了他对柴尔德书及"舒曼学院平装书"的评论：

> 这些书清楚说明学术自由的一个方面。这些书提醒我们，鲜少有青年学生具备足够强的批判意识，使其能够抵抗来自一本手册或一个教师富有权威的迷人建议。事实上，在传授学生共产主义和教学生了解共产主义之间有一个根本区别。任何能够胜任本职的社会学家都能做到后者；而共产主义者只能做到前者，因此他们（即使是在学院长袍的伪装之下）必须被归类为宣传者，而非冷静的学者和不带偏见的教师……（海厄特 1953:98）

　　尽管美国版《历史》几乎未能成印，且还在其唯一的评论中遭受重锤，但它在英国的接受却很不相同。英国的左派学者尽管坚定支持马克思主义史学，对柴尔德的著作却施加了严厉批判。《历史》的意义要在其评论的内容中寻找，因为这本书引发了学者间的对立冲突，涉及的人物包括克里斯托弗·希尔、利雷（S. Lilley）、乔治·汤姆森、山姆·阿伦诺维奇（Sam Aaronovitch）和约翰·普里姆（John Prime）。希尔和汤姆森发表于《现代季刊》的书评都批评柴尔德缺乏对阶级在人类历史发展上所起作用的反思（希尔 1949:262；汤姆森 1949:267）。汤姆森还在《劳工月刊》上对《历史》进行了二次评论，说柴尔德没能处理资本主义社会成长过程中的内在矛盾（汤姆森 1949:157）。利雷则严厉批评柴尔德对马克思主义历史观，尤其是对生产方式的解释

227

和定义。最后是阿伦诺维奇（1949）和普里姆（1949）对柴尔德的辩护，他们反对希尔和利雷对《历史》的看法，认为他们对《历史》的批判建立在错误解读马克思主义文本的基础上。

228 　　柴尔德的批评者们没有意识到的一点是，历史学家面临的问题与柴尔德作为考古学家面临的问题是多么大相径庭。柴尔德认为，考古学处理的材料主要由生产方式组成，而所有与生产关系相关的问题都属于推断。他采用的考古学方法使他几乎没法坚持那种强调社会关系的马克思主义传统模式。[5] 他认为，从考古学家的角度看，生产总是以社会方式进行的，引申开来的话，生产关系也可以纳入其中。因此他并没有忽略生产关系，而是意识到生产关系不是考古学家现成易得的东西。隐含在柴尔德的一般性讨论中的是这样一种观念：阶级斗争是历史的一种推动力，然而这一点因为考古记录的局限性而未被明确下来。

　　尽管柴尔德不像其马克思主义同代人一样对阶级在人类文明斗争中扮演的角色给予那么多关注，但他对阶级在社会中扮演的角色，以及阶级与意识形态的关系当然是清楚的。仅仅几年后，他在自己最著名的著作之一《社会演化》一书中写道：

　　　　在适当条件下，我们可以对生产方式和生产资料获得很多了解。对第二产业、第一产业和贸易的作用，可以根据观察到的事实进行评估，对分工的程度和产品分配的程度可以比较有信心地做出推断，对奴隶的存在、女性地位和遗产继承可以做出合

229 　　　　理的猜测，甚至意识形态的上层建筑也可以成为谨慎假设的主题。（1951:34）

《历史》的主要问题不在于柴尔德对马克思主义原理的了解，或

者阶级在人类社会演化中所起的作用,而在于他没有直面马克思主义当时的学术争论。这一点无疑被他更热心的同龄人视为缺乏承诺的表现。简而言之,柴尔德不够教条,没有坚持党的路线。最后他只有被误解,不仅被右派同事贴上"共产主义者"的标签,还因为自己非传统的态度遭到马克思主义者的责难。这就造成他对知识氛围的格外敏感,因为他的研究没有满足任何政治议题。

　　柴尔德的批评者们没有考虑到的一个问题是,柴尔德当初为什么要写《历史》。柴尔德意识到,研究历史必须要认识政治在历史研究中的重要性。他在《历史》的第一页上这样写道:当前问题是"对社会环境的控制,即对个人、群体、国家和阶级间关系的控制"。历史及其书写方式是柴尔德关注的焦点,对此他提出两个观点:一、历史学家几乎总是属于或者至少紧密认同于统治阶级;二、历史书写包括选择认为重要或值得记忆的内容。

　　柴尔德认为,在一定范围内,可能会有一部"有关制度和技术的一般史,它基于几种具体的制度和发明史,是在对其进行抽象和比较后制定的"(柴尔德致怀特 1946 年 1 月 1 日)。柴尔德写信给怀特,说他想知道:

230

　　　　这在多大程度上符合对文化的"评估"。我们的文化无疑是那些需要评估的文化中的一个,但是对所有文化进行评估的价值标准又必须不可避免地从我们自己的文化中汲取。英国人的文化在什么基础上"远比塔斯马尼亚穷黑人的文化优越"? 因为英国文化更能有效改变那种文化赞成的各种目标……这是所有社会科学的困难所在。如果我们将基于这些价值的隐含假设之上的等级体系作为目标,我们就是在自我欺骗……我想只有求助于历史才能摆脱这一困境。(柴尔德致怀特 1948 年 2 月 1 日)

在这封写给怀特的信中，柴尔德指出有很多主客观标准可以评估文化。他认为，历史研究的价值在于发现科学规律，因为科学规律为行动提供了准则。然而在另一封写给怀特的信中，柴尔德又说，"科学定律是对事物如何发生的描述，而不是对事物为什么会发生的规定"（柴尔德致怀特 1948 年 9 月 18 日）。在柴尔德看来，历史学家必须意识到：

　　历史秩序远比任何一幅画的秩序都要微妙得多，其整合也远比任何生物身上发生的整合都更复杂。一般公式或抽象图表均无法全面披露这一秩序，它只能在具体的整个历史中重现，而这是没有一本书或一个图书馆——无论其藏书量有多大——可以包含的事。幸运的是，历史进程的某些方面比其余方面更能简单展示这一秩序，而马克思指出这些方面才是最具决定性的方面……现在，历史秩序最简单的一面就是……人类通过发明和发现更高效的工具和流程而对外部自然不断实施更宽广的控制。马克思和恩格斯是最先指出技术发展是整个历史基础的人，而历史又影响和限制了所有其他人类活动……（柴尔德 1947：69—70）

在《历史》最后一章"历史是一个创造性过程"中，柴尔德明确表示，在知识及政治方面，对历史记录最令人满意的解释是马克思主义史学。他认为唯物史观是理解文化史最现实、最科学也是最恰当的方法。同时他也明确表示，对唯物史观这一概念不应"奴性地使用"，或将其视为神圣教条。的确，他一再坚称进步并非不可避免，甚至连人这个物种的生存也并非有所保障。他还在一封写给怀特的信中质疑了马克思主义分析的价值：

231

也许马克思主义分析只适用于一个还不存在的世界状态下的世界经济。如果你们*的原子弹没有首先使整个人类大家庭绝育,这就会是个不可避免的结果,只是这个结果尚未到来。美国体系的崩溃可能会被延迟,就像英国体系的崩溃曾经被帝国主义延迟一样。英国人和(苏联以外的)其他欧洲人就像已经不复存在的英帝国的印度人和苦力那样,正在转变为外部无产阶级。但是我不怀疑美国的资本主义结构会使来自欧洲人的供奉很好接受……(柴尔德致怀特 1948 年 9 月 18 日)

在"臭名昭著"的第七章里,柴尔德回顾了历史唯物主义的各种理论和马克思主义的各个变体。他在这章所做的文献综述,除来源和主题外,和前六章没有太大区别。前六章讨论历史秩序的各种理论,包括超自然理论(神学和魔法)和自然理论(地理、生物或种族、经济、科学和唯物主义)。柴尔德自由引用马恩列斯,经常表现出对其著作了解很细的样子,在历史进程的本质这一问题上对他们也很赞同。尽管大多数学者,尤其是西方学者,承认斯大林是马克思主义的一个材料来源,但是柴尔德似乎不仅尊重斯大林的作品,还尊重他作为政治家的角色。事实上,柴尔德以一种间接指向斯大林的方式结束了《历史》: 232

科学史并不声称是一种能够为了运动或军事观看者的利益,而预测某场比赛或战斗结果的占星术。另一方面,科学史的研究能使清醒的公民识别这一进程在过去,以及从过去到现在一直都在编织的模式,以便对其如何能在马上到来的将来继续

---

* 指美国。——译者

走下去做出估计。今天,一位伟大的政治家已经成功预见到了世界史的进程,而我们也刚刚将他作为马克思主义史学的倡导者而引用了他……(柴尔德 1947:83)

最后这段话几乎不带煽动性。然而,冷战气氛却使很多人的职业生涯终结在了比这更没有煽动性的东西上。每一位《历史》的评论者都一定注意到了柴尔德指涉斯大林的这最后一句话,但是没有人解释这句话为什么这么重要。[6] 尽管柴尔德对斯大林的指涉很乐观,但他不像很多同时代的马克思主义者那样,认为自己能够预见历史进程中内在矛盾的最终解决,而是对历史唯物主义能够多么准确地预测世界史的未来进程持矛盾态度。根据斯大林信奉的辩证唯物主义法则,世界共产主义是历史进程的必然结果(斯大林 1941)。

柴尔德尽管对辩证唯物主义的预测价值有所保留,但他拒绝公开批评苏联的马克思主义者。事实上,他基本忽略了辩证法。他在《历史》中最杰出的贡献是对现实具有创造性以及对现实不可预测的品质的关注,这种品质否定了预测历史规律的可能性。对柴尔德而言,如果现实完全富有创造力,且不断带来新发明,那么任何现行法则都将无法涵盖这些新出现的因素。正是对这种哲学信仰的坚持将柴尔德和其他马克思主义者区别开来,然而这一点似乎无人知晓。考古学对历史知识的潜在贡献意义深远:

> 如果历史没有遵循既定路线,而是在前进道路上走出一条自己的路来,那么寻找终点自然就是徒劳的。但是对已经走过的路线的了解,是对下一阶段可能会遵循的方向的有用的指南……(柴尔德 1947:68)

《古今》杂志

《古今》系列丛书消亡后,一本同名期刊在约翰·莫里斯的主导下于 1952 年创建了。这份杂志的设计初衷是想办成历史评论,好让马克思主义者和非马克思主义者能够在对历史研究状况共同关心的基础上进行合作。编委会想借杂志的成立在马克思主义学者和非马克思主义学者日益尖锐的政治分歧间架起一座桥梁。在架桥的过程中,类似柴尔德这样的左派学者和那些认识到马克思主义分析重要性的右派学者,开始努力在战后恢复战前实行过的广泛团结政策,这个政策曾经是战前反法西斯运动的特点。[7]

234

1952 年并非创办这样一本杂志的好时机。[8]冷战正处于巅峰时刻,公众对任何与左派相关的人和事都充满了怀疑和恐惧。尽管如此,对这样一本出版物还是出现了一种压倒性的需求,马克思主义学者几乎是在孤军奋战。对莫里斯和原编委会的其他成员而言,非常重要的一点是保持马克思主义者在编委会上的大多数地位。据希尔、希尔顿和霍布斯鲍姆(1980)说,最初的编委会以莫里斯为主编,埃里克·霍布斯鲍姆为副主编,杰弗里·巴勒克劳(Geoffrey Barraclough)、贝茨(R. R. Betts)、柴尔德、莫里斯·多布、克里斯托弗·希尔、罗德尼·希尔顿、琼斯(A. H. M. Jones)和奎恩(D. B. Quinn)等为成员。

旨在涵盖一切历史的《古今》杂志最初出版时,还有个副标题“一本科学杂志”。这样做的目的是想模糊当时占少数的马克思主义学者和占多数的非马克思主义学者之间的界限,以便吸引大批对历史有共同看法的潜在读者。很明显,这和柴尔德职业生涯中一贯想要吸引尽可能多的广泛读者的意图,以及他相信考古学不是一个与当代社会问题无关的神秘话题的认识是相符的。最初的编委会成员全都

235

致力于让这本杂志成为政治上的左右派都能接受的杂志。马克斯·
马洛温回忆说:"有时候西方和苏联之间的巨大鸿沟让[柴尔德]深感
沮丧。他认为学术的国际性在弥合鸿沟方面具有非凡的重要性。"
(考古所马洛温档案#58)同样,盖瑟科尔也指出,冷战期间:

> 左派知识分子目睹了苏联威望的缓慢瓦解,以及反马克思
> 主义批评者对马克思主义哲学根基的日益严重的攻击。到 1950
> 年朝鲜战争爆发时,这种攻击已经达到了巨大规模。马克思主义
> 知识分子经常遭到迫害或蔑视,而他们也倾向于以同样教条的
> 方式做出回应。苏联、中国和东欧学者几乎完全是在孤军奋
> 战……在考古领域,柴尔德发现自己几乎独自充当了两个彼此
> 心怀疑虑的阵营间的桥梁。这一方面突出了他与他人的隔绝,一
> 方面也让他对知识氛围中的变化格外敏感起来……(盖瑟科尔
> 1974:7—8)

虽然今天《古今》是最重要的历史研究期刊之一,但它在初生阶
段却是一个可疑的存在。事实上,所有编委都因为参与其中而遭到了
政治或人身攻击。所有编委,也许只有柴尔德除外,也都将人身和事
业置于危险之中。希尔告诉我,有一位知名学者在亲身经历政治歧视
后,推迟了对《古今》的第一次投稿,直到这份杂志不再带有共产主义
污名。在回忆另一位编委会成员鲁道夫·维特科沃(Rudolf
Wittkower)时,希尔说他是德国难民,说他被他的机构欺负到最后只
好辞去编委的地步。希尔声称,杂志开办头几年的"主要问题是获取
文章,并找到那些有所准备且能在当时那个年代坚持自己观点的人"
(作者访谈)。红色幽灵纠缠的不只有当时和后来的编委和投稿者,
还有订户。有好几年的时间,伦敦的历史研究所一直都在拒绝所有订

阅该杂志的呼吁(希尔、希尔顿、霍布斯鲍姆 1983:8)。

《古今》尤其要感谢柴尔德,以及更广泛意义上的非马克思主义学者,因为他们和这份杂志打交道很容易被指责为给"红色威胁"增加体面。柴尔德无疑是最重要的编委会成员,因为他在马克思主义和非马克思主义的圈子里都是最著名的学者。1950 年的时候,他已经被确立为欧洲最领先的史前史学家了,他的名誉无可非议。[9]霍布斯鲍姆写道:

> 当三十年代的学生成了小组[共产党历史小组]的中坚力量,开始从中产生马克思主义历史学家时,一些资历相对较深的知识分子已经是马克思主义者,或者开始靠近马克思主义了。他们中尽管没有一个是职业历史学家,但是就像所有马克思主义者一样,他们被历史吸引,并为历史做了贡献,其中最著名的是考古学家和史前史学家柴尔德……(霍布斯鲍姆 1978:23)

希尔明确表示:"柴尔德的在场对我们[编委会]是件好事,这一点再怎么强调也不为过。"我问他为什么不请像《科学与社会》的编辑伯恩哈德·斯特恩这样的人当顾问,希尔回答道: 237

> 早期的时候我们不想要那种人,我们想要体面的人,我们已经有很多马克思主义者了,但是柴尔德是两者中最好的一个。他不是个教条主义者,他是个有点过早解放了的马克思主义者……(作者访谈)

在其他情况下,希尔说柴尔德的优秀:

即使是那些谴责他晚年陷入马克思主义的人也都承认。柴
尔德教授不是个教条的马克思主义者,他不以先入为主的一套
胡说八道来研究历史。他是真正诚实的科学家的完美典范,他在
个人的创造性著作达到完全成熟时信奉了马克思主义,因为马
克思主义的方法帮他更有效地阐明并解决了历史问题……(希
尔 1949:259)

1952 至 1957 年间,柴尔德像编委会的其他人一样奋力工作。在
此期间,《古今》有大约三分之二的内容是由马克思主义者贡献的(希
尔、希尔顿、霍布斯鲍姆 1983)。杂志很快声名鹊起,成了英国最有活
力的历史杂志,但是它仍然被视为如果不是马克思主义刊物,至少也
是马克思主义或共产主义控制下的刊物。根据希尔、希尔顿和霍布斯
鲍姆(1983)的说法,当时围绕杂志建刊导言的起草有过异常尖锐的
争论。这篇导言最终由霍布斯鲍姆、巴勒克劳和莫里斯共同撰写。它
既不能写得像是对马克思主义措辞委婉的重新构造,又必须以马克
思主义者和非马克思主义者都能接受的方式措辞。

238　　　从积极的一面看,导言强调历史是"社会转型史,这是社会
因其本质而决定的",这可能是《古今》对社会史保持长久兴趣的
原因,但是这一点在五十年代初并没有引起太多关注。从消极方
面看,导言宣布,它既反对将历史缩减为自然或社会科学,也反对
走到另一个极端,将历史缩减到非理性主义,否定历史的概括能
力……(希尔、希尔顿、霍布斯鲍姆 1983:6)

那些冷战期间的左派,尤其是《古今》的编委们,都感到自己负有
道德责任,必须尽可能地挑衅,同时还得足够微妙,这样才能将马克思

主义的观点传递出去。在这样的背景下，我问希尔，柴尔德是否像其他马克思主义者一样会用"糖衣包裹"自己的马克思主义。希尔回应说：

> 我想《古今》的整个建立过程都是一个"包裹糖衣"的过程。它是马克思主义者和非马克思主义者间的合作，但是为了让合作发挥作用，马克思主义者们要给自己的马克思主义"裹上糖衣"。我敢肯定没有人会直言不讳地讨论或宣布说："现在我要用糖衣包裹我的马克思主义了。"这是一个私下做出的良心决定。对某些人而言，这是个深刻的决定，但是总的来说，考虑到当时的状况，这是个常识问题……（作者访谈）

鉴于《古今》的创刊目的，柴尔德想要掩盖他的马克思主义显然也就没有任何奇怪之处了。这通常只需要当事人改变自己的措辞，对柴尔德而言，就是要在从四十年代末到五十年代的整个过程中少提马克思，多提埃米尔·涂尔干（Émile Durkheim），因为后者无疑是柴尔德的英国同事更容易接受的人。在给怀特的一封信中，柴尔德提到了自己明显的马克思主义著作和不那么明显的马克思主义著作之间的对立：

> 尽管你们遭遇了极端激烈的反应，但是你和斯特恩公司 * 还 239
> 是设法传递出去了很多优秀的马克思主义思想……在这点上，
> 只要党没有正式受限，它就坚持只出版资产阶级叫作"马克思主
> 义行话"的那类东西。很多聪明人因此非常反感，导致他们压根

---

　　* 这应该是对杂志编委会的幽默说法。——译者

不读马克思主义。我相信糖衣对霍布豪斯(Hobhouse)讲座的重
要性。以我自己**公开的**马克思主义作品看,几乎没有人能在读了
前言以后还能接着往下读……[强调为原文就有](柴尔德致怀
特 1950 年 1 月 15 日)

冷战的教条,扭曲的评论

冷战期间,为了使自己的思想不至被人彻底拒斥,柴尔德试图使
自己的马克思主义信仰更容易被人接受些。这样一来,在他明确的马
克思主义著作和那些对马克思主义的运用和了解不那么明显的著作
之间存在对立也就容易理解了。甚至早在冷战前,柴尔德就已经敏感
于被认定为马克思主义者的内涵,他相信这样的标签会造成误导。
1938 年他写信给达特,表示希望“把好的马克思主义思想传递给我的
同事和学生,在这方面我取得了一些成功,可是我要是一开始就表明
我是个马克思主义者,他们就不会听我的了”(柴尔德致达特 1938 年
10 月 14 日)。终其整个职业生涯,柴尔德对马克思主义的信仰表现
得既微妙又明确。只举两例。在一本写给共青团的小册子《工具简
史》(*The Story of Tools* 1944)中,柴尔德的目的是想证明恩格斯在《家
庭、私有制和国家的起源》一书中提出的大致思想可以被考古记录证
240 实。然而,相比之下,《重缀过去》(1956a)一书却没有明确提及马克
思主义理论。马克思主义理论在这本考古学方法论的研究著作中明
显缺席了。

虽然在美国,对智识自由的攻击达到了歇斯底里的地步,但是在
英国,对左派的攻击却在智识上更为尖刻。在评论杰克·林赛(Jack
Lindsay)所著《欧洲的拜占庭》(*Byzantium in Europe*)一书时,《泰晤士
报文学增刊》(*Times Literary Supplement*)的匿名作者不仅诅咒了这本

书,还提倡在历史从业者中开展一场扎实的猎巫活动。这位匿名作者的观点基于他对马克思主义的严重歪曲:

> 马克思主义史学从根本上反对西方学术经典。"历史唯物主义"始于某些前提,这些前提不仅是工作假设(即如果后来事实查明,不能再支持这些假设时可以将其抛弃),也是不可改变的教条,是已经被揭示的真理,事实必须与之相符才行。这当然就使西方的科学方法成了笑话。同时它也对那些关心学术任命的人提出了一个必须宜早不宜迟认真面对的问题。那就是,出于对学生的公平,任何信奉共产主义教条的个人是否可以被委以教授历史的重任……(匿名 1952)

这位匿名评论员的论调符合那种将自己伪装成公正的历史,其实却是保守的和帝国主义的公然宣传的东西。这篇所谓的评论引起了希尔(1952)、林赛(1952b)、莫里斯(1953)和安德鲁·罗泽斯坦(Andrew Rothstein 1953b)等人的写信抗议(另见希尔 1953;罗泽斯坦1953b)。希尔在其愤怒的回应中呼吁《增刊》对林赛的这位书评人提出的建议予以谴责并撤销。同样,林赛(1952b:B53)也震惊于《增刊》竟会"允许自己以低俗小报之风,服务于政治迫害之目的"。然而,尽管有这些抗议信,《增刊》还是没有谴责这位匿名评论人,相反还为其辩护!一篇题为《自由和正直》(Freedom and Integrity)的社论(1953年1月2日:9)认为,在"马克思主义哲学"的范畴内,"历史教学的首要目的是教育无产阶级认识自己注定要在历史上发挥的作用",而"西方学术"则是"基于这样一种假设,它认为研究的唯一目的在于发现事实,并用证据检验事实"。这篇社论的结论是:

241

当一个马克思主义者说他的观点基于科学时,他的意思是他的观点恰好与这样一种信条相符,这个信条在起源时就声称自己建立在科学观察的基础上⋯⋯当一个马克思主义者面对西方公众而声称马克思主义历史是科学时,他所使用的术语的意思是这些术语在西方没有的意思。学术诚信的本质和商业诚信的本质相同,都是要养成用正确的名字展示商品的习惯。执教于欧洲各大学的历史学家的任务是教授历史研究和思考的技巧,这是文化的重要组成部分,也是他们需要为之看守捍卫的东西。任用一名从理论到实践都否认这种技巧的教师,或者让这样一名教师留在教师队伍里,都是玩忽职守。人不应因其观点受迫害,但是如果观点影响了此人的履职能力,那么此人的雇主就有义务让他为他的观点负责⋯⋯(匿名 1953:9)

早在 1945 年,《泰晤士报文学增刊》所表达的那种反马克思主义运动的影响就已经能在英美大学感受到了。[10]发表于《现代季刊》的一篇社论报道说,伦敦大学某学院院长拒绝支持一位享有卓越声誉的候选人担任某个他特别胜任的职位,因为这位院长不愿成为"让共产主义者进一步渗透到大学岗位的当事人"(《现代季刊》NS 1950)。其他此类事件也开始在其他大学里以越来越高的频率报道出来。柴尔德同样不能幸免于这种政治氛围,他写信给克劳福德,说他"最好小心说话,小心在哪儿发表,否则我将永远没法离开爱丁堡"(柴尔德致克劳福德 1946 年 5 月 3 日)。柴尔德此处所指是当时已经有人提议让他从爱丁堡大学转到伦敦考古研究所任所长一事。

尽管在英国,冷战的本质是悄无声息的压迫,没有学者被免职,也不搞公开审判,不像美国那样,然而在各大学,教师和作家都被动员起来传播马歇尔-蒙哥马利福音,还让他们发动反苏联、反马克思主义的

学术运动。希尔回忆说,有一个经常被用来作为不雇用左派人士的借口或委婉说法,就是说他或她属于"错误时期":

> 某种程度上,冷战在英国没有像在美国那么糟。人们没有受到麦卡锡式的告发,也不存在机构迫害,但是迫害还是以英国式的绅士风度发生了。当时我称之为"冷清洗";人们没有失业,但是所有偏左的人,不论左倾程度如何,都没有找到工作。我五十年代的学生都没找着工作,至少我的左派学生都没有。我有终身教职,我坚持住了,他们用我表明牛津有多宽容,能允许一个马克思主义者身处他们之中。有人故意把这个说给我听。有了秘密反对票的真实存在,还有什么必要搞清洗? 任何类型的清洗都不必要了,因为我们只是静静地把人排除在外。这样做更阴险,也更难反对,因为你不能公开⋯⋯(作者访谈)

243

与希尔相反,法林顿对当时冷战的描述是相当沉痛的。在一封写给斯特恩的信里,法林顿这样说:

> 我从媒体和通信也从自美国回来的访客那里,了解到政治迫害下必须面对的困难。这是一场灾难,我们在英国并没有做得更好。它最终可能证明,除了沦为贫困和无能,其他一切都撼动不了英国工人的头脑,使其摆脱自满的反动心态。迄今为止,还没有针对帝国主义的大规模有效反抗,也没有我们可以拯救希腊、拯救越南、帮助中国的感觉。我们的外交政策是个诅咒,它将我们卷入其中的支出正在将我们引向毁灭。过去英国人在战争中的表现值得钦佩,然而现在,我对他们的感觉就像他们任由民主在西班牙被扼杀时的感觉一样。那真是一个非常恶心的时候,

然而现在,同样的臭味又在泛起。好在即使我们自己没有进步,
我们的事业也已经在世界范围内取得了巨大进步……(法林顿
致斯特恩 1948 年 2 月 20 日)

柴尔德与怀特的通信清楚表明他对冷战压力的感受是多么强
烈,他的马克思主义立场又是多么不受欢迎。令柴尔德印象尤其深刻
的是怀特还能继续和他通信,他对怀特说:现在你的朋友再去拜访你
可能会有"危险"吧。他还幽默地补充说,他想"即使通信对象是英国
美洲殖民地的一个非常浅粉红的人,情况也是极端危险的吧"(柴尔
德致怀特 1954 年 7 月 2 日)。多年后,柴尔德回忆道:

> 既然生产关系在考古记录中的作用是如此显著,我想大多
> 数史前史学家都会倾向于成为马克思主义者,以便为生产关系
> 在已经石化的行为模式中分派一个决定性的角色。在美国,他们
> 甚至可以不必援引第五修正案*就这样做……(柴尔德 1958:
> 72)

在美国,五十年代初,先前负责学术任命的委员会做梦也不会想
到会问初级讲师是民主党人还是共和党人,现在却在直截了当地问
求职者是共产主义者还是共产党员。从诸如英国《现代季刊》和美国
《大众与主流》等刊物的社论看,学术裁判们在寄出推荐信,说明申请

---

　　* 所谓第五修正案,是美国人权法案的一部分,主要目的在于以法定程序防止政府
滥用权力。具体规定如下:无论何人,除非根据大陪审团的报告或起诉书,不受死罪或其
他重罪的审判,但发生在陆、海军中或发生在战时或出现公共危险时服役的民兵中的案
件除外。任何人不得因同一犯罪行为而两次遭受生命或身体的危害;不得在任何刑事案
件中被迫自证其罪;不经正当法律程序,不得被剥夺生命、自由或财产。不给予公平赔
偿,私有财产不得充作公用。——译者

者的高资历时,还会主动增加此人是否是共产主义者的说明。一些我
采访过的人都回忆说,大学系主任会要求同事们通过告密者来了解
某个求职者是否是共产党员。

作为马克思主义刊物《现代季刊》的编委,柴尔德的编辑活动让
他注意到了美国学者在工作中承受的压力。《现代季刊》致力于"通
过与欧美学者的认真合作而对艺术和科学做出现实的、有社会意义
的重新评价"。从四十年代末到五十年代的整个时段,《现代季刊》的
社论都充满对美国"对进步观点的迫害浪潮"的报道。只举一例,《现
代季刊》曾经用一整篇社论报道小说家霍华德·法斯特(Howard
Fast)在冷战期间遭监禁一事(《现代季刊》V.7:121—122)。据历史
学家艾伦·施莱克说,非美国活动委员会(House of Un-American
Activities Committee)对法斯特所属的一个团体进行了调查,结果发现
和任何一个被指控为蔑视的人相比,法斯特遭受的学术排斥都最多
(施莱克 1986:91—93)。[11]同一篇社论还提到"霍华德·拉森(Howard
Larson)、尤金·丹尼斯(Eugene Dennis)、保罗·罗伯森(Paul
Robeson)、阿尔伯特·马尔茨(Albert Maltz)和巴罗斯·邓纳姆
(Barrows Dunham)的另一个美国",赞扬了"所有那些有勇气奋起反
抗政治威胁、不甘沉默的人,而且他们人数众多"(《现代季刊》V.7:
122)。

冷战氛围中止访美

柴尔德曾于三十年代三次访美(1936,1937,1939)。这三次访问
的重要性再怎么强调也不为过,因为柴尔德在之后的学术生涯中一
直对美国人类学发展保持关注。因为协调上的问题和冷战的加深,
1939 年柴尔德最后一次踏足美国。发表于《美国古代》(*American*

Antiquity）、由欧文·劳斯为柴尔德所作的讣告中,劳斯（1958:83）说,
1945 年,柴尔德因其对马克思主义理论的支持而被美国国务院宣布
为不受欢迎之人。劳斯暗示,美国国务院的这种做法是因为柴尔德参
加了在列宁格勒和莫斯科举办的苏联科学院 220 周年庆典活动。我
在根据《信息自由法》申请查询有关柴尔德的信息后发现,美国国务
246　院没有柴尔德的记录存在。当然,希望移民或访美者的签证文件将被
封存七十五年,因此不可能确切知道柴尔德是否申请过访美签证。

　　1940 年,柴尔德有了再次访美的想法。正如前文所说,他在先前
访美时曾在美国储蓄债券中存了相当大一笔钱。尽管后来回到英国
后,这笔钱最终转到了柴尔德手中,但是所有非美国公民的国际金融
交易都必须通知美国国务院,由其批准后方可国际转账。毫无疑问,
美国国务院因此知道了柴尔德的存在。就在几年前（1939 年）,为了
安抚保守派,罗斯福总统任命了公认的法西斯主义者布莱肯里奇·
朗（Breckenridge Long）为签证部门负责人,朗任该职直到1944 年。在
任职国务院的六年间,此人一直拒绝犹太人和左派知识分子进入美
国,除了极少数人（库克 1989/1990）。而且,这样的犹太人和左派知
识分子还一个也不许进入加拿大。很明显,即使柴尔德申请签证,他
也不大可能获准进入美国。

　　美加之所以有这份禁令,是基于以下理由:移民可能是共产主义
者或共产主义的同情者。这一政策在朗离职后继续执行,及至冷战期
间,对外国学者的排斥甚至到了访客抵达后也会被美国国务院官员
247　"扣押"并拒绝入境的地步。柴尔德的两个同代人克里斯托弗·霍克
斯和斯图尔特·皮戈特都回忆说,四十年代他们访美前,都会被要求
接受常规的签证面试。霍克斯回忆说,自己被出示了一份长得令人惊
讶的"颠覆组织"名单,还被提问是否属于其中任何一个。他开玩笑
说:"柴尔德可能帮助建立或者至少支持了其中的半数组织。"（作者

访谈）霍克斯和皮戈特根据各自经验判断，都认为柴尔德永远不会被允许进入美国。

二战后，罗伯特·布雷德伍德、威廉·邓肯·斯特朗（William Duncan Strong）和莱斯利·A. 怀特曾经分别多次试图邀请柴尔德来美访学。1948 年，斯特朗和怀特共同努力，想通过正式邀请柴尔德于 1949 年春季学期执教哥伦比亚大学，1949—1950 年秋季学期执教密歇根大学的方式让柴尔德来美（怀特致柴尔德 1948 年 7 月 10 日）。柴尔德引用冷战日益紧张的局势，写信给怀特说：

> 总的说来，我非常欢迎这个来美机会，更新我个人和所有在美朋友同事的联系，并在美国大学教教书，因为我觉得给美国学生上课会很有活力。可是另一方面，我必须说，在当前歇斯底里的反共政府体制下（尽管我不是共产党员），我很怀疑我是否能得到签证；以及即使拿到签证，我是否会发现自己突然就被某个官方或非官方机构绑架……（柴尔德致怀特 1948 年 9 月 8 日）

相比怀特后来给斯特朗写的信，怀特对柴尔德此信的反应相当含蓄沉默。我的意思是，怀特不太愿意和柴尔德讨论他提议的此次访学可能会产生的政治影响。这一点尤为奇怪，因为怀特本人是社会主义工党成员，且在党报上发表文章时均署笔名约翰·斯蒂尔（John Steel）*。尽管如此，怀特写信给柴尔德说：

> 很难评价今天美国正在发生的反共宣传或曰歇斯底里的意

248

---

* "约翰"是英文中常见男子名，"斯蒂尔"的英文意思是钢铁。"约翰·斯蒂尔"相加，大概有"铁汉""硬汉"一类的寓意。——译者

义。很多物理学家正在高声抱怨某些国会委员会审判似的诽谤手段。我听说有教授因为支持亨利·华莱士（Henry Wallace）的竞选而被解雇……（怀特致柴尔德 1948 年 9 月 25 日）

柴尔德担心被监视,怀特恐惧政治迫害,这说明他们对当时政局的担忧有多严重。[12]柴尔德不幸在大选之年受邀访美,此时正值杜鲁门（Truman）政府希望证明其对反共事业的忠诚无比强烈的时候。怀特所指亨利·华莱士是前副总统,因政府对苏联的强硬政策而与政府决裂。共产党既然支持华莱士,杜鲁门和他的盟友们就很容易指责华莱士是共产党的工具。此类攻击转移了人们对杜鲁门所谓"对共产主义态度软弱"的注意力,并且通过将华莱士对冷战的批评和共产党等同起来,他们（麦卡锡的追随者）就能消除一切有效的政治反对。虽然这可能不是麦卡锡主义者的本意,但是随之而来的结果是,麦卡锡主义者能够缩小其红色诱捕的范围,驱逐左派。

斯特朗也意识到了冷战期间把一个像柴尔德这样和左派关系密切的人弄来美国的困难。他写信给怀特说:"政治上的困难让我们不能把这样一个人请来这里真是太遗憾了。在我看来,试图敦促他来美是不公平的,因为我们都知道他的不祥预感是对的。对他最好的情况可能是尴尬,最坏则是危险。"（斯特朗致怀特 1948 年 10 月 13 日）在谈到政局紧张和柴尔德无法获得签证的理由时,怀特给斯特朗的回信坦率得多。就在给柴尔德写信的一周前,怀特写信给斯特朗说:

柴尔德提到他对马克思主义等的兴趣,这很有趣,因为它给我们提议的计划增添了一层新的复杂。我当然知道柴尔德过去和现在一直都对马克思、恩格斯和其他人提出的社会演化理论感兴趣,但是我从来都不觉得他有活跃的政治兴趣——他可能一点也没有。在科贝特1947年出版的一本小册子《历史》里,柴尔德以马克思、列宁和斯大林语录结束了他对各种历史解读理论的讨论,还在书的最后以赞许的口吻提及"当今一位伟大的政治家",说此人明白历史的进程。这个人一定就是斯大林。在美国,当然有很多人因为更少的证据就被称为——或抹黑为——共产主义者……(怀特致斯特朗1948年9月19日)

仅仅不足一月后,怀特对柴尔德此访面临的"困难"和可能产生的影响语气更加悲观,态度也更坦率。他说,这些所谓的困难包括"毫无疑问,由于某些观点和斯大林等人一致,导致柴尔德将无法获得签证"。其次,怀特"被告知在这种情况下,我们的行政部门[密歇根大学]不会想要他"(怀特致斯特朗1948年10月12日)。第二天,怀特又给斯特朗写了一封标记为"机密"的短信,说:"即使柴尔德是好人,我也不想被他的来访所伤,因为我不希望我们系受到立法机构中某个委员会出于政治目的的调查。"(怀特致斯特朗1948年10月13日)[13]

时至1948年夏的时候,杜鲁门政府已经完全立身于反共浪潮的背后,试图借《史密斯法案》而起诉美国共产党的最高领导人了。这么做不仅可以把共产党的意识形态置于审判中,还可以说明包含在马恩列斯著作中的共产主义理论如何对美国人的生活方式造成了危害。任何和左派相关的人都有可能遭到攻击,任何和共产主义理论家的著作明确联系在一起的职业生涯也都有可能终结。

结 论

早在1940年,大多数英美大学就已经能感受到反共运动的影响

251 了。事实上，不到十年间，英美大学就彻底重新划定了学术自由的界限。冷战几乎影响了生活的方方面面。虽说面对这样一场针对知识和个人自由的攻击，我们原本希望学术界能够发起反击，但是施莱克说：

> 没能保护学术自由侵蚀了学术界的道德品格。教授和管理者们忽略了其使命所宣称的理想，并为服务于机构忠诚和国家安全等更高价值，颠覆了自己同事和雇员的公民自由……学术界没能反对麦卡锡主义，反而向其献媚。解雇、黑名单，最重要是对国会委员会和其他官方调查者的所作所为的合法性的几乎普遍接受，这些都为这场反共征讨中最具压迫性的元素赋予了体面。在和麦卡锡主义合作的过程中，学术界表现得和美国生活中的其他机构毫无二致……（施莱克 1986：340）

我们对这个时代对人类学家和考古学家的影响的理解还不够。这些人当然没能安然度过其中的政治压迫，因为——仅举三个美国人类学家为例——伯恩哈德·斯特恩、梅尔维尔·雅各布斯（Melville Jacobs）和吉恩·韦尔特菲什（Gene Weltfish）就和调查委员会起了冲突。总而言之，大多数学者都受到了影响，即使影响不像这三个人这么显著，也都一样严重。就柴尔德而言，我已经表明，他仅仅是在一本书中（《历史》1947）提到斯大林就造成了严重后果。然而，值得赞扬的是，他并没有因此而放弃政治信仰，反而积极斗争，争取让尽可能多的读者读到他的思想。

如果不对更广泛的社会政治气氛予以关注，将很难理解并真正欣赏诸如柴尔德这样的学者留下的遗产。二战后，学者们开始越来越
252 依赖于用一种密码似的语言来指称马克思主义概念。大多数左派学

术著作中也有种一致的努力,想要将自己的马克思主义话语变成非
马克思主义同行们喜欢的样子。这一趋势导致了这代人的后代的困
惑,因为他们不知道应该如何解读柴尔德等人的著作。正如琼·文
森特(Joan Vincent)所指出的,很多研究生不知道应该如何思考斯
图尔特的"社会文化整合水平",以及它与马克思主义学术的关系
(文森特 1955:141)[14]。为此,我对柴尔德著作在美国历史上的这个
黑暗时代的分析不仅揭示了其著作本身,也揭示了学者的产出和政
治活动之间的关系,以及更广泛的社会政治气候对其施加影响的
程度。

注 释

1. 说该系列在最严格的定义上被列入了黑名单可能言过其实,然而柴尔德对 253
   左派著作的引用,尤其是对斯大林著作的引用,无疑又影响了出版商出版该
   系列的意愿。

2. 1940 年,《史密斯法案》在弗吉尼亚州民主党人霍华德·W. 史密斯(Howard
   W. Smith)的提议下获得通过,这是将近一个半世纪以来的第一部煽动法。
   1948 年正当选举之年,杜鲁门需要向共和党证明他对国家安全的敏感性。
   联邦调查局因此建议根据《史密斯法案》向共产党领导层发起诉讼,以便为
   此法的将来之用奠定宪法基础。该法案于是被援引,向十一位共产党领导
   人提起诉讼,并规定"教授并鼓吹推翻和摧毁美国政府"为非法。因为找不
   到足够强烈的主张用武力推翻宪法的共产主义者,《史密斯法案》将语言背
   后的意图也当成了叛国的证据。

3. 尽管舒曼后来成了一个相当大的出版商,但在 1953 年他还只是试图立足而
   已。事实上,根据斯特恩的说法,舒曼的生意当时还全是"纸上的计划"(斯
   特恩致法林顿 1953 年 9 月 1 日)。

4. 导致希斯被定罪的秘密文件所来自的那块南瓜地,后于里根政府时期被指定为国家历史地标。

5. 我应该在此处指出,考古数据与柴尔德在此书中提出的观点不符。事实上,此书中没有任何一处可以找到一个明确说法,证明马克思主义为理解考古数据提供了关键方法,也找不到任何来自经验证据的详细证明,能证明其观点为真。

6. 英国保守派评论家似乎很喜欢指出,斯大林没有预见到 1941 年德国对苏联的入侵。

7. 据霍布斯鲍姆(1978)的认识,英国没有悠久的历史传统。他认为共产党内的历史学家小组在英国马克思主义史学发展中起到了重要作用。虽然有人对此表示反对(见塞缪尔 1980;凯伊 1984),但是毫无疑问,1946 至 1956 年间,一个充满活力的马克思主义历史传统建立起来了,莫里斯·多布、克里斯托弗·希尔、罗德尼·希尔顿、埃里克·霍布斯鲍姆、维克多·基尔南(Victor Kiernan)、莫顿(A. L. Morton)、约翰·萨维尔(John Saville)、多萝西·汤普森(Dorothy Thompson)和汤普森(E. P. Thompson)等学者都是其活跃的成员。一小部分老牌学者,如柴尔德、本杰明·法林顿、达娜·托尔(Dana Torr)和乔治·汤姆森,对这些人构成了影响。所有这些学者都于二战后迅速组织起来,都深受大萧条的影响,也都试图普及历史研究。

8. 《古今》的创立可以和创立于 1948 年的《大众与主流》相较。后者虽然是美国刊物,还是公开的马克思主义刊物,但它在整个冷战期间都有出版,且直到 1962 年才停刊。

9. 在最初的编委中,只有柴尔德是在有影响力的大学执教的知名学者。后来尽管所有编委都取得了杰出的学术成就,但在 1952 年,他们都还太年轻,都还不在可以施加强大影响力的地方,或者占据这样的位置。

10. 一场与《泰晤士报文学增刊》类似的、对共产主义者能否教授历史的争议发生在《大学评论》(Universities Review)上(见伯斯顿 1951)。

11. 法斯特(1990)最近出版了一本自传,描述自己在冷战期间的经历。其他对冷战时期个人所受政治迫害的描述还可见舒尔茨和舒尔茨（Schultz & Schultz）的《它确实发生在这里：回忆美国的政治压迫》（*It Did Happen Here：Recollections of Political Repression in America* 1990）。

12. 塞缪尔·西伦（Samuel Sillen 1949）写道，"去年被逐出美国校园的教授，数量多到足够组建一所新的流亡大学"。在被解雇的人员中，西伦列举了不下十二位著名学者（西伦 1949：7—8）。那些因支持华莱士竞选而被解雇的学者包括迈阿密大学的小莱纳德·科恩（Leonard Coen，Jr.）、查尔斯·戴维斯（Charles Davis）和丹尼尔·艾什肯纳斯（Daniel Ashkenas），林登州立师范学院（Lyndon State Teachers College）的院长路德·麦克奈尔（Luther McNair），哥伦比亚大学师范学院的克莱德·米勒（Clyde Miller），以及佐治亚州奥格尔索普学院（Oglethorpe College）的唐·韦斯特（Don West）。

13. 斯特朗和怀特在放弃邀请柴尔德来美的所有希望后，请了柴尔德的朋友达里尔·福特，于是福特代替柴尔德于 1948/1950 学年访问了美国。怀特和斯特朗可能向福特告知了柴尔德未能成行的困难所在，福特于是在自己 1948 年的就职演讲中呼吁英美人类学界建立联系，并在演讲结尾处为柴尔德做了热情的辩护。文森特（1990：274—275）也表达了同样的意思。 256

14. 哈肯和莱辛格（Hakken & Lessinger 1987）也持同样观点。

07　柴尔德的学术在考古学史上的重要性

导　言

　　柴尔德以其职业生涯将考古从上流社会的一项好古活动变成了一门专业学科。然而在柴尔德结束个人生命的 1957 年,考古学科却开始明显转向一个全新方向。此外,柴尔德发现澳大利亚的社会主义,以及建立澳大利亚本土智识阶层的努力还远未成为现实。正如1980 年《古物》杂志上发表的柴尔德的遗书所示,他结束自己生命的决定是一个冷酷但最终理性的行为,因为它是一个不再有精力重新开展研究的人的决定。

　　也许没有任何东西比死亡更能说明柴尔德和他的同事分享的关系,或者,也许更准确地说,是没有分享的关系。柴尔德从来都是一个特立独行的思考者,却最终被朋友和敌人同样误解。当他的遗体被人发现于新南威尔士州一处悬崖脚下时,他的很多亲朋好友、考古同事,以及马克思主义同道都不信他会自杀。[1] 马克思主义者争辩说,柴尔德的自杀不是被澳大利亚社会主义的可悲状态,或者赫鲁晓夫对斯大林的揭发,甚至匈牙利事件所遭到的野蛮镇压所驱使的。考古学家则不敢相信柴尔德仅仅会因为新校准的放射性碳日期明显会使他对史前史的解释失效而自杀。

　　鉴于柴尔德被误解的程度,我们可以很有说服力地说他是个典型的局外人,不管他提出的想法是时髦还是不合时宜。作为一个局外人,他不愿加入任何政党,成为党员。如果他的想法碰巧和社会主义、费边主义或各个共产党吻合,那也与他本人无关。他是个真正的反传统者,他对学术和政治所持的不同态度,连同他的生活方式,都在随他年龄的增长而变得越来越复杂。

尽管柴尔德不党不群,他却经常卷入某种直接或者至少间接与政治相关的活动中去。终其一生,他都在努力融合智识活动和政治信仰,并取得了不同程度的成功。随之而来的结果是,他会周期性地受到不同政治势力和党派的支持与谴责,从而使他对动荡不居的政治气候格外敏感。例如,他是科学工作者协会的突出成员,也是后来成为《马克思主义季刊》(*Marxist Quarterly*)的《现代月刊》(*Modern Monthly*)的编委会成员,他还是《古今》系列丛书以及那本有影响力的同名杂志的创始编委。他倡导国际学术联系,包括通过对苏文化关系学会而与苏联学术保持联系。他尝试并成功利用非传统渠道——例如"思想者文库"和"科学与文化文库"——出版了《人类创造自身》《历史上发生过什么》以及《社会演化》等思想集成,从而使考古学成为热门学科。

尽管和左派关系密切,柴尔德还是因为没有忠实追随党的规定学说而遭到了同事们的猛烈抨击。这些更热心的同事认为他没有投身左派事业的毅力,还说他没能正确解读马克思的著作,或者没能充分讨论阶级在历史中的作用。同样,苏联学者对柴尔德不遵党的学说的无能深感恼怒,尤其因为这关系到阶级概念。尽管亚历山大·蒙盖特认为柴尔德是西方最伟大的考古学家,但是同时他又控诉柴尔德未能克服资产阶级科学的局限性。

和左派一样,柴尔德较为保守的考古同行们也认为他的政治问题太多。例如,他们觉得他想要在铁幕后把苏联和东欧考古的学术成

259

果带回西方的使命实在太不合他们的口味,认为他是被一个有着明显陌生且危险的政治哲学的国家利用了。他们将这些材料视为宣传而非真正的学术,并认为柴尔德让政治观点混淆了职业判断。简而言之,用格林·丹尼尔的话来说,柴尔德在"智识上是不诚实的"(丹尼尔 1986:401)。

260　　　然而我们能够把握柴尔德一切努力背后的真正目的和意图,只要我们不仅分析他的发表之作,也能分析他在激进政治中的活动。例如,冷战时期,柴尔德的批评者们没有意识到,为了让自己的观点不至于被人直接拒绝,柴尔德给这些观点"裹了糖衣"。这样的"糖衣"并非为了给他赢得朋友,而是为了传播一种思想,那就是考古和历史是可以揭示当代问题的相关的、重要的研究路径。这也是一个在冷战时期的严酷氛围下做出的有意识的决定。柴尔德在《古今》杂志创刊过程中扮演的角色当然反映了他的一个扎实努力,那就是他想让尽可能广泛的人群读到他的马克思主义思想。既然总是敏感于被人等同于任何一种思想派别,柴尔德就感到有必要甩掉一切宗派标签,无论这标签是保守还是激进,不想最后却遭到了所有人的严厉批评和误解。

政治激进主义与迫害

　　柴尔德少时即钟情社会主义。他对激进政治感兴趣的最早证据出现于 1914 年他从悉尼大学毕业后和同年晚些时候赶赴牛津前。然而,直到他就读牛津大学王后学院(1914—1917),他对左派信仰的具体可信的证据才凸显出来。尽管对柴尔德早期职业生涯感兴趣的其
261　他学者多将注意力集中在他的考古学业师身上,我却认为柴尔德在牛津大学社会主义学社等激进组织的政治活动对他的智识发展更具

重要意义。

一战带来的国内政治动荡占据了柴尔德从 1914 到 1927 年的大部分时间和精力。他是英国反战运动中一个看得见的不屈力量。尽管这似乎和考古相隔甚远,但是他在其中的投入却对他学术事业的开展影响深远。从 1914 年柴尔德离开澳大利亚就读牛津,到 1927 年他入职爱丁堡大学成为阿伯克龙比史前考古学教授之间,有三个活动主导了柴尔德的政治。对任何想要研究柴尔德智识发展的人而言,都值得将其作为最重要的考量因素:首先是柴尔德在反征兵运动中的活动;其次是澳大利亚国防部和悉尼大学对柴尔德的迫害,并将其列入黑名单的行为;最后是柴尔德对澳大利亚劳工政治的参与。

一战期间,柴尔德几乎是牛津大学唯一一名没有被驱逐或逮捕的左翼学生。但这并不是因为校方缺乏这么做的欲望,他们对柴尔德在反征兵运动中的领导地位是深感震惊的。那些因反战而被捕的人所遭受的残酷迫害一定对柴尔德产生了巨大影响。他写给吉尔伯特·默里的那些语气恭敬的信表明,他对被捕和被关进军事监狱受折磨的朋友的人身安全有着深切关注。当时只要是和反征兵运动有关的人都会被大规模逮捕,这让柴尔德意识到,如果和激进政治派别扯上关系,很可能会导致个人付出高昂代价。[2]

柴尔德之所以能在战争期间逃脱英国的政治迫害,原因只是因为他不是英国公民,可以不用遵守《兵役法》。然而回到澳大利亚后,却轮到他受迫害。本研究第二章讨论 1917 年柴尔德回澳大利亚前写给澳大利亚高级专员的信,此信后来被澳大利亚国防部用来对付他。和其他澳大利亚和平主义者一样,柴尔德受到监视,并在国防部积极有效地阻止他获得任何学术职位的情况下,也确实被大学挡在了门外。

被迫离开学术界的柴尔德认为,大学制度腐败,学术领袖偏执愚蠢、不择手段,他们和军情部门密谋,防止他被有偿雇用,应该从这样的人手里挽救大学。在柴尔德被悉尼大学免职后,新南威尔士立法会不是一次而是两次讨论了他的免职,强有力地提出了这个观点。柴尔德的朋友 T. J. 史密斯指出,柴尔德在学术上毫无问题,他显然有资格胜任大学职位。公共教育部长却在随后的讨论中利用了一个技术观点,以避免承认政治是柴尔德被解雇的核心理由。柴尔德在澳大利亚的学术就业机会事实上止步于此。这对柴尔德而言是一剂苦药,他只好转向"政治煽动",将其作为自己唯一能得到报酬的职业。

既然无望在澳大利亚在自己受过训练的领域内找到一份工作,柴尔德就深入参与了当地的反征兵运动。他加入了澳大利亚为免战争民主控制联盟,参与了第三届州际和平会议,反对他认为的休斯政府对公民自由的攻击。1917 到 1922 年间,柴尔德与澳大利亚工党结盟,开始在政党政治中扮演更积极的角色。[3] 他还成了新南威尔士州工党州长约翰·斯托里的私人秘书,但在 1922 年选举结束后,他的任期突然之间立刻终结了。即将上任的保守党解雇了他,理由是他的职位是个不必要的重复。很明显,即将上任的保守党不想和柴尔德有任何瓜葛,他们觉得他的职位不尴不尬,就以此为借口把他匆忙打发了。

柴尔德考古学的政治背景

1922 年被解雇后,柴尔德的职业选择变得相当有限。他基本面临两种选择,一是在外国当个激进的侨民政客,二是做学问。虽然从表面看,他从澳大利亚政治转向考古和欧洲史前史的研究可能有些怪,但这其实完全符合他的社会主义信仰。因为他对知识分子在社会演进中所起的作用始终很感兴趣。现在他不再寻找知识分子有助于澳大利亚过渡到社会主义政府的方式,而是通过研究史前史,试图从历史的角度理解为什么欧洲文明既是理性和科学思维的堡垒,也是奴役、迫害和不人道的化身。

此处需要注意的是,在柴尔德写下他的第一本考古学专著《欧洲文明的曙光》时,史前史研究并不比有钱人收集古董邮票的消遣好多少,其中所含解释文化发展过程的理论成分也还相当薄弱。柴尔德几乎在一夜之间就改变了这一切。随着他前五本著作的出版——《曙光》(1925)、《雅利安人》(1926)、《远古东方》(1928)、《史前多瑙河》(1929)和《青铜时代》(1930)——柴尔德取代了过时的十九世纪考古。整体而言,这些著作代表柴尔德的一种尝试,他想开发出一套组织原始考古数据的方法。在这些著作中,我们可以找到很多如今已经被认为是常见的工具方法:在房屋或坟墓环境下,与之相关联的对象属于同一时期;长期文化序列可以通过观察相关群组的地层序列建立;通过识别不同序列间的关系可以确定它们是否同步;绝对日期可以通过将序列最终链接到一个具有坚实历史日期的序列上予以确定。

尽管柴尔德要到自己职业生涯的后期才开始明确讨论这些概念,但他仅凭一己之力就赋予了这门学科一种全新方法。借用他后期一本著作的名字,他对考古学的看法永远不仅仅是简单地"重缀过去",而是一种为人类社会历史上某些最深刻问题寻找答案的方法。直到现在,那些对柴尔德作为一名职业考古学家的早期事业感兴趣的学者,还在把注意力完全集中到柴尔德对欧洲年代的综合上。他们的做法也没能意识到柴尔德思想意义之重大,范围之宽广,而我却将柴尔德的职业生涯置于他所处的更广阔的社会政治时代背景下,揭示了其生活和工作的重要意义。这是因为他既是史前史研究专业化的开创者,还和当代政治非常契合。然而最终,人们自然会问,柴尔德用二十二本书和数百篇文章的出版到底成就了什么? 首先,他成功地将他做研究时可用的最好的材料和理论资源整合起来。和大多数人一样,他在职业生涯中也犯了很多错。据他自己估计,他从来没能对欧洲史前史做出一份完全令人满意的综合。尽管如此,他对人类过去

266 的研究贡献巨大,可以概括为以下五点:

一、他对史前欧洲的考古记录第一次做出了能够吻合人类过去所有证据的协调整合的描述,弥合了英国和欧洲大陆学术间的差距。例如,他接受了科西纳的民族主义理论,将其纳入对考古记录的独特解读中,但摒弃了其过度之处和政治纲领。

二、他为近东做了他曾为史前欧洲所做的事,即完整描述近东史前史。

三、他将一直以来对物质文化连续形态的描述转变成了一系列经济模型。特别是他引入了新石器革命和城市革命的概念,表明环境变化、人口因素、技术创新的重要性,以及它们如何影响社会结构。

四、他概述了考古学证据应该如何融入对过去的历史全景中,指出证据及其呈现方式至关重要。他在此处强调,一直以来历史学家都在和统治阶级合作,用其叙述延续精英宣传。

五、在解释考古记录的方法论方面,他让这门学科取得了丰富进

267 步。今天这些进步都已成了平常之事。

以上关于柴尔德对史前史研究贡献丰富的几点总结虽不充分,但是至少说明柴尔德关注的事物是多么实际。对他而言,获取食物和制造工具以促进人类生存,是我们所知文明建设的基石,同时,这些人工制品也是人类努力改变世界的真实证据。我认为这个重点可能和马克思的影响有关。[4] 马克思作为社会思想家,将社会演化论融入其哲学和经济学的历史模式中,但是他并不过分关心史前史的分期问题。相反,他建立了一套唯物主义的社会科学,由此出发定义了一系列"社会经济秩序的渐进时期"。因此,和任何其他早期学者相比,马克思都对一个以物质为基础的历史观的大致轮廓更感兴趣,这样不

仅可以展示历史在过去发生了怎样的变化,还可以展示它在将来会发生怎样的变化。如此一来,柴尔德描述得精细到令人难以忍受的史前文物,就可以看成物质记录的一部分,就可以展示人类确实经历了"亚细亚的、古代的、封建的和现代资产阶级的生产方式"的变化。这种唯物史观还允许柴尔德继续希望甚至帮助社会进步到人类发展的下一个阶段——社会主义。

在其职业生涯的第一部分,柴尔德巧妙运用这一观点,努力想要建立一个能够容纳欧洲史前所有证据的富有逻辑的合理框架。他显 268 然觉得直到考古细节形成一个连贯叙述,否则他就无法对社会经济形式进行科学解释。尽管从来没有明确表达过,但是柴尔德对数据的收集是依据两个模型进行的:第一个模型在很大程度上是描述式和分类式的,非常适合考古记录;第二个模型则是经济模型,它试图对目标社会进行分析,从而推测其社会政治制度的特点。简而言之,在柴尔德看来,对诸如工具、罐子、珠子、坟墓或任何其他文物数据的考古解释,需要在考古调查中增加更多主观层次。

直到1930年,柴尔德才感觉考古记录的根基已经足够充分,可以(一)将史前文化的概念从技术发展阶段中区分出来,从而将这一概念视为能产生物质文化和能有效运转的社会的简称;(二)将诸如新石器时代、青铜时代等技术阶段,转变为欧洲和近东社会经济组织中重大变化所产生的社会影响。这样一来,柴尔德就融汇了各种理论概念,不仅有科西纳的文化概念,还有当时英国社会人类学的功能主义,从而做出了他对考古学理论和方法的独特贡献。

如我所示,《青铜时代》(1930)的出版预示着柴尔德思想的重大 269 转变。他在此书中强调常规贸易,尤其是铜对专家阶层出现的重要意义。对柴尔德而言,这标志着社会迈出了劳动分工的第一步,因此他在笔记中写道:

> 无论是谁，只要有毅力，能获得机会进入技术本身的奥秘，还
> 能有勇气直面这其中包含的巨大风险和严峻困难，就可以逃避
> 自己种粮的必要，摆脱对君主效忠的纽带，或者更为严格的部落
> 习俗的束缚……（考古所档案）

当柴尔德将欧洲的社会政治气候描述为由独立作战单元组成时，他就将最初的工匠-科学家-哲人看成了"雅典的外邦人、中世纪的徒步熟练工人，以及十九世纪流动的行业工会成员，是刚刚描述的这些流动商人的直接后裔"（考古所档案）。因为致力于对考古数据进行经济学意义上的解释，柴尔德得以用新的眼光研究欧洲社会史前史，并重写了《远古东方》（1928），还将其重命名为《远古东方新探》（1934）。在前者中，柴尔德发现用革命概念解释当时还未知的技术发展的突然进步很有帮助，因为这类技术发展就相当于工业革命。[5]在他看来，史前欧洲的新石器文化和青铜文化分别是由从食物收集到食物生产，从自给自足的食物生产村庄到城市社会的转型塑造的。尽管柴尔德保留了他的考古同行所使用的传统分类，但是他辩称，这些分类能够指示影响了生活方方面面的真正革命。他就是这样将一些生气注入了原本纯粹是描述和分类的机制中。

在以唯物主义为基础解释史前史的过程中，柴尔德感到他已经把考古确立为了一门和其他学科——如生物和物理——同样的学科。这符合当初阿伯克龙比勋爵用自己名字命名考古学讲席时立下的规矩。它还让柴尔德接触到了贝尔纳、克劳瑟和霍尔丹等科学家，后者同属祖克曼组织的俱乐部"众人众说"，还共同参与了1931年举行的第二届世界科技史大会。和这些杰出科学家的联系，尤其是和这次会议的联系，让柴尔德逐渐相信考古学和人类学终有一天会进入

历史科学，就像古生物学和植物学能够归入生物科学一样。

柴尔德认为，传统历史在证据、范围和时间上太过局限。他认为应该合并史前史和有记录历史，用这样一种历史理解取代传统历史，因为这种历史理解承认文字存在前物质文化的重要性。通过扩大现代史的视野，将史前史包含其中，柴尔德希望考古学研究更能接近动物学、古生物学和地质学。他随后提出的问题——如人类为什么会有停滞和退化期——使他对史前人类的技术成就，以及这些成就对社会发展的影响进行了调查。他使用明确的演化类比，认为考古学家将人类文化的改变和欧洲文明的发展称为进步，科学家将其称为演化，两者其实是一回事。

很明显，相较于其他考古学家的描述性方法，柴尔德对考古学使用演绎法，且演绎法和科学理论之间的关系更为密切。原因很简单。[6]他对考古记录可能遭到的滥用，以及实际遭到的滥用看得太透彻，以至于他不会在这一领域的实际应用中迷失方向。例如，他太清楚地知道，纳粹德国对民族社会主义教条的采纳对发掘结果负有怎样的责任，因此他并不只限于说明这一理论本身正确还是不正确。如果在应用于假设的调查技术和对这一假设会得出结果的预测或否定之间存在逻辑关系，他会坚决反对使用任何考古学方法。

柴尔德强烈反对由政治因素而非科学事实推动的研究议程，且他的这种反对并不仅仅局限于对纳粹理论家的批评。事实上，他回避任何类似粗糙的机械解释的东西。例如，他不断指出，很多试图综合历史的马克思主义者实际上混淆了历史进程的决定因素和造成这些进程的原因。柴尔德是个独立思想者，他相信全人类间相互依赖。因此，他关于文化从东方传播的观点更是随着社会政治氛围而波动，而不是随着考古记录波动。例如，他在早期学术中接近科西纳的观点，假设欧洲本土对社会演化的贡献具有重大意义。后来他意识到这个

271

272

想法,尤其是对印欧语言方面的考虑,可能会被德国理论家滥用。这就导致他首先放弃了对印欧语言起源的探索,这是他最早对史前史感兴趣的原因,并促使他写了《曙光》一书。因此我认为,我们在考察社会政治背景时,会不由自主地得出以下结论,那就是《雅利安人》写于《曙光》前,但是《雅利安人》出于政治影响的原因而被作者放弃了。[7]

显然,柴尔德认为可以将考古学当成一个强有力的分析工具,它既可以推动毫无根据的法西斯主义科学理论,也可以打击这种腐烂败坏。这也解释了为什么柴尔德一边能写深奥甚至难解的考古专著,一边又出版了一些广受读者欢迎的半通俗书籍。一方面,他在为科学基础添砖加瓦,他的概括就建立在这个基础之上;另一方面,他在提高那些受过教育的外行的意识。[8] 这种工作方式很适合他,他后来将其延续了下去。1936 到 1945 年间,他最畅销的两部通俗著作《人类创造自身》(1936)和续集《历史上发生过什么》(1942)销量远超三十万册,且后来几次重印,并被翻译成了几十种不同语言。[9]

结 论

最近,人类学家和考古学家开始超越由乔治·斯多金和布鲁斯·特里格所限定的"辉格史学"。我此处所指是格林·丹尼尔对英国考古史以及威利(Willey)和萨布罗夫(Sabloff)对美国考古史所做的研究(丹尼尔 1967,1975,1981;威利、萨布罗夫 1974)。斯多金和特里格还进一步指出,人类学史家,以及一般而言的社会科学史家,现在都必须至少在两个领域内接受训练。一是人类学的当代理论及其历史,二是科学哲学和科学认识论。对此我还想补充一点,那就是我们还需关注社会政治背景及其对相关理论家的影响,因为学者和理论进步无疑会受到无数占据他们日常生活的当代事件的影响。

这一方面迄今已有两项详细研究的著作,凸显了历史导向的研究结果可以多么丰富。它们是斯多金的《维多利亚人类学》(*Victorian Anthropology* 1987) 和特里格的《考古思想史》(*A History of Archaeological Thought* 1990)。这两本书将人类学和考古学的理论讨论置于人类学家周旋其间的更广泛的文化传统下,并因此将经济史、社会史、政治史和思想史统统纳入其中。此外,还有两册背景研究也已编辑出版。它们揭示了千差万别的题目——如巨石阵研究、查科峡谷(Chaco Canyon)考古、古代遗迹保护法、奥古斯都·勒普隆根(Augustus Le Plongeon)的职业生涯等——如何都可以从一种批判性的史撰方法中获益。[10]

平斯基(Pinsky)和怀利(Wylie)认为,尽管过去十年间考古学史和人类学史取得了重大进展,但它们也还必须再向前一步。他们相信,如果为这门学科书写历史还有任何价值可言,那就必须能够洞察当前的社会理论,他们因此得出结论说:

> 批判性史撰学必须以历史为基础,尽可能完整地再现历史细节。考古学家可以也应该通过自己的当代史透镜,在其自身理论信仰和理论问题的指导下对这种历史加以探究。书写历史既不是一个暂停对过去的判断的简单过程,也不是一个将理论以某种方式强加于研究之上,以至于阻断了对过去理解的过程。相反,它是一场过去与现在、现在与将来之间的持续对话……(平斯基、怀利 1989:91)

考古学史是否必须与当代研究相关? 我们在问这样一个问题时,必须像梅尔策(Meltzer 1989)那样,问问相关性到底是什么? 梅尔策

275

认为答案有二。第一，考古学家知道，研究一个领域的历史是了解其
基本理念的最好方式；第二，他们还知道，我们之所以思我们所思，做
我们所做，通常都是因为受到了在我们之前就已经有了的那些东西
的影响（梅尔策 1989:11）。因为考古学家并非是在一个智识真空中
工作，相反，他们不仅受到祖先的影响，还受到自身社会政治环境的影
响。考古记录的阐释者们受到多重因素的制约，共享一个无法重建的
智识和文化氛围。尽管如此，在探索诸如柴尔德的生平问题时，掌握
一名学者的学术精神气质仍然是可能的。我们显然无法让历史复活，
但是对诸如柴尔德的贡献等问题的探讨，可以也应该在其时代背景
中予以理解。希望这样的情境化不仅可以使考古学家和人类学家理
解先辈对这一领域——也能理解他们自己对这一领域——所做的
贡献。

注　释

276　1. 有趣的是，我在采访中发现，柴尔德向保守派吐露了自己的自杀企图，却对
　　　 马克思主义同道保守了秘密。在弄清柴尔德为何自杀上，盖瑟科尔比其他
　　　 学者更接近真相。他认为柴尔德的遗书是对他本人深刻而持久的孤独感的
　　　 一种强有力的合理化。柴尔德虽然朋友众多，却终身未婚；他也不是同性恋
　　　 者，这点大家都知道；除此，他一生中和任何人的关系都不亲密。因为经常
　　　 遭人误解，他很容易被人当成悲剧人物，但这一切都不能充分解释他为什么
　　　 要结束自己的生命。

　　 2. 柴尔德曾经告诉达特，他觉得激进政治的代价太大，他更喜欢待在"学术界

的肉锅"里(达特 1957b)。*

3. 柴尔德的第一本书《劳工如何执政》(1923)可以看成是对工党政府一再失败,以及后来所谓"工党主义"的那种东西的尖锐批评。柴尔德原以为通过协调工业和政治,知识分子和工人阶级齐心协力,就可以把社会主义带到澳大利亚。然而他通过自己对工党政府内部权力斗争和内耗的第一手观察得出结论,认为议会制是上层阶级的创造,体现的是他们的传统和特权。工人阶级代表一旦置身其中,就会必然失去对自己政党的忠诚,"背叛"自己的原则,不能实施他们当初当选时承诺的政纲。 277

4. 马克思对柴尔德的吸引力可能在于他们都经历过类似的观点转变,这里我指的是他们都曾关注过黑格尔辩证法和工业唯物主义。据戈兰说,柴尔德在悉尼大学读本科时深受弗朗西斯·安德森的影响。安德森是一名倍受尊敬的黑格尔主义者,柴尔德师从他学过哲学。达特的回忆支持了这个观点,他说柴尔德的马克思主义哲学走的是一条从黑格尔到马克思主义唯物论的坦途。

5. 柴尔德将革命定义为"经济结构和社会组织内渐进变化的顶点,它引起或者伴随受到影响的人口的剧烈增加"(柴尔德 1936)。

6. 柴尔德不喜欢仅仅把考古学当成一场与当代政治无关的唯物主义探究。他无法把史前人类降级为一种完全不同类别的现象。这是因为三十年代,英美考古学家都深陷孢粉分析、动物遗迹研究、地层发掘技术改进等细节问题,而似乎对更大的社会政治事件视而不见。事实上,有人可能会说,缺乏 278 对这些问题的关注可能正是造成柴尔德在很大程度上被其考古同行描述为一个糟糕的发掘者的原因。这在英国考古学家里是一个热烈争论的话题。根据我对柴尔德生前学生的访问,以及我对柴尔德发掘笔记的查验,我的结论是,即使是在最糟的情况下,柴尔德也还是一名称职的发掘者。他工作过的现场,比如斯卡拉·布雷(Skara Brae),呈现出了重大问题,让我不禁得出

---

* 英文 fleshpot(肉锅)的引申义为饮食丰盛,生活奢侈,充满享乐等。——译者

结论:他觉得这是一个适合学习田野技术的地方。此外,在建立田野技术方面处于学科前沿的莫蒂默·惠勒,会把自己的大部分学生派去随柴尔德发掘。

7. 柴尔德尽管信念坚定,这信念却没能阻止他出版《雅利安人》,并进而损害他的政治信仰。在后来的年月里,这是一部令他深感尴尬的作品,然而他是在数次求职被拒,也包括被阿伯克龙比史前考古学讲席拒绝后,才寻求出版此书的。此处还有一点值得注意,那就是伦福儒的《考古学与语言》(*Archaeology and Language*)一书在很大程度上重新点燃了人们对柴尔德关于印欧起源之谜的早期研究的热情。

8. 在《历史上发生过什么》第一版最后一页上有以下字样:"为了军队。请在阅毕此书后,将其留在邮局,以便让在军中服役者都能享受到它。"

9. 《人类创造自身》和《历史上发生过什么》的销量以今天的标准看着实令人震
惊。从初版之日算起,直到二十世纪八十年代末,这两本书已有数百万册售出,且迄今仍然在售,并被翻译成了十几种语言。

10. 我在此处所指两书为《追溯考古学的过去》(*Tracing Archaeology's Past*),由克里斯坦森(Christenson)编辑,和《当代考古学中的批判传统》(*Critical Traditions in Contemporary Archaeology*),由平斯基和怀利编辑。

柴尔德著作书目

以下书目比格林、特里格和麦克奈恩书中所录都多,但也还是不全。

1915

"On the Date and Origin of Minyan Ware", *Journal of the Hellenic Society*, XXXV, 196–207.

1917

No Title (letter to editor), *Hermes*, May 1917.

1918

"Australian Demand for Negotiation—Inter-state Labour Conference's drastic resolve—no recruiting unless Allies declare no-annexations" (unsigned article), *The Labour Leader*, 22 August 1918.

"Who is Mr. Childe", *Maryborough Chronicle* (letter to editor), 29 November 1918.

"The 'German' Colonies in the Pacific" (letter to editor), *The Australian Worker*, 7 February 1918.

"The Need for Clear Thinking" (letter to editor), *The Australian Worker*, 28 March 1918.

1919

"The New Unionism and State Socialism" (letter to editor), *The Daily Standard* (Brisbane), 4 January 1919.

"Arbitration and Socialism" (letter to editor), *The Daily Standard*, 17 January 1919.

"Political Action and the Newer Unionism" (part I), *Labor News*, (Sydney), 15 February 1919.

"Political Action and the Newer Unionism" (part II), *Labor News*, 22 February 1919.

"Some Questions for a Politician" (letter to editor), *The Daily Standard*, 7 March 1919.

"Treatment of Political Prisoners" (letter to editor), *The Daily Standard*, 28 April 1919.

281

1922

"The East European Relations of the Dimini Culture", *Journal of the Hellenic Society*, XLII, 254–275.

"The Present State of Archaeological Studies in Central Europe", *Man*, XXII, no. 69.

"Coming Crisis in Australia" (letter to editor), *New Statesman and Nation*, 19, 120–121.

"When Labour Ruled in Australia, by an Ex-Ruler" (unsigned article), *Labour Monthly*, III, 171.

1923

How Labour Governs, Labour Publishing Co. : London.

"Some Affinities of Chalcolithic Culture in Thrace", *Man*, XXIII, no. 2.

"Obituary, Jaroslav", *Man*, XXIII, no. 64.

1924

"A Gold Vase of Early Helladic Type", *Journal of the Hellenic Society*, XLIV, 163-165.

"The Stone Battle-axes From Troy", *Man*, XXIV, no. 51.

"A Labour Premier Meets his Masters", *Labour Monthly*, VI, 282-285.

"A Fabian Judged by History", *Plebs*, 16 (1) January 12-13.

"A Colonial Product" (review of Wage Slavery by G. K. Heydon), *Plebs*, 16 (7) July pp?

"Priest and Proletarians in Prehistoric Times" (review of The Origin of Magic and Religion and The Growth of Civilization by W. J. Perry), *Plebs*, 16 (11) November 441-443.

1925

The Dawn of European Civilization, Kegan Paul, Trench, Trubner & Co. Ltd. : London, XII, 328 pp. , Illus.

"When Did the Beaker Folk Arrive", *Archaeologia*, LXXIV, 159-180.

"Obituary, Dr. Ferencz Laszlo", *Man*, XXV, no. 110.

"National Art in the Stone Age" (review of Urgeschichte debildenden Kunst in 282 Europa, by M. Hoernes), *Nature*, 116, 195-197.

"Greek Myths and Mycenaean Realities" (review of The Ring of Nestor, by A. Evans), *Nature*, 116, 635-636.

1926

The Aryans; & *Study of Indo-European Origins*, Kegan Paul, Trench, Trubner & Co. Ltd. : London, 221 pp. , 28 figs. , & pls.

"Traces of the Aryans on the Middle Danube", *Man*, XXVI, no. 100.

"The Origin of European Civilization" (review of The Aegean Civilization, by G. Glotz), *Nature*, 117, 716.

"Zur Chronologie der alteren Bronzezeit", *Wiener Prahistorische Zeitschrift*, XIII, 38–42.

1927

The Dawn of European Civilization (2nd Edition), Kegan Paul, Trench, Trubner & Co. Ltd. : London.

"The Minoan Influence on the Danubian Bronze Age", In *Essays in Aegean Archaeology Presented to Sir Arthur Evans in Honour of His 75th Birthday*, (Ed.) Casson, S. , Clarendon Press: Oxford, 1-4, (Institute copy has typescript with corrections)

"The Danube Thoroughfare and the Beginnings of Civilization in Europe", *Antiquity*, I, 79–91.

"A Bronze Age Village in Hungary", *Illustrated London News*, September 27 pp. 198.

1928

The Most Ancient East: The Oriental Prelude to European Civilization, Kegan Paul, Trench, Trubner & Co. Ltd. : London, XIV, 258 pp. , 86 figs. , 24 pis. , 1 map.

Translation from the German: Scythian Art, by G. Borovka, E. Benn Ltd. : London.

"Caspians and Badarians", *Ancient Egypt*, 1928, 6–7.

"The Lausitz Culture", *Antiquity*, II, 37–42.

"Relics of Human Sacrifice in the Orkneys", *Illustrated London News*, 15

September 1928.

"The Origin of Some Hallstatt Types", *Man*, XXVIII, no. 140.

"Lausitzische Elemente in Griechenland", Manus, Erganzungsband VI: 283
Festgabe fur den 70 jahrigen Gustaf Kossina, 236–239.

"Nouvelles fouilles au Lapos Halon, pres de Toszeg (Hongrie)", *La Revue
des Musees et Collections Archaeoloalaues*, 13, 1–3.

1929

The Danube in Prehistory. Clarendon Press: Oxford, XX 479 pp. , 227 figs. ,
15pls. , 10 maps.

"The Decorative Art of the Prehistoric Village of Skara Brae, Orkney", *I. P.
E. K.* , 1929, 53–55.

"Provisional Report on the Excavations of Skara Brae, and on Finds from the
1927 and 1928 Campaigns", *Proceedings of the Society of Antiquaries of Scotland*,
LXIII, 225–280.

1930

The Bronze Age, Cambridge University Press: Cambridge, XII, 258 pp. , 31
figs. , 1 map in pocket.

"New Views on the Relations of the Aegean and the North Balkans", *Journal
of the Hellenic Society*, 50, Part 2, 255–262.

"The Origin of the Bell-beaker", *Man*, XXX, no. 142.

"Second Baltic Archaeological Congress: Riga, 18–23 August 1930", *Man*,
XXX, no. 157.

"The Roots of Hellenism (review of Who were the Greeks, by J. L. Myers)",
Nature, 126, 340–341.

"The Early Colonization of North-eastern Scotland", *Proceedings of the Royal

Society of Edinburgh, 50, 51-78.

"Operations of Skara Brae During 1929", *Proceedings of the Society of Antiquaries of Scotland*, LXIV, 158-190.

"Excavations in a Chambered Cairn at Kindrochat, near Comrie, Perthshire", *Proceedings of the Society of Antiquaries of Scotland*, LXIV, 264-272.

"Greatest Hoax of Modern Times", *Discovery*, 11, 238-239.

"The Diffusion Controversy", *Plebs*, 21, 21.

284   **1931**

Skara Brae: A Pictish Village in Orkney(with chapters by T. H. Bryce and D. M. S. Watson), Kegan Paul, Trench, Trubner & Co. Ltd. : London, XIII, 208 pp. 60 pls.

"Skara Brae: A Stone Age Village in Orkney", *Antiquity*, V, 47-59.

"The Continental Affinities of British Neolithic Pottery", *Journal of the Royal Archaeological Institute*, LXXXVIII, 37-66.

"The Forest Cultures of Northern Europe: A Study in Evolution and Diffusion", *Journal of the Royal Anthropological Institute*, LXI, 325-348.

"The Chronological Position of the South Russian Steppe Graves in European Prehistory", *Man*, XXXI, no. 135.

"Review: Early Man in North-east Yorkshire", by F. Elgee, *Nature*, 128, 776-777.

"Final Report on the Operations at Skara Brae", *Proceedings of the Society of Antiquaries of Scotland*, LXV, 27-77.

"The Chambered Long Cairn at Kindrochat, near Comrie, Perthshire", *Proceedings of the Society of Antiquaries of Scotland*, LXV, 281-293.

"Was Britain Civilized in 2000 B. C. ?", *Plebs*, 23, 131-132.

1932

"A Chronological Table of Prehistory" (with M. C. Burkitt), *Antiquity*, VI, 185–205.

"Chronology of Prehistoric Europe (review of Bronzezeitliche und fruheisenzeitliche Chronolgie. Ill, Kupfer-und Fruhbronzezit, by N. Aberg)", *Antiquity*, VI, 206–212.

"The Danish Neolithic Pottery from the Coast of Durham", *Archaeologia Aeliana*, 4th series, IX, 84–88.

"Glacial Geology of East Anglia" (letter to Editor), *Man*, XXXII, no. 36.

"Russia: A New Anthropological Museum", *Man*, XXXII, no. 53.

"The Dates of the Beaker Invasions" (letter to Editor), *Man*, XXXII, no. 102.

"Age of Skara Brae", *Man*, XXXII, no. 225.

"Comparative Notes on a Series of Neolithic Potsherds from Larne" (with S. Piggott), *Proceedings of the Prehistoric Society of East Anglia*, VII, Part I, 62–66.

"Scottish Notes", *Proceedings of the Prehistoric Society of East Anglia*, VII, Part I, 129–130.

"Excavations in Two Iron Age Forts at Earn's Heugh, near Coldingham" (with C. D. Forde), *Proceedings of the Society of Antiquaries of Scotland*, LXIV, 152–182.

"Chambered Cairns near Kilfinan, Argyll", *Proceedings of the Society of Antiquaries of Scotland*, LXIV, 415–425.

"Rediscovering the Past", *Week-end Review*, 5, 662–663.

1933

Ancient Dwellings at Skara Brae, Official Guide: Ancient Monuments and Historic Buildings, HM Office of Works, HMSO, Edinburgh, 24.

"Notes on Some Indian and East Iranian Pottery", *Ancient Egypt and the East*, March-June, 1–11.

"Is Prehistory Practical", *Antiquity*, VII, 410–418.

"Excavations at Castlelaw, Midlothian, and the Small Forts of North Britain", *Antiquaries Journal*, XIII, 1–12.

"Races, People and Cultures in Prehistoric Europe", *History*, NS, XVIII, no. 21, 193–203.

"Die Bedeutung der altsumerischen Metalltypen fur die Chronlogie der europaischen Bronzezeit", *Mitteilungen der anthropologischen Gesellschaft in Wein*, Bd. , LXIII, 217–222.

"Painted Fabrics from India and Iran" (substance of paper read to Section H (Anthropology) of the British Association, 1933), *Nature*, 132, 790.

"Notes on Excavations in Scotland in 1933", *Proceedings of the Prehistoric Society of East Anglia*, VII, Part II, 269.

"Trial Excavations at the Old Keig Stone Circle, Aberdeenshire", *Proceedings of the Antiquaries of Scotland*, LXVII, 37–52.

"Excavations at Castlelaw Fort, Midlothian", *Proceedings of the Society of Antiquaries of Scotland*, LXVII, 362–388.

286   "Scottish Megalithic Tombs and Their Affinities ", *Trans. Glasgow Archaeological Society*, NS, VII, 120–137.

"Prehistory", *Encyclopaedia of the Social Sciences*, V. II, (Ed.) Seligman, E. MacMillian Company, N. Y. 316–318.

"Where Did Culture Arise", *Plebs*, 25, 268–271.

1934

New Light on the Most Ancient East: The Oriental Prelude to European Prehistory, Kegan Paul, Trench, Trubner & Co. Ltd: London.

"Eine Hirschgeweihart aus der Mittelsteinzeit Schottlands", *Altschlesien*, Festschrift zum 70, Geburtstag Hans Seger, 5, 13-14.

"Eurasian Shaft-hole Axes", E. S. A. (*Annual of the British School of Athens*), IX, Minns Volume, 157-164.

"The Chambered Tombs of Scotland in Relation to Those of Spain and Portugal", *Anuario del Cuerpo Facultativo de Archiveros, Bibliotecariosy Archueoloaos*, 1, 1-13.

"Notes on Excavations in Scotland During 1934", *Proceedings of the Prehistoric Society of East Anglia*, VII, Part 3, 413-414.

"Final Report on the Excavation of the Stone Circle at Old Keig, Aberdeenshire", *Proceedings of the Antiquaries of Scotland*, LXVIII, 373-393.

"Neolithic Settlement in the West of Scotland", *Scottish Geographical Magazine*, 50, 18-25.

"Anthropology and Herr Hitler", *Discovery*, 15, 65-68.

"The Teaching of History and Prehistory in Germany" by Minister Dr. Frick, translated by Childe, *Nature*, 134, 268-269.

1935

New Light on the Most Ancient East (2nd edition, revised), Kegan Paul, Trench, Trubner & Co. Ltd. : London, 326 pp.

L'Orient prehistorique, translation of *New Light on the Most Ancient East*, by E. J. Levy Payot, Paris.

The Prehistory of Scotland, Kegan Paul, Trench, Trubner & Co. Ltd. : London, XV, 285 pp. , 82 figs. , 16 pls. , 4 maps.

"Some Sherds from Slieve na Caillighe", *Journal of the Royal Anthropological Institute*, LXV, 320-324.

"Man Conquers the Desert (review of The Desert Fayum by G. Caton　　287

Thompson and E. W. Gardner)", *Nature*, 136, 353-354.

"Changing Methods and Aims in Prehistory: Presidential Address for 1935",
Proceedings of the Prehistoric Society, I, 1-15.

"Notes on Excavations in Scotland During 1935", *Proceedings of the
Prehistoric Society*, I, 142-144.

"Excavation of the Vitrified Fort of Finavon, Angus", *Proceedings of the
Society of Antiquaries of Scotland*, LXIX, 49-80.

"Notes on Some Duns in Islay", *Proceedings of the Society of Antiquaries of
Scotland*, LXIX, 81-84.

"Le Role de l'Ecosse dans la civilisation prehistorique de l'atlantique",
Prehistorie, IV, 7-21.

1936

Man Makes Himself, Watts & Co: London.

"The Antiquity of Nordic Culture", *Wien Beitrage Zur Kulturoeschte und
Linquistick*, Band 4, 517-530.

"A Promontory Fort on the Antrim Coast", *Antiquaries Journal*, XVI, 179-198.

"The Axes from Maikop and Caucasian Metallurgy", *Liverpool Annals of
Archaeology & Anthropology*, XXIII, 113-119.

"The Antiquity of Nordic Culture (summary of communication presented to the
Royal Anthropological Institute on 24 March 1936)", *Man*, XXXVI, no. 83.

"International Congresses on the Science of Man", *Nature*, 137, 1074.

"Man and Forest in Prehistoric Europe (review of The Mesolithic Settlement of
Northern Europe by J. G. D. Clark)", *Nature*, 138, 95.

"Notes on Excavations in Scotland During 1936", *Proceedings of the Prehistoric
Society*, II, Part 2, 224-226.

"Scottish Tracked Stones and Their Significance", *Proceedings of the Prehistoric*

Society, II, Part 2, 233–236.

"Carnminnow Fort, (2) Supplementary Excavations at the Vitrified Fort of Finavon, Angus, and (3) Some Bronze Age Vessels from Angus", *Proceedings of the Society of Antiquaries of Scotland*, LXX, 341–362.   288

"Social Anthropology", *Plebs*, 28, 121.

1937

Man Makes Himself, Watts & Co. : London. (Second Impression)

"Neolithic Black Ware in Greece and on the Danube", *Annual of the British School of Athens*, Papers Presented to Professor J. L. Myers in Honour of his 70th Birthday, 26–35.

"Adaption to the Postglacial Forest on the North Eurasiatic Plain", In *Early Man*, (Ed.) C. G. MacCurdy, J. B. Lippincott: Philadelphia, 233–242.

"A Prehistorian's Interpretation of Diffusion", In *Independence, Convergence and Borrowing in Institutions, Thought and Art*, Harvard Tercentenary Publications, Harvard University Press, Cambridge, Mass. , 3–21.

"The Antiquity of the Bronze Age", *American Anthropologist*, 39, 1–22.

"The Indus Civilization", *Antiquity*, XI, 351.

"Symposium on Early Man, Philadelphia", *Antiquity*, 351–352.

"On the Causes of Grey and Black Coloration in Prehistoric Pottery", *Man*, XXXVII, no. 55.

"Symposium on Early Man in Philadelphia: Some Impressions", *Man*, XXXVII, no. 162.

"Notes on Excavations in Scotland During 1937", *Proceedings of the Prehistoric Society*, Ill, 454–455.

"A Round Cairn near Achnamra, Loch Sween, Argyll", *Proceedings of the Society of Antiquaries of Scotland*, LXXI, 84–89.

"North Eurasian Forest-Cultures in Mesolithic and Neolithic Phases", *Pan-American Geologist*, 67, 381-382.

"War and Culture", In *Eleventh Hour Questions*, (Ed.) Tavener, W. B. et al. , Moray Press: Edinburgh and London, 135-144.

"Primitive Man and Modern Science", *Plebs*, 29, 63-65.

289   **1938**

"The Orient and Europe: Presidential Address to Section H (Anthropology) of the British Association", *The Advancement of Science*, 1938, 181-196.

"The Orient and Europe", Reprinted in *Nature*, 142, 557-559, 600-603.

"The Orient and Europe", Reprinted in the *Pan-American Geologist*, 70, 321-342.

"The Oriental Background of European Science", *Modern Quarterly*, I, 105-120.

"Notes on the Excavations in Scotland During 1938", *Proceedings of the Prehistoric Society*, IV, 323-324.

"The Vitrified Fort at Rahoy, Morvern, Argyll (with W. Thorneycroft)", *Proceedings of the Society of Antiquaries of Scotland*, LXXII, 44-55.

"The Experimental Production of the Phenomena Distinctive of Vitrified Forts", *Proceedings of the Society of Antiquaries of Scotland*, LXXII, 44-55.

"Excavations Carried out by H. M. Office of Works in the Bronze Age Levels at Jarlshof in 1937", *Proceedings of the Society of Antiquaries of Scotland*, LXII, 348-362 (Institute off print has notes by Childe).

"Doonmore, A Castle Mound near Fair Head, Co. Antrim", *Ulster Journal of Archaeology*, 3rd Series, I, 122-135.

"War for Democracy? ", *New Statesman and Nation*, 16, 451-452.

"Science and Human Needs", *Plebs*, 30, 246-247.

1939

Man Makes Himself, Watts & Co. ; London (3rd Impression).

Man Makes Himself, Oxford University Press; N. Y. 275 pp.

The Dawn of European Civilization (3rd Edition), Kegan Paul, Trench, Trubner & Co. Ltd. ; London.

"The Orient and Europe", *American Journal of Archaeology*, XLIV, 10-26.

"India and the West Before Darius" (substance of a lecture before the Warburg Institute, 10 October 1938), *Antiquity*, XIII, 5-15.

"Double-looped Palstaves in Britain", *Antiquaries Journal*, XIX, 320-323.　　290

"Notes on the Excavations in Scotland During 1939", *Proceedings of the Prehistoric Society*, V, 256-257.

"A Stone-age Settlement at the Braes of Rinyo, Rousay, Orkney (First Report) " (with G. Grant), *Proceedings of the Society of Antiquaries of Scotland*, LXXIII, 6-31.

"Rock Scribings at Hawthornden, Midlothian" (with J. Tylor), *Proceedings of the Society of Antiquaries of Scotland*, LXXIII, 316-317.

"A Beaker Burial from Innerwick", *Proceedings of the Antiquaries of Scotland*, LXIII, 318.

"Some Results of Archaeological Research in Scotland, 1932—1937", *University of London Institute of Archaeology*, *Second Annual Report*, 29-45.

"Prehistoric Archaeology of the Dundee District", *Scientific Survey of Dundee and District*, prepared for the Dundee Meeting, Ed. R. L. Mackie, British Association for the Advancement of Science, London.

1940

Prehistoric Communities of the British Isles, W. & R. Chambers Ltd. ; London, XIV, 274 pp.

"Archaeology in the USSR", *Nature*, 145, 110-111.

Prehistoric Scotland, Historical Association, London, No. 115, 24 pp.

1941

Man Makes Himself (slightly revised edition), Thinkers' Library, Watts & Co. : London.

"The History of Civilization", *Antiquity*, XV, 1-14.

"Horses, Chariots and Battle-Axes", *Antiquity*, XV, 196-199.

"Rock Engravings in Scotland", *Antiquity*, XV, 290-291.

"Prehistoric Iron" (letter to Editor), *Man*, XLI, no. 99.

"The Defence of Kaimes Hill-fort, Midlothian", *Proceedings of the Society of Antiquaries of Scotland*, LXXXV, 43-54.

291   " Examination of the Prehistoric Fort on Cairngryfe Hill, near Lanark ", *Proceedings of the Society of Antiquaries of Scotland*, LXXXV, 213-218.

"Man and Science from Early Times", *University Forward*, VI, no. 5, 4-7.

"War in Prehistoric Societies", *Sociological Review*, 33, 126-138.

"Archaeology and the Ordinary Man", *Chambers Journal*, 8th Series, 209-212. (?????) * .

"Productive Power and Fascist Economy", *Plebs*, 33, 54-55.

"The Faithful and the Kings", *Plebs*, 33, 139.

"Greek Civilization and Ourselves", *Plebs*, 33, 214.

1942

Prehistoric Communities of the British Isles (2nd printing), W. & R. Chambers: London.

---

* 原书如此。——译者

What Happened in History[December], Penguin Books Ltd. : Harmondsworth and New York.

"The Antiquity and Function of Antler Axes and Adzes", *Antiquity*, XVI, 258–264.

"Ceramic Art in Early Iran" (a review of The Comparative Stratigraphy of Early Iran by D. E. McCowan), *Antiquity*, XVI, 353–358.

"Prehistory in the USSR. I. Paleolithic and Mesolithic. A. Caucases and Crimea", *Man*, XLII, no. 59.

"Prehistory in the USSR. I. Paleolithic and Mesolithic. B. The Russian Plain", *Man*, XLII, no. 60.

"Prehistory in the USSR. II. The Copper Age in South Russia", *Man*, XLII, no. 74.

"Further Urns and Cremation Burials from the Brackmont Mill, near Leuchars, Fife", (with D. Waterstone) *Proceedings of the Society of Antiquaries of Scotland*, LXXVI, 84–93.

"The Chambered Cairns of Rousay", *Antiquaries Journal*, XXII, 139–142.

"The Significance of Soviet Archaeology", *Labour Monthly*, XXIV, 341–343.

"Marxists and Magic", *Plebs*, 34, 110–111.   292

1943

What Happened in History, (reprint) [September], Penguin Books Ltd. : Harmondsworth and New York.

"The Prehistoric Archaeology of North-east Scotland", In *The Book of Buchan*, (Ed.) Tocher, J. F. The Buchan Club: Aberdeen: 62–80.

"Rotary Querns on the Continent and in the Mediterranean Basin", *Antiquity*, XVII, 19–26.

"The Study of Anthropology", *Antiquity*, XVII, 213–214 (reprinted from *The*

Scotsman, contributed on the occasion of the centenary of the Royal Anthropological Institute of Great Britain and Ireland).

"Archaeology in the USSR. The Forest Zone", *Man*, XLIII, no. 2.

"The Mesolithic and Neolithic in Northern Europe", *Man*, XLIII, no. 17.

"Directional Changes in Funerary Practices During 50,000 Years", *Man*, no. 91 (summary of a communication to the Royal Anthropological Institute on 15 June 1943).

"Archaeology as a Science", *Nature*, 152, 22–23.

"Another Late Viking House at Freswick, Caithness", *Proceedings of the Society of Antiquaries of Scotland*, LXXVII, 5–17.

"Some Notable Prehistoric and Medieval Monuments Recently Examined by the Royal Commission on Ancient and Historical Monuments of Scotland", (with A. Graham) *Proceedings of the Society of Antiquaries of Scotland*, LXXVII, 31–49.

"A Hoard of Bronzes from Ballymore, Cowall, Argyll", *Proceedings of the Society of Antiquaries of Scotland*, LXXVII, 184–186.

"An Encrusted Urn from Aberlemno, Angus", *Proceedings of the Society of Antiquaries of Scotland*, LXXVII, 189–190.

"The Unity of Archaeology", Institute of Archaeology, University of London, Occasional Paper Number 5, 20–25.

"The Structure of the Past II", *Geographical Magazine*, 16, 168–179.

"The Structure of the Past III", *Geographical Magazine*, 16, 268–281.

293   **1944**

The Story of Tools, Cobbett Publishing Co. Ltd. : London, 44 pp. , 62 figs.

Progress and Archaeology, Watts & Co. : London, 119 pp. , (Thinkers Library No. 102).

"The Cave of Parpallo and the Upper Paleolithic Age in Southeast Spain",

Antiquity, XVIII, 29–35.

"Archaeological Ages as Technological Stages: Huxley Memorial Lecture, 1944", *Journal of the Royal Anthropological Institute*, LXXIV, 7 – 24 (also published separately by the Royal Anthropological Institute).

"The Future of Archaeology", *Man*, XLIV, no. 7 (an address in the series, The Future of Anthropology, given at the centenary Meeting of the Royal Anthropological Institute).

"Recent Excavations on Prehistoric Sites in Soviet Russia", *Man*, XLIV, no. 29.

"Historical Analysis of Archaeological Method" (review of The Three Ages by G. Daniel), *Nature*, 153, 206–207.

"An Unrecognized Group of Chambered Cairns", *Proceedings of the Society of Antiquaries of Scotland*, LXXXVIII, 26–39.

"Newly-discovered Short Cist Burials with Beakers" (with A. J. H. Edwards, A. Low and M. MacDougall), *Proceedings of the Society of Antiquaries of Scotland*, LXXXVIII, 106–120.

"The Bronze Blade from Craigscorry, near Beauly", *Proceedings of the Society of Antiquaries of Scotland*, LXXXVIII, 138.

"Memoir: Arthur J. H. Edwards", *Proceedings of the Society of Antiquaries of Scotland*, LXXXVIII, 150–151.

"Problems and Prospects of European Archaeology", Institute of Archaeology, University of London, Occasional Paper Number 6, 6–12.

"La ceuva del Parpallo y el paleolitico superior en el sudeste de espana", *Ampurias*, 6, 340–346.

"The Roots of Superstition", *Plebs*, 36, pp. ?

"Archaeology in the U. S. S. R. ", *Anglo-Soviet Journal*, 5(2), 40–44.

294   **1945**

"Tripil's'ka Kultura" (review of Tripil's'ka Kultura, Tom, I, Akademia Nauk, Ukrainian SSR, Kiev), *Antiquity*, XIX, 203–206.

"Directional Changes in Funerary Practices during 50,000 Years" (complete text), *Man*, XLV, no. 4.

"The Huxley Memorial Lecture: Archaeology as Technological Stages" (summary), *Man*, XLV, no. 8.

"Archaeology and Anthropology in the USSR", *Nature*, 156, 224–225.

"Prehistoric Cereals in Scotland", *Proceedings of the Society of Antiquaries of Scotland*, LXXIX, 167.

"An Unusual Cinerary Urn from Droughdool, near Dunragit, Wigtownshire", *Proceedings of the Society of Antiquaries of Scotland*, LXXIX, 168–170.

"Rational Order in History", *The Rationalist Annual*, 1945, 21–26.

"Introduction to the Conference on the Problems and Prospects of European Archaeology" (16-17 September 1944), Institute of Archaeology, University of London, Occasional Paper Number 6, 6–12.

"Soviet Science Gets Top Priority", *Discovery*, 6, 239–240.

1946

Dogunun Prehistorvasi, translation of the 1935 edition of *L'Orient prehistorique* by S. A. Kansu, Turuk Tarih Kurumu Basimevi, Ankara, with special Introduction by V. G. Childe.

Scotland Before the Scots: Being the Rhind Lectures for 1944, Methuen & Co. Ltd. : London, VIII, 144 pp.

What Happened in History(reprint), Pelican Books Ltd. : Harmondsworth and New York.

"The Significance of Cord-ornamented Bell-beakers", In *Homenaje J. L.*

Santa-Olalla, I, Madirid, 169-201.

"Human Cultures as Adaptions to Environment", *Geog. Journal*, CVIII, nos. 4-6, 227-230.

"The Science of Man in the USSR" (summary of a Communication on 23 October 1945), *Man*, XLVI, no. 9.

"The Distribution of Megalithic Cultures and Their Influence in Ancient and Modern Civilization", *Man*, XLVI, no. 83.

"The Social Implications of the Three Ages in Archaeological Classification",   295 *Modern Quarterly*, NS, I, 18-33.

"A Bronze-Workers Anvil and Other Tools Recently Acquired by the Inverness Museum, with a note on another Scottish Anvil", *Proceedings of the Society of Antiquaries of Scotland*, LXXX, 8-11.

"Archaeology and Anthropology", *Southwestern Journal of Anthropology*, 2, no. 3, 243-251.

"Archaeology As a Social Science: Inaugural Lecture", University of London Institute of Archaeology, Third Annual Report, 49-60.

"Archaeology and History", *Listener*, 36, 882-883.

1947

The Dawn of European Civilization (4th edition, revised and reset), Kegan Paul, Trench, Trubner & Co. Ltd.: London [published 1948], XVIII, illus., 362 pp.

History, Cobbett Press: London, Volume 6 of the series Past and Present, 80 pp.

Prehistoric Communities of the British Isles (2nd edition, revised), W. & R. Chambers Ltd.: London and Edinburgh, XIV, 96 figs., 16pls, 247 pp.

"The Final Bronze Age in the Near East and in Temperate Europe",

Archaeology Newsletter, 2, 9–11.

"Nuevas Fechas para la Cronologia Prehistorica de la EuropaAtlantica",
Cuadernos de Historia Primitiva, II, no. I, 5–23.

"A Stone Age Settlement at the Braes of Rinyo, Rousay, Orkney" (second
report) (with W. G. Grant), *Proceedings of the Society of Antiquaries of Scotland*,
LXXXI, 16–42.

"Megalithic Tombs in Scotland and Ireland", *Trans. Glasgow Arch. Soc.*, XI,
7–21.

"The Culture Sequence in the Northern Stone Age: Revised after Twelve Years'
Research", University of London Institute of Archaeology, Fourth Annual Report,
46–60.

1948

Man Makes Himself (reprint of 1941 edition), Watts: London.

296   *What Happened in History* (reset), Pelican Books Ltd. : Harmondsworth and
New York.

Eine Geschiechte der Werkzeuge, translation of *The Story of Tools*, by Emil
Machek, Tagblatt-Bibliothek Im Globus-Verlag, Wien (Institute copy has some
comments by VGC), 54 pp. (Austrian).

"Cross-dating in the European Bronze Age", In *Festschrift fur Otto Tschumi*,
Verlag Huber & Co. : Frauenfeld, 70–76.

"Sur l'age des objets importes des iles Britanniques trouvees en Poligne",
Slavia Antiqua, I, 84–93.

"Megaliths", *Ancient India*, 4, 4–13.

"The Technique of Prehistoric Metal Work: A Review" (review of
Metallteknik under Forhistorisk Tid by A. Oldeberg), *Antiquity*, XXII, 29–32.

"Mesopotamian Archaeology: A Review" (review of Foundations in the Dust by S. Lloyd), *Antiquity*, XXII, 198–200.

"Paleolithic Man in Greece", *Antiquity*, XXII, 210.

"Cinerary Urns from Kirk Ireton" (with G. T. Warwick and G. S. Johnson), *Journal of the Derbyshire Archaeological and Natural History Society*, 68, 31–36.

Archaeological note in 'Ancient Mining and Metallurgy Group: Preliminary Report, Part I'", *Man*, XLVIII, no. 3.

"Culture Sequence in the Stone Age of Northern Europe", *Man*, XLVIII, no. 44.

"The Final Bronze Age in the Near East and in Temperate Europe", *Proceedings of the Prehistoric Society*, XIV, 177–195.

1949

Prehistoric Communities of the British Isles (3rd edition, revised), W. & R. Chambers Ltd. : London.

L'Aube de la Civilisation Europeenne, translation of *The Dawn of European Civilization*, Payot, Paris.

Clovek svym tvurcem, translation of *Man Makes Himself* by J. Schranilova, Preface by Jaroslav Bohm (no pagination, 3 pp.), Nakaladatelstvi Svoboda, Prague, 199 pp.

Progress i Arkheologiya, translation of *Progress and Archaeology* by M. B. Sviridova-Grakova, Foreign Literature Publishing House, Moscow, 194 pp.

Il progresso nel mondo antico, translation of *What Happened in History* by A. Ruata, Einaudi Editore, 299 pp. 297

A Szerszamok Tortenete, translation of *The Story of Tools* by S. Jolan, Szikra Kiadas, Budapest, (No. 20 of series Marxists Ismeretek Kis Kohyvtara), 59 pp.

Social Worlds of Knowledge, L. T. Hobhouse Memorial Trust Lecture, no. 19, delivered on 12 May 1948 at King's College, London, Oxford University Press.

"The First Bronze Vases to be Made in Central Europe", *Acta Archaeologica*, XX, 257-264.

"The Origin of Neolithic Culture in Northern Europe", *Antiquity*, XXIIX, 129-135.

The Sociology of Knowledge", *Modern Quarterly*, NS, IV, 302-309.

"Neolithic House-types in Temperate Europe", *Proceedings of the Prehistoric Society*, XV, 77-86.

"Organic and Social Evolution", *The Rationalist Annual*, 1949, 57-62.

"Great Science and Society" (review), *Labour Monthly*, XXI, 221.

"Marxism and the Classics", *Labour Monthly*, XXI, 250.

1950

The Dawn of European Civilization (5th edition, revised), Routledge & Kegan Paul Ltd. : London, XIII, illus. , 362 pp.

Prehistoric Migrations in Europe, Instituttet for Sammenlignende Kulturforskning, Serie A, Forelesninger, XX, H. Aschehaug & Co. , Oslo, Kegan Paul, Trench, Trubner & Co. Ltd. : London.

Skara Brae (new impression), Kegan Paul, Trench, Trubner & Co. Ltd. : London.

What Happened in History (reprint), Penguin Books Ltd. : Harmondsworth and New York.

Jak Powstaly Narzedzia, translation of *The Story of Tools* by T. Szumowski, Ksiazka iwiedza, Warsaw, 52 pp.

Magic, Craftsmanship and Science, The Frazer Lecture, delivered at Liverpool on 10 November 1949, University Press, Liverpool.

298   " Kent's Cavern. 1949 Report of the Investigating Committee ", *The Advancement of Science*, 7, no. 25, Sect. H. , 98-99.

"La Civilization de Seine-Oise-Marne" (with N. Sandars) , *L'Anthropologie*, 54, 1-18.

"Cave Men's Buildings", *Antiquity*, XXIV, 4-11.

"University of London Institute of Archaeology", *Archaeology Newsletter*, 3-4, 57-60.

"Social Evolution in Light of Archaeology", *Mankind*, 4, no. 5, 175-183.

" Comparison of Archaeological and Radiocarbon Datings ", *Nature*, 166, 1068-1069.

" Algunas analogias das ceramicas pre-historicas britanicas com as portuguesas", *Revisita de Guimaraes*, LX, 5-16.

"The Urban Revolution", *Town Planning Review*, XXI, no. I, 3-17.

"Axe and Adze, Bow and Sling: Contrasts in Early Neolithic Europe", *Jahrbuch* 40 *der Schweiz Gesel für Urgeachichte*, XL, 156-162.

1951

Man Makes Himself (reprint of 1941 ed. , slightly revised) , Watts, London.

Man Makes Himself: *Man's Progress through the Ages*, American Printing of revised English Edition (1941) , New American Library: New York.

Social Evolution, Based on a series of lectures delivered at the University Birmingham in 1947—1948 under the Josiah Mason Lectureship founded by the Rationalist Press Association, Watts & Co. : London, Henry Schuman: New York, VII, 184 pp.

"The Balanced Sickle", In *Aspects of British Archaeology and Beyond*: *Essays Presented to O. G. S. Crawford*, (Ed.) Grimes, W. H. W. Edwards: London, pp. 39-48.

"La ultima Edad del Bronce en el Proximo Oriente y en la Europa Central", *Ampurias*, XIII, 5-34.

"The Framework of Prehistory", *Man*, LI, no. 119.

"Bronze Dagger of Mycenaean Type from Pelynt, Cornwall", *Proceedings of the Prehistoric Society*, XVII, 95.

299   "An Exotic Stone Adze from Tuckingmill, Camborne, Cornwall", *Proceedings of the Prehistoric Society*, XVII, 96.

"The First Waggons and Carts-from the Tigris to the Severn", *Proceedings of the Prehistoric Society*, XVII, 177-194.

Review: Periodizatsiya Tripolskikh Poselenii ('The Periodization of Tripolye Settlements' by T. S. Passek), *Soviet Studies*, II, no. 4, 386-389.

"Copper and Stone Battle-axes", University of London Institute of Archaeology, Seventh Annual Report, 44-45.

"30th Birthday Greetings", *Labour Monthly*, XXXIII, 342.

1952

New Light on the Most Ancient East (4th edition, rewritten), Routledge & Kegan Paul: London, XIII, illus. , 255.

Scotland: Illustrated Guide to Ancient Monuments in the Ownership or Guardianship of the Ministry of Works, V. 6 (with W. D. Simpson), HMSO: Edinburgh, 127 pp.

What Happened in History (reprint), Penguin Books Ltd: Harmondsworth and New York.

U istokov evropeiskoi tsivilizatsii, translation of *The Dawn of European Civilization*, by M. B. Sviridova-Grakova, Introduction by A. Mongait, pp. 3-18, Foreign Literature Publishing House: Moscow, 467 pp.

Stufen der Kultur, vonder Urzeit zur Antike, translation of *What Happened in History*, by F. W. Gutbrod, Europaischer Buchklub, Stuttgart, Zurich, Salzberg; Same edition also issued by W. Kohlhammer Verlag, Stuppgart.

L'uomo crea gg stesso, translation of *Man Makes Himself* (copyright 1952) , by di Claudio Gorlier: G. Einaudi Editore, 393 pp.

Van Vuursteen tot Wereldriik, translation of *What Happened in History*, translated, adapted and illustrated by R. Van Amerongen, Introduced by A. E. van Giffen, N. V. Em. Querido's Uitgeversmij, Amsterdam, 323 pp.

"Trade and Industry in Barbarian Europe till Roman Times", In *the Cambridge Economic History of Europe*, II, *Trade and Industry in the Middle Ages*, (Ed.) Postan, M. and Rich, E. E. , Cambridge University Press, Chap. I, 1-32.

"The West Baltic, Britain and the South: Some New Links", In *Carolla Archaeologica in Honorem C. A. Nordman*, (Ed.) Kivikoski, E. , K. P. 300 Puromiehen Kirjapaino O. Y. , Helsinki, 8-16.

Old World Neolithic, Inventory Paper for Wenner-Gren International Symposium on Anthropology, New York City, 9-20 June 1952, Paper No. 10, 1-21, duplicated.

"Terminology in Egyptian Prehistory", *Antiquity*, XXVI, 149-50.

"Aims of Research", In 'Report of Ancient Mining and Metallurgy Committee", *Man*, LII, no. 124.

"The Birth of Civilization", *Past and Present*, 2, 1-10.

"Re-excavation of the Chambered Cairn of Quoyness, Sanday, on the behalf of the Ministry of Works in 1951—1952", *Proceedings of the Society of Antiquaries of Scotland*, LXXXVI, 121-139.

"Arch. Org. in the USSR", *Anglo-Soviet Journal*, XIII (3) , 23-26.

1953

L'Orient prehistorique, translation of 1952, 4th edition of *New Light on the Most Ancient East*, by A. Guieu, Paris, 326 pp.

Proqresso e Archaeologia, translation of *Progress and Archaeology*, by G.

Fanoli, Preface by Sergio Donadoni, pp. V-X, Universale Economica, Milan, 128 pp.

What is History?, American edition of *History*, Henry Schuman: New York.

"The Middle Bronze Age", *Archivo de Prehistoria Levantina*, IV, Tom. II, Homenjae a D. Isidro Ballester Tormo, 167‑185.

"The Significance of the Sling for Greek Prehistory", In *Studies Presented to David Moore Robinson*, (Ed.) Mylonas, G. E. and Raymond, D., Washington University, 1‑5.

"The Constitution of Archaeology as a Science", In *Science, Medicine and History: Essays on the Evolution of Scientific Thought and Medical Practice Written in Honor of Charles Singer*, I, (Ed.) Underwood, E. A., Oxford University Press: London, 3, 15.

"Science in Preliterate Societies and the Ancient Oriental Civilizations", *Centaurus, International Magazine of the History of Science and Medicine*, 3, 12‑23.

"Model of the Chambered Cairn, 'Edmond' Howe'" (with J. D. Akeredolu), *Museums Journal*, 53, no. 8, 197‑199.

301   "L'Artigianato Nella Civita Minoico-Micenea", *Rassegna Internazionale Dell Artiaianato*, 5, 27‑39.

"Editorial Note" (with John Morris), *Past and Present*, 4, 1.

"The Socketed Celt in Upper Eurasia", University of London Institute of Archaeology, Tenth Annual Report, 11‑25.

Russian edition of New Light on the Most Ancient East. Introduced by ??, Foreign Literature Publishing House, Moscow, 393 pp.

1954

What Happened in History (2nd edition), Penguin Books Ltd. : Harmondsworth and New York.

History, Japanese edition, Tokyo.

Man Makes Himself, Chinese edition (based on 4th edition), translated by Chow 'Tsia-Kai, Shanghai, 228 pp.

The Story of Tools, Chinese edition, translated by Chow 'Tsia-Kai, Shanghai, 49 pp.

Manniskan skanar sig sialv, translation of *What Happened in History*, by Alvar Ellegard, Almqvist & Wiksell / Gebers Forlag AB, Uppsala, 310 pp.

Postep a Archeoligia, translation of *Progress and Archaeology*, by A. Ponikowski and Z. Slawska, Panstwowe Wydownictwo Naukowe, Warsaw, 177 pp.

Los oriaenes de la civilizacion, translation of *Man Makes Himself*, by Eli. de Gortari, Fondo de Cultura Economica, Mexico (based on first English edition), (NB: Spanish impressions-1954, 59, 65, 67, 70, 71, 73, 74, 75, 75, 78, 80, 81, 82), (Spanish / Mexican).

"The Artifacts of Prehistoric Man as Applications of Science", International Commission for a History of Scientific and Cultural Development of Mankind, 2 February 1954, duplicated.

"Prehistory, 1, Man and His Culture", 3-10; 2, "Pleistocene Societies in Europe", 11-27; 3, "The Mesolithic Age", 28-38, In *the European Inheritance*, I, (Ed.) Barker, G. Clark, G. and Vaucher, P. , Clarendon Press: Oxford.

"Early Forms of Society", 38-57, "Rotary Motion", 187-215, "Wheeled Vehicles", 716-729, In *A History of Technology*, (Ed.) Singer, C. Holmyard, E. J. and Hall, A. R. , Clarendon Press: Oxford.

"The Diffusion of Wheeled Vehicles", *Ethnoaraphisch-Archaologische*   302 *Forschungen*, 2, 1-16.

"Archaeological Documents for the Prehistory of Science (I) ", *Journal of World History*, I, no. 4, 739-759.

"Documents in the Prehistory of Science (II) ", *Journal of World History*, II,
No. 1, 9–25.

Obituary of Prof. H. Frankfort, *Nature*, 174, 337–338.

"The First Colonization of Britain by Farmers" (review of The Neolithic
Cultures of the British Isles by S. Piggott), *Nature*, 174, 575.

"The Stone Age Comes to Life", *The Rationalist Annual*, 1954, 1–7.

"Archaeological Notes in the USSR", *Society of Cultural Relations with the
USSR*, Bulletin No. 4, 7–10.

"The Excavation of a Neolithic Barrow on Whiteleaf Hill Bucks" (with Isobel
Smith), *Proceedings of the Prehistoric Society*, XX, 212–230.

"L'Etat actuel des etudes prehistoriques dans l'ancien monde (I & II)",
Diogene, No. 5, 98–107, No. 6, 103–122.

"The Relations Between Greece and Prehistoric Europe", *Acta Congressus
Madvigian*, Proceedings of the 2nd International Congress of Classical Studies, 1,
293–316.

1955

Man Makes Himself, New American Library: N. Y. 191 pp.

"Dates of Stonehenge", *The Scientific Monthly*, 80, no. 5, 281–285.

"The Significance of Lake Dwellings in the History of Prehistory", *Sibrium*, 2,
Part 2, Atti del Convegno internazionale di paletnologia, Varese, 29–31 Agosto,
1954, 87–91.

"The Sociology of Mycenaean Tablets", *Past and Present*, No. 7, 76–77.

" Archaeology in Bulgaria Since 1945 ", *Archaeological Newsletter*,
5, 240–241.

1956

Piecing Together the Past: The Interpretation of Archaeological Data, Routledge & Kegan Paul; London, VII, 4 figs. , 126 pp.

A Short Introduction to Archaeology, Frederick Muller Ltd. : London, Men and Society Series, 7 figs, 142 pp.

Society and Knowledge(Volume 6 of World Perspectives), New York, Harper & Brothers, 119 pp.

Man Makes Himself(3rd edition), Watts & Co. : London.

"Kostienki: 'East Gravettian' or 'Solutrean'?", University of London Institute of Archaeology, Twelfth Annual Report, pp. 8–19.

"The Past, the Present and the Future" (review), *Past and Present*, X, 3–5.

"Long Houses of Prehistoric Europe", *Sarawak Museum Journal*, 7, 259–262.

"The New Stone Age", In *Man, Culture and Society*, (Ed.) Shapiro, H. Oxford University Press: N. Y. , 95–111.

"Anatolia and Thrace", *Anatolian Studies*, 1, 45–48.

"Notes on the Chronology of the Hungarian Bronze Age", *Acta Archaeologica Academiae Scientiarum Hungarica*, 7, 291–299.

"Maes Howe", *Proceedings of the Society of Antiquaries of Scotland*, LXXXVIII, 155–172.

1957

The Dawn of European Civilization (6th edition), Routledge & Kegan Paul Ltd. : London, XIII, illus. , 368 pp.

"The Bronze Age", *Past and Present*, XII, 2–15.

"Civilization, Cities and Towns", *Antiquity*, XXXI, 36–38.

"The Evolution of Society", *Antiquity*, XXXI, 210–213.

1958

The Prehistory of European Society, Penguin Books: Harmondsworth.

"Retrospect", *Antiquity*, XXXII, 69-74.

304   "Valediction", University of London Institute of Archaeology Bulletin, I, 1-8.

Japanese translation of *Man Makes Himself*, 2 volumes.

Sociedad y Conocimient, translation of *Society and Knowledge*, by Josefina B. de Frandiziz, Ediciones Galatea Neuva Vision, Buenos Aires, 141 pp. (Argentinian).

Preistoria della Societa Europea, translation of *The Prehistory of European Society*, by J. P. Le Divelec Sansoni, Florence, 272 pp. Also Universale Sansoni ed. 1966 there called 3rd edition, 2nd edition 1962, 3rd edition 1979 (Italian).

Reconstruruyendo el Pasado, translation of *Piecing Together the Past*, by Maria Teresa Rabiela de Rojas, Universidad Nacional Autonoma de Mexico, Mexico City 171 pp. (Mexican).

1959

Samfund og Viden: Belyst af en Arkaeolog, translation of *Society and Knowledge*, by Kristian Thomson, Munksgaard, Copenhagen (?), 132 pp. (Short bibliography added)

1960

"An Italian Axe-Mould from Myccnac", In *Civilta del Ferrof*, (Ed.) Arnoldo, Forni, Bologna, pp. 575-278.

What Happened in History, with notes and updated bibliography compiled by J. D. Evans and Joan du Plat Taylor, Max Parrish, London (2nd edition), 250 pp.

Vorgeschichte der Eurooaischen Kultur, translation of *The Prehistory of European Society*, by Ernesto Grassi, Rowohlt, Hamburg, 155 pp.

I Frammenti de Passato: *archaeologica della prehistoria*, translation of *Piecing Together the Past*, by Maria Louisa Rotondi and Enrico De Luigi, Preface by Salvatore M. Puglisi, pp. v⁻x, Feltrinelli Editore, Milan, 207 pp.

1961

Le Mouvement de l'Historie, translation of *What Happened in History*, by Andre Mansat et Jean Barthhalan, Preface by Raymond Furon, pp. 7⁻12, B. Athaud, Paris(??) (2nd edition) 271 pp. (French).

Introducao A' Arqueolooia, translation of *A Short Introduction to Archaeology*, by Jorge Borges de Macedo, Preface by O. Tradutor, pp. 7⁻8, Publicacoes Europa—America, Lisbon, 159 pp. (Portuguese).

1962

"Old World Prehistory: Neolithic", In *Anthropology Today*: *An Encyclopedic Inventory*, (Ed.) Tax, S. University of Chicago Press: Chicago, 152⁻168.

A Short Introduction to Archaeology, Collier Books, New York, 127 pp. (American).

The Prehistory of European Society, London, Cassells, 184 pp. (New Edition).

Az Europai Tarsadalom Ostortenete, translation of *The Prehistory of European Society*, by Lengyel Janos, Introduction by Ferenczy Endre, pp. 3⁻11, Gondolat Kiado, Budapest [Studium Konyvek No. 35], 182 pp.

* Note Studium Konyvek also published No. 11 by VGC, A Civilizacio bolcsoje— ?????

Europas Forhistorie, translation of *The Prehistory of European Society*, by Urik

Friis Moller, Foreword by Johannes Bronsted, pp. 5–6, Munksgaard, Copenhagen, 175 pp. (Danish).

L'Europe Prehistoriaue: *Les pennies Societes europeennes*, translation of *The Prehistory of European Society*, by S. M. Guillemin, Payot, Paris, 186 pp.

1963

O rozwoju w historii, translation of *What Happened in History*, by Halina Krahelska, Warszawa Panstwowe Wydawnictwo Naukowe (reprint of 1954 edition), 291 pp. (Polish).

Il Proaresso nel Mondo Antico(new issue of 1949 edition), translation of *What Happened in History*, by Adolfo Ruata, Turin, Piccola Biblioteca Einaudi 312 pp. (Italian).

Social Evolution, Foreword by Sir Mortimer Wheeler, pp. 5–7, Collins, Fontana Library, 191 pp.

The Bronze Age, New York, Biblo and Tannen xii, illus. , 258 pp. (V. III of Biblo & Tannen's Archives of Civilization).

1964

How Labour Governs: *Study of Workers Representation in Australia*, Foreword by F. B. Smith, pp. v–x, Melbourne University Press, Melbourne, 193 pp.

The Dawn of European Civilization(reprint of 6th edition), Vintage Books: N. Y. 367 pp.

1965

Man Makes Himself(4th edition), Preface by Glyn Daniel, ix–xii, London, Collins (Fontana), 244 pp.

Kulturernes Historie, translation of *What Happened in History*, by Helle

Salskov, Steen Hasselbalchs Forlad, (2nd edition) 293 pp. (Danish).

The Story of Tools (reprint of 1944 edition), Preface by G. M. Dawson, pp. 3-4, for the Building Workers' Industrial Union, Coronation Printery, Brisbane, 48 pp.

1966

Varhaiskulttuureia, translation of *What Happened in History*, by Aatu Leinonen, Helsingissa, Kustannusosakeyhtio Otava (2nd edition), 297 pp. (Finnish).

Na Prahu Dejiu, translation of *What Happened in History*, by Vladimir Spinka, Praha, Orbis, [Afterforward (Doslov), by Jan Filip, 12. 3. 1965, pp. 255-258], 368 pp. (Czech).

Faurirea Civizatiei, translation of *Man Makes Himself* by Florica Eugenia Condurachi, Preface by Glyn Daniel (pp. 21-23), Also Prefata la Edita in Limba RoMana by E. M. Condurachi, pp. 5-20, Bucuresti, Editura Stiintifca (4th Edition), 277 pp. (RoManian).

A Evolucao Cultural Do Homen, translation of *Man Makes Himself*, by Waltensir Dutra, Preface by Glyn Danial (pp. 11-14), Rio de Janeiro, Zahar Editores (4th edition), 229 pp. (Brazilian).

1967

El Naixment De La Civiltzacio, translation of *Man Makes Himself*, by d'Humbert Pardellans, Preface by Miguel Tarradell, pp. 9-12, Barcelona, Edicions 62, (4th Edition), 278 pp. (Catalan).

1968

Az ember onmaga alkotoia, translation of *Man Makes Himself*, by Szekely

Andorne, Introduction by Glyn Daniel, Preface by A. Kiado, Kosseth Konyvkiado, Budapest (?) (4th edition) (Hungarian).

Soziale Evolution, translation of Social Evolution, by Hans Werner, Suhrkamp Verlag, Frankfurt (1963 edition), 196 pp. (reprinted 1975) (German).

307   New Light on the Most Ancient East (reprint of 4th edition), Praeger: N. Y. 255 pp.

New Light on the Most Ancient East (reprint of 4th edition), W. W. Norton: N. Y. 255pp.

Prehistoric Migrations in Europe, (reprint of 1950 edition), Humanities Press: Englewood, N. J. 249 pp.

1969

Japanese edition of A Short Introduction to Archaeology.

Japanese edition of Man Makes Himself, 193 pp. ???

1970

The Aryans, Kennikat: N. Y. 221 pp.

1971

El Proares de la Historia, translation of What Happened in History, by d'Eduard Feliu I Mabres, Barcelona, Ediciones 62 (translation of edition with Forward by Graham Clark, date?), 282 pp. (Catalan).

La Evolucion Social, translation of Social Evolution, by Maria Rosa de Nadmadariaga, El Librode Bolsillo, Alanza editorial, Madrid (1951 edition), 199 pp. (Spanish).

The Story of Human Progress, Hindi translation of Man Makes Himself, by K. S. Mathur, Uttar Pradesh, Granth Academy Lucknow, 211 pp.

Greek edition of Man Makes Himself (4th edition), two-page Preface by A. P.

Progress and Archaeology (reprint of 1944 edition), Westport, CT. , Greenwood Press, 119 pp.

Prehistoric Communities of the British Isles (reprint of 1940 edition), Greenwood Press: Westport, CT. 274 pp.

1973

O Oue Aconteceu na Historia, translation of *What Happened in History*, by Waltensir Dutra, Zahar Editores, Rio de Janeiro (3rd edition), 292 pp. (Brazilian).

The Dawn of European Civilization (6th edition), Paladin, Frogmore, St. Albans.

What Happened in History(3rd edition), Book Club Associates, London.   308

Society and Knowledge(reprint of 1956 edition), Westport, CT. , Greenwood Press 131 pp.

1974

Persian edition of Man Makes Himself (4th edition).

1976

What Happened in History(revised edition), Penguin Books, Harmondsworth.

The Danube in Prehistory (reprint of 1929 edition), AMS Books: N. Y. 479 pp.

1978

La Prehistoria de la Sociedad Europea. translation of *The Prehistory of European Society*, by Juan Torres, Introduction by J. Maluquer de Motes, pp. 5-

10, Icaria, Barcelona, 206 pp. (Spanish).

1979

"Prehistory and Marxism", *Antiquity*, LIII, 93-95.

"Letter", *Antiquity*, VIV, 1-3.

1981

Man Makes Himself, Introduction by Sally Green, pp. 7-23 (first illustrated edition), Moonraker Press, Bradford on Avon, (reprint of 3rd edition, 1956), 192 pp.

1983

Man Makes Himself, Forward by Glyn Daniel, pp. v-xxi, New American Library, Meridian Books, New York and Scarborough, Ontario, (reprint of 1951 edition), 181 pp. (American).

1985

What Happened in History (reprint of 1942 edition), Forward by G. Clark, Penguin Books: N. Y. 303 pp.

1986

Nacimiento de las Civilizaciones Orientales, translation of *New Light on the Most Ancient East*, by D. A. Llobregat, Introduction by (author ?) iii-vi, Chronology, vii-ix, Bibliography, x-xi, Planeta-Agostini, Barcelona, 303 pp.

1987

The Aryans: A Study of Indo-European Origins, New York, Dorsett Press.

1990

"Australia Today is far from a Socialist Society", *Labour History*, 58: 100–103.

次级参考书目

310 Aaronovitch, Sam（山姆·阿伦诺维奇）

1949 "The Mode of Production: A Comment on Dr. S. Lilley's Review of Professor V. G. Childe's Book History". *Modern Quarterly.* 5: 81-85.

Abrams, Philip（菲利普·艾布拉姆斯）

1968 *The Origins of British Sociology.* Chicago: University of Chicago Press.

Adams, Mary（Ed.）（玛丽·亚当斯）

1933 *Science in the Changing World.* London: Allen & Unwin.

Adams, R. J. Q. and Poirier, Philip（亚当斯与波里埃）

1987 *The Conscription Controversy in Great Britain*, 1900—1918. New York: Macmillan Press.

Adams, Robert（罗伯特·亚当斯）

1959 "Review of The Prehistory of European Society by V. Gordon Childe". *American Anthropologist.* 60: 1240-1241.

Allen, Jim（吉姆·艾伦）

1967 "Aspects of V. Gordon Childe". *Labour History.* 12: 52-59.

1981 "Perspectives of a Sentimental Journey: V. Gordon Childe in Australia". *Australian Archaeology.* 12: 1-12.

Anderson, Perry（佩里·安德森）

1968 "Components of National Culture". *New Left Review.* 50（July-August）: 3-57.

Anonymous(不知名者)

1931 "Science". *Times Literary Supplement*. September 10. pp. 687.

1952 Review of Byzantium in Europe by Jack Lindsay. *Times Literary Supplement*. December 12, 816.

1965 Review of How Labour Governs (2nd Ed.) by V. Gordon Childe. *Times Literary Supplement*. No. 3300 pp. 412.

Aptheker, Herbert(赫伯特·阿普特克)

1953 "Book Burning: Yesterday and Today". *Masses and Mainstream*. 6 (8): 1-5.

Arnold, Bettina(贝蒂娜·阿诺德)

1990 "The Past as Propaganda: Totalitarian Archaeology in Nazi Germany". *Antiquity*, 64: 464-478.

Arnot, R. Page(佩吉·阿诺特)

1936 *History of the Labour Research Department*. London: Labour Research   311
Department.

Aronson, James(詹姆斯·阿伦森)

1954 " McCarthyism versus the Press ". *Masses and Mainstream*. 7 (3): 43-49.

Artsikhovskii, A. V.(阿尔齐霍夫斯基)

1977 "Archaeology", In *Great Soviet Encyclopedia*. 3rd edition, V. 2 (Ed.) Prokhorov, A. M. pp. 245-250.

Ashley, M. P. and Saunders, C. T.(艾希礼和桑德斯)

1933 *Red Oxford: A History of the Growth of Socialism in the University of Oxford*. Oxford: Oxford University Labour Club.

Attfield, John and William, Stephen (Eds.)(约翰·艾特菲尔德和斯蒂芬·威廉)

1984 1939: *The Communist Party of Great Britain and the War*. London:

Lawrence and Wishart.

Auden, Wystan(威斯坦·奥登)

1933 "Prose". *Left Review*. 3：242.

Barkan, Elazar(埃拉扎·巴肯)

1988 " Mobilizing Scientists Against Racism, 1930—1939 ". In Stocking 1988.

Barnes, James and Barnes, Patience(詹姆斯·巴恩斯和帕特恩·巴恩斯)

1980 *Hitler's Mein Kampf：A Publishing History*. N. Y. ：Cambridge University Press.

Basalla, George(乔治·巴萨拉)

1988 *The Evolution of Technology*. Cambridge：Cambridge University Press.

Benedict, Ruth and Weltfish, Gene(鲁思·本尼迪克特和吉恩·韦尔特菲什)

1943 *The Races of Mankind*. Public Affairs Committee.

Bernal, I. (贝尔纳)

1980 *A History of Mexican Archaeology*. London：Thames and Hudson.

Bernal, J. D. (贝尔纳)

1939 *The Social Function of Science*. London：MacMillan.

1949 *The Freedom of Necessity*. London：Routledge, Kegan, Paul.

1954 *Science in History*. N.Y. ：Cameron Associates.

Bibby, Geoffrey(杰弗里·比比)

1956 *Testimony of the Spade*. N. Y. ：Alfred Knopf.

Bintliff, John(约翰·宾特利夫)

1984 "Introduction". In *European Social Evolution：Archaeological Perspectives* Bintliff, J. (Ed.) Bradford：University of Bradford. pp. 12–39.

Bloch, Maurice(莫里斯·布洛克)

1983 *Marxism and Anthropology*. Oxford：Oxford University Press.

312

Boardman, J. (伯德曼)

1961 "Myres, Sir John Linton". In *Dictionary of National Biography* (1951—1961). pp. 762–763.

Borovka, G. (波罗夫卡)

1928 *Scythian Art*. London: Benn & Co. (translated from German by V. Gordon Childe)

Boulton, David (大卫・博尔顿)

1967 *Objection Overruled*. London: MacGibbon & Kee.

Bowler, Peter J. (皮特・波勒)

1984 *Evolution, the History of an Idea*. Berkeley: University of California Press.

1986 *Theories of Human Evolution: A Century of Debate*, 1844—1944. Baltimore: John Hopkins University Press.

1988 *The Non-Darwinian Revolution: Reinterpreting a Historical Myth*. Baltimore: John Hopkins University Press.

1989 *The Invention of Progress: The Victorians and the Past*. Oxford: Basil Blackwell.

Brady, Robert (罗伯特・布雷迪)

1937 *The Spirit and Structure of Fascism*. London: Allen & Unwin.

Braidwood, Robert (罗伯特・布雷德伍德)

1958 "Vere Gordon Childe, 1892—1957". *American Anthropologist*. 60: 733–736.

Branson, Noreen (诺伦・布兰森)

1985 *History of the CPGB*. London: Lawrence and Wishart.

Branson, Noreen and Heinemann, Margot (诺伦・布兰森和玛戈・海因曼)

1971 *Britain in the Nineteen Thirties*. London: Allen & Unwin.

Braunthal, Julius (裘力斯・布朗索尔)

1939 "What If Hitler Won the War? ". *Plebs*. 33: 25-26

Brew, John O. (Ed.)(约翰·布鲁)

1968 *One Hundred Years of Anthropology*. Cambridge: Harvard University Press.

313   Burrow, J.(伯罗)

1966 *Evolution and Society: A Study of Victorian Social Theory*. Cambridge: Cambridge University Press.

Burston, W. H.(伯斯顿)

1951 "The Principle of 'No Political Discrimination' in Teaching Appointments". *The Universities Review*. 23(3): 188-194.

1952 Letter to the Editor. *The Universities Review*. 24(2): 130-131

Callaghan, John(约翰·卡拉汉)

1990a *Socialism in Britain Since* 1884. Oxford: Basil Blackwell.

1990b "Rajani Palme Dutt, British Communism, and the Communist Party of India". *Journal of Communist Studies*. 6: 49-70.

Campbell, E. W.(坎贝尔)

1945 *History of the Australian Labour Movement: A Marxist Interpretation*. Sydney: Current Book Distributors.

Carr, E. H.(卡尔)

1961 *What is History?*. Harmondsworth: Penguin Books.

Chambers, John W.(约翰·钱伯斯)

1972 "Introduction". In *The Conscientious Objector*. by Kellogg, Walter. N. Y. : Garland Publishing Co. pp. 5-18.

Christenson, Andrew L. (Ed.)(安德鲁·克里斯坦森)

1989 *Tracing Archaeology's Past*. Carbondale: Southern Illinois Press.

Clark, Grahame(格雷厄姆·克拉克)

1934 "Archaeology and the State". *Antiquity*. 8: 414-428.

1938 "Review of Handbuch der Urgeschichte Deutschlands", Band 1&3.   314
Proceedings of the Prehistoric Society. 4: 351.

1939 *Archaeology and Society.* London: Methuen.

1946 *From Savagery to Civilization.* London: Cobbett Press.

1957a "Prof. V. Gordon Childe: A World-wide Reputation". *London Times.*
14 November.

1957b "Review of The Prehistory of European Society by V. Gordon Childe".
Antiquaries Journal. 58: 257-258.

1976 "Prehistory Since Childe". *Institute of Archaeology Bulletin.* University
of London, 13: 1-21.

1983 *The Identity of Man: As Seen by an Archaeologist.* London: Methuen

1989 *Prehistory at Cambridge and Beyond.* Cambridge: Cambridge University
Press.

Clark, P. LeGros (Ed.)(莱斯格罗斯·克拉克)

1938 *National Fitness: A Brief Essay on Contemporary Britain.* London:
MacMillan.

Cole, G. D. H.(科尔夫妇)

1934 *What Marx Really Meant.* N. Y. : Alfred Knopf.

1935 "Marxism and the World Situation Today". In *Marxism* (Ed.) Murray,
J. Middleton et. al. London: Chapman Ltd. pp. 208-240.

Collingwood, R.(柯林伍德)

1946 *The Idea of History.* Oxford: Oxford University Press.

Comas, Juan(胡安·科莫斯)

1953 Racial Myths. Paris: UNESCO.

Cook, Blanche(布兰奇·库克)

1989—1990 "The Impact of Anti-Communism in American Life". *Science and
Society.* 53: 470-475.

Crawford, O. G. S. (克劳福德)

1936 "Human Progress: A Review". *Antiquity*. 10: 391-404.

1938 "Air Photography Past and Future: Presidential Address". *Proceedings of the Prehistoric Society*. 4: 233-238.

1955 *Said and Done*. London: Phoenix House.

1957 "Professor V. Gordon Childe". *London Times*. 5 November.

Crowther, J. G. (克劳瑟)

1931 "A Congress of Scientists". *Manchester Guardian*. 30 June.

1941 *The Social Relations of Science*. London

1970 *Fifty Years With Science*. London: Barrie & Jenkins.

Cruden, Stuart(斯图尔特·克鲁登)

1957 "Memorial of Professor V. Gordon Childe". *Proceedings of the Society of Antiquaries of Scotland*. 90: 256-259.

Cruttwell, C. R. M. F. (克鲁特韦尔)

1964 *A History of the Great War*. London: Allen & Unwin.

315   Cunliffe, Barry(巴里·坎利夫)

1973 "Introduction". In *The Dawn of European Civilization* by V. Gordon Childe (6th Ed.) Frogmore, St. Albans: Paladin. pp. 15-32.

Curwen, E. Cecil(塞西尔·柯文)

1946 *Plough and Pasture*. London: Cobbett Press.

Daniel, Glyn(格林·丹尼尔)

1943 *The Three Ages: An Essay on Archaeological Method*. Cambridge: Cambridge University Press.

1949 "A Defense of Prehistory". *Cambridge Journal*. 3:131-147.

1950 *A Hundred Years of Archaeology*. London: Duckworth.

1958 "Editorial". *Antiquity*. 32: 65-68.

1962 *The Idea of Prehistory*. London: Watts & Co.

1965 "Preface to the Fourth Edition". In *Man Makes Himself*, by V. Gordon Childe. London: Fontana Library. pp. ix–xii.

1967 *The Origins and Growth of Archaeology*. N. Y. : Thomas Crowell & Co.

1975 *A Hundred and Fifty Years of Archaeology*. Harmondsworth: Penguin Books.

1981a *A Short History of Archaeology*. London: Thames and Hudson.

1981b "Introduction: The Necessity for an Historical Approach to Archaeology". In *Towards a History of Archaeology*. (Ed.) Daniel, Glyn. London: Thames and Hudson. pp. 9–13.

1983 "Foreword". In *Man Makes Himself*, by V. Gordon Childe. New York: New American Library (Meridian Book). pp. v–xxi.

1986 *Some Small Harvest*. London: Thames and Hudson. Daniel, Glyn and Chippindale, Christopher (Eds.)

1989 *The Past Masters: Eleven Modern Pioneers of Archaeology*. London: Thames and Hudson.

Daniel, Glyn and Renfrew, Colin(格林・丹尼尔和科林・伦福儒)

1987 *The Idea of Prehistory*. Edinburgh: Edinburgh University Press.

Darnell, Regna(雷格娜・达内尔)

1977 "History of Anthropology in Historical Perspective". *Annual Review of Anthropology*. 6: 399–417.

Davidson, A. (戴维森)

1969 *The Communist Party of Australia: A Short History*. Stanford: Hoover Institution Press.

Delaporte, L. (德拉波特)

1925 *Mesopotamia: The Babylonian and Assyrian Civilizations*. London: Kegan, Paul, Trench & Trubner (translated from French by V. Gordon Childe).

Dewar, Hugo(雨果・杜瓦)

316

1980 *Communist Politics in Britain: The CPGB from Its Origins to the Second World War*. N. Y. : Pluto Press.

Dobkowski, Michael and Wallimann, Isidor (Eds.)(迈克·多布科夫斯基和伊西多·威廉曼)

1989 *Radical Perspectives on the Rise of Fascism in Germany Between* 1919—1945. N. Y. : Monthly Review Press.

Donaldson, Gordon(高登·唐纳森)

1983 "Some Changes in the Classroom in the Twentieth Century". In Donaldson (Ed.), 1983, pp. 164-176.

Donaldson, Gordon (Ed.)(高登·唐纳森)

1983 *Four Centuries: Edinburgh University Life*. Edinburgh: Edinburgh University Press.

Dutt, R. Palme(拉贾尼·帕姆·达特)

1957a "Tribute to Memory of Gordon Childe". *Daily Worker*. 22 October.

1957b "Prof. V. Gordon Childe". *London Times*. 24 October.

1958 "Introduction". In *What Happened in History* by V. Gordon Childe. Budapest, Hungary, pp. 1-5.

1965 "Letter". *Times Literary Supplement*. No. 3304, pp. 539.

Editorial(社论)

1919 *The Standard*.

1923 *Plebs*. 936

1951 *Modern Quarterly*.

Ehrich, Robert(罗伯特·埃里希)

1959 "Review of A Short Introduction to Archaeology by V. Gordon Childe". *American Anthropologist*. 61:1139-1140.

Eldridge, L. A.(埃尔德里奇)

1953 "One Man's Meat— ". *Harpers Quarterly*. 207:16.

Embree, Edwin(埃德温·恩布里)   317

1940 "Review of Man Makes Himself by V. Gordon Childe". *American Sociological Review.* 5：151.

Evans, Christopher(克里斯托弗·伊文思)

1989 "Archaeology and Modern Times：Bersu's Woodbury 1938 & 1939". *Antiquity.* 63：436-450.

Evans, John and Cunliffe, Barry and Renfrew, Colin (Eds.)(约翰·伊文思、巴里·坎利夫和科林·伦福儒)

1981 *Antiquity and Man：Essays in Honour of Glyn Daniel.* London：Thames and Hudson.

Evatt, H.(伊瓦特)

1940 *Australian Labour Leader：The Story of W. A. Holman and the Labour Movement.* Sydney：Angus and Robertson.

Fahnestock, P. J.(法恩斯托克)

1984 "History and Theoretical Development：The Importance of a Critical Historiography of Archaeology". *Archaeological Review* from Cambridge. 3：7-18.

Farrington, Benjamin(本杰明·法林顿)

1938 *The Civilizations of Greece and Rome.* London：Gollancz.

1939 *Science and Politics in the Ancient World.* London：George Allen & Unwin, Ltd.

1942 "Review of *What Happened in History* by V. Gordon Childe". *Labour Monthly.*

Farrington, Benjamin and Butterworth, Thornton(本杰明·法林顿和桑顿·巴特沃斯)

1936 *Science in Antiquity.* Home University Library.

Fast, Howard(霍华德·法斯特)

1990 *Being Red：A Memoir.* Boston：Houghton Mifflin.

Filip, Rediguje Jan(菲利普)

1958 "Zemrel Professor V. Gordon Childe". *Archeologicke Rozhledy*. 10:123-124.

Fitzpatrick, B. (菲茨帕特里克)

1972 *A Short History of the Australian Labour Movement*. Sydney: Rawson's Bookshop.

Forde, Daryll(达利尔·弗德)

1948 "Integration of Anthropological Studies". *Journal of the Royal Anthropological Institute*. 78:1-10.

1973 "Commentary". New Diffusionist.

Forward, Roy and Reece, Bob (Eds.)(罗伊·福沃德和鲍勃·里斯)

1968 *Conscription in Australia*. St. Lucia: University of Queensland Press.

Fowler, Don(多恩·福勒)

1987 "Uses of the Past: Archaeology in Service of the State". *American Antiquity*. 52:229-248.

Fraser, D. (弗雷泽)

1926 "Review of The Dawn of European Civilization". *American Anthropologist*.

Gallagher, Tom(汤姆·加拉格尔)

1987 *Edinburgh Divided*. Edinburgh: Polygon.

Gathercole, Peter(彼得·盖瑟科尔)

1971 "Patterns in Prehistory". *World Archaeology*. 3: 225-232.

1974 "Childe, Empiricism and Marxism". Ms.

1976a "Gordon Childe and the Prehistory of Europe". Ms.

1976b "Childe the Outsider". *Royal Anthropological Institute Newsletter*. 17: 5-6.

1982 "Gordon Childe: Man or Myth?". *Antiquity*. 56: 195-198.

1987 "Childe Studies After 30 Years". *Antiquity*. 61: 450-451.

1989 "Childe's Early Marxism". In Pinsky and Wylie. pp. 80-87.

Gibbs, Marion(马里恩·吉布斯)

1949 *Feudal Order*. London: Cobbett Press.

Gibson, D. Blair and Geselowitz, Michael, N. (布莱尔·吉布森和迈克尔·格塞洛维茨)

1988 "The Evolution of Complex Society in Late Prehistoric Europe: Toward a Paradigm". In *Tribe and Polity, in Late Prehistoric Europe*. (Eds.) Gibson, D. B. and Geselowitz, M. N. New York: Plenum Press. pp. 3-37.

Gledhill, J. (格莱德希尔)

1981 "Times Arrow: Anthropology, History, Social Evolution and Marxist Theory". *Critique of Anthropology*. 6: 3-30.

Gollan, R. (戈兰)

1960 *Radical and Working Class Politics: A Study of Eastern Australia*, 1850—1910. Melbourne: Melbourne University Press.

1964 "Review of Childe's How Labour Governs (2nd Ed.) ". *Labour History*. 7: 61-62.

1975 *Revolutionaries and Reformists: Communism and the Australian Labour Movement*, 1920—1955. Richmond, Surrey: Richmond Publishing Co. Ltd.

Graham, Angus(安格斯·格雷厄姆)

1981 "I Piam Veterum Memoriam". In *The Scottish Antiquarian Tradition*. (Ed.) Bell, A. S. Edinburgh: John Donald Publishers. pp. 212-226.

Graham, John W. (约翰·格雷厄姆)

1922 *Conscription and Conscience: A History*, 1916—1919. London: Allen & Unwin.

Graham, Loren(洛伦·格雷厄姆)

1967 *The Soviet Academy of Science and the Communist Party*, 1927—1932. Princeton: Princeton University Press.

319

Gray, Ronald(罗纳德·格雷)

1981 *Hitler and the Germans*. Cambridge: Cambridge University Press.

Green, Sally(萨利·格林)

1981a "Introduction". In *Man Makes Himself* by V. Gordon Childe. Bradford-on-Avon: Moonraker Press. pp. 7–23.

1981b *Prehistorian: A Biography of V. Gordon Childe*. Bradford-on-Avon: Moonraker Press.

Greenwood, Thomas(托马斯·格林伍德)

1931 "The Third International Congress of the History of Science and Technology". *Nature*. 128:78–80

Hakken, David and Lessinger, Hanna (Ed.)(大卫·哈肯和汉娜·莱辛格)

1987 *Perspectives in U. S. Marxist Anthropology*. Boulder: Westview Press.

Haldane, J. B. S.(霍尔丹)

1938 *Science and Every Day Life*. London: Lawrence and Wishart.

1940 "Preface". In *Dialectics of Nature* by Frederick Engels. N. Y.: International Publishers.

Harris, Marvin(马文·哈里斯)

1968 *The Rise of Anthropological Theory*. New York: Thomas Y. Crowell.

Hawkes, Christopher(克里斯托弗·霍克斯)

1940 *The Prehistoric Foundations of Europe*. London: Methuen & Co.

1958 "Obituary".

Hawkes, Jacquetta(雅克塔·霍克斯)

1982 *Adventurer in Archaeology: The Biography of Sir Mortimer Wheeler*. New York: St. Martin's Press.

320   Hay, Denys(丹尼斯·海伊)

1983 "Some Changes Outside the Classroom in the Last Half Century". In Donaldson 1983. pp. 149–164.

Hayes, Dennis(丹尼斯·海斯)

1949a *Challenge of Conscience: The Story of the Conscientious Objectors*. London: Allen & Unwin.

1949b *Conscription Conflict: The Conflict of Ideas in the Struggle for and Against Military Conscription in Britain Between* 1901 *and* 1939. London: Sheppard Press.

Hencken, Hugh(休·亨肯)

1941 "Review of *Prehistoric Communities of the British Isles* by V. Gordon Childe". *American Journal of Archaeology*. 45: 476–478. 9

1959 "Review of *The Prehistory of European Society* by V. Gordon Childe". *American Journal of Archaeology*. 63: 286–287.

Hicks, Granville(格兰维尔·希克斯)

1953 "How Red Was the Decade? ". *Harpers Quarterly*. 207: 53–61.

Highet, Gilbert(吉尔伯特·海厄特)

1953 "Chains for Minds". Review of *What is History* by V. Gordon Childe. *Harper's Quarterly*. 207: 98–99.

Hill, Christopher(克里斯托弗·希尔)

1949 "Review of *History* by V. Gordon Childe". *Modern Quarterly* (NS). 4: 259–262.

1952 " Marxism and Historical Teaching ". *Times Literary Supplement*. December 19, pp. 837.

1953 Review of Byzantium into Europe by Jack Lindsay. *Modern Quarterly* (NS). 8: 186–189.

Hill, Christopher and Hilton, R. H. and Hobsbawm, Eric(克里斯托弗·希尔、罗德尼·希尔顿和埃里克·霍布斯鲍姆)

1983 " Past and Present: Origins and Early Years ". *Past and Present*. 100: 3–28.

Hilton, R. H. (罗德尼·希尔顿)

1950 *Communism and Liberty*. London: Lawrence and Wishart.

1951 "Letter to the Editor". *The Universities Review*. 24 (1): 61–62.

Hinsley, Curtis(柯蒂斯·亨斯利)

1981 *Savages and Scientists: The Smithsonian Institution and the Development of American Anthropology*, 1846—1910. Washington, DC: Smithsonian Institution Press.

Hobsbawm, Eric(埃里克·霍布斯鲍姆)

1978 "The Historians' Group of the Communist Party". In *Rebel and Their Causes: Essays in Honour of A. L. Morton*. Cornforth, M. (ed.) London: Lawrence and Wishart. pp. 21–47.

Hodges, Clem(克莱姆·霍奇斯)

1951 "Burning Books, Banning Authors: Crisis in Publishing". *Masses and Mainstream*. 4 (ll): 1–7.

Hogben, Lancelot(兰斯洛特·霍格本)

1930 *The Nature of Living Matter*. N. Y.: Knopf.

1936 *Mathematics for the Millions*. London: Allen & Unwin.

1938 *Science for the Citizen*. London: Allen & Unwin.

1940 *Dangerous Thoughts*. N. Y.: W. W. Norton.

Homo, Leon(利昂·霍莫)

1927 *Primitive Italy and the Beginnings of Roman Imperialism*. London: Kegan Paul, Trench & Trubner (translated from French by V. Gordon Childe).

Hook, Sydney(西德尼·胡克)

1983 *Marxism and Beyond*. Totowa, N. J.: Rowman & Allanheld.

1987 *Out of Step: An Unquiet Life in the 20th Century*. N. Y.: Harper & Row.

Horn, David(大卫·霍恩)

321

1967 *A Short History of the University of Edinburgh*. Edinburgh：Edinburgh University Press.

Hudson, Kenneth(肯尼斯·哈德森)

1981 *A Social History of Archaeology*. London：MacMillan.

Hutt, Allen(艾伦·赫特)

1939 "Science and Society". *Labour Monthly*. 21：319-320.

Irving, Terry(特里·欧文)

1988 "New Light on How Labour Governs：Re-Discovered Political Writings by V. Gordon Childe". *Politics*. 23：70-77.

Jarvie, I. C.(贾维)

1989 "Recent Work in the History of Anthropology and Its Historiographic Problems". *Philosophy of the Social Sciences*. 19：345-375

Jauncy, L. C.(尧恩西)

1935 *The Story of Conscription in Australia*. London：Allen & Unwin.

Johnson, L. G.(约翰逊)

1952 Letter to the Editor. *The Universities Review*. 24（2）：132-133.

Joravsky, David(大卫·乔拉夫斯基)

1961 *Soviet Marxism and Natural Science*. New York：Columbia University Press.

Jupp, James(詹姆斯·贾普)

1982 *The Radical Left in Britain*, 1931—1941. London：Cass Books.

Kaye, Harvey(艾伦·凯)

1984 *The British Marxist Historians：An Introductory Analysis*. Oxford：Polity Press.

Kellogg, Walter(沃尔特·凯洛格)

1919 *The Conscientious Objector*. London：Boni and Liveright.

Kennedy, Thomas C.(托马斯·肯尼迪)

1981 *The Hound of Conscience: A History of the No-Conscription Fellowship.* Fayetteville: University of Arkansas Press.

King, Francis and Matthews, George (Eds.)（弗朗西斯·金和乔治·马修斯）

1990 *About Turn: The British Communist Party and the Second World War.* London: Lawrence and Wishart.

Klejn, Leo(列奥·克莱恩)

1970 "Archaeology in Britain: A Marxist View". *Antiquity.* 44: 296–303.

1977 "A Panorama of Theoretical Archaeology". *Current Anthropology.* 18: 1–42.

Klugman, J.（克卢格曼）

1968 *History of the Communist Party of Great Britain: Formation and Early Years.* V. 1. London: Lawrence and Wishart.

Kushner, Tony and Lunn, Kenneth (Eds.)（托尼·库什纳和肯尼·伦恩）

1989 *Traditions of Intolerance: Historical Perspectives on Fascism and Race Discourse in Britain.* Oxford: Manchester University Press.

Lacour-Gayet, R.（拉库-加耶）

1976 *A Concise History of Australia.* Harmondsworth: Penguin Books.

Langer, William L.（威廉·兰格）

1974 *Encyclopaedia of World History.* New York: MacMillan.

Lawrence, C. Margery(玛格丽·劳伦斯)

1936 "Review of Man Makes Himself by V. Gordon Childe". *Literary Guide.* 486: 172–173.

Leaf, Murray(默里·利夫)

1980 *Man, Mind and Science: A History of Anthropology.* N. Y. : Columbia University Press.

Leone, Mark(马克·利昂)

1981 "Archaeology's Relationship to the Present and the Past". In *Modern Material Culture：The Archaeology of US.* (Eds.) Gould, R and Schiffer, B. London：Academic Press. pp. 5–14.

1982 "Childe's Offspring". In *Symbolic and Structural Archaeology.* (Ed.) Hodder, Ian. Cambridge：Cambridge University Press. pp. 179–184.

Levy, Hyman(海曼·利维)

1934 *The Web of Thought and Action.* London：Watts.

1938 *A Philosophy for a Modern Man.* N. Y. ：Knopf.

1939 *Modern Science.* N. Y. ：Knopf.

Lewis, David(大卫·刘易斯)

1987 *Illusions of Grandeur：Mosley, Fascism, and British Society*, 1931—1981. Wolfeboro, N. H. ：Manchester University Press.

Lewis, Lionel S. (莱昂纳尔·刘易斯)

1988 *Cold War on Campus.* New Brunswick：Transaction Inc.

Lilley, S. (利雷)

1948 *Men, Machines and History.* London：Cobbett Press.

1949 "Review of History by V. Gordon Childe". *Modern Quarterly.* 4：262–265.

Lindsay, Jack(杰克·林赛)

1952a *Byzantium into Europe.* London：Bodley Head.

1952b "Marxism and Historical Teaching". *Times Literary Supplement.* December 26, 853.

1958 *Life Rarely Tells.* London：The Bodely Head.

Llobera, Josep R. (荷西·洛贝拉)   324

1976 "The History of Anthropology as a Problem". *Critique of Anthropology.* 7：17–42.

Longworth, Ian and Cherry, John (Eds.)(伊恩·朗沃思和约翰·彻里)

1986 *Archaeology in Britain Since* 1945. London: British Museum Publications.

Lovestone, Jay(杰伊·洛夫斯通)

1933 "Light Out in Germany". Modern Monthly. 7: 599 - 604.

Lynd, Helen and Lynd, Robert(海伦·林德和罗伯特·林德)

1938 Middletown in Transition. Middle Town: A Study in Contemporary American Culture 1929

Maher, H. (马赫)

1964 "Marx and Engels in Australia". *Sydney Studies in Politics*. No. 5. Cheshire, Melbourne (For Department of Government and Public Administration, University of Sydney).

Mahon, John(约翰·马洪)

1976 *Harry Pollitt: A Biography*. London: Lawrence and Wishart.

Mallowan, Max(马克斯·马洛温)

1958 Obituary.

Manzanilla, Linda (Ed.)(琳达·曼萨妮亚)

1987 *Studies in the Neolithic and Urban Revolutions*. (The V. Gordon Colloquium Mexico, 1986) BAR International Series 349.

Marvin, F. S. (马文)

1931 "Soviet Science". *Nature*. 128: 170-171.

Matthews, J. B. (马修斯)

1953 "Communism and the Colleges". *American Mercury*. 76: 111-144.

Mau, H. and Krausnick, H. (茅和克罗斯尼克)

1962 *German History*, 1933—1945: *An Assessment by German Historians*. London: Oswald Wolff Publishers.

McCann, W. J. (麦卡恩)

1988 "The National Socialist Perversion of Archaeology". *World Archaeology*

Bulletin. 2: 51-54.

McKell, William(威廉·迈凯尔)

1970

McLellan, David(大卫·麦克莱伦)

1979 *Marx After Marx: An Introduction*. London: MacMillan Press.

McNairn, Barbara(芭芭拉·麦克奈恩)

1980 *The Method and Theory of V. Gordon Childe*. Edinburgh: Edinburgh University Press.

McVicar, J. B.(麦克维卡)

1984 "The History of Archaeology". *Archaeological Review from Cambridge*. 3: 2-6.

Meek, Ronald L.(罗纳德·米克)

1951 "The Principle of 'No Political Discrimination': A Comment". *The Universities Review*. 24 (1): 21-26.

Meltzer, David J.(大卫·梅尔策)

1989 "A Question of Relevance". In Christenson 1989.

Meltzer, David and Fowler, Don and Sabloff, Jeremy (Eds.)(大卫·梅尔策、多恩·福勒和杰里米·萨布罗夫)

1986 *American Archaeology: Past and Future*. (A Celebration of the Society of American Archaeology, 1935—1985). Washington: Smithsonian Institution Press.

Mongait, A. L.(蒙盖特)

1947 "Review of *Man Makes Himself*, *What Happened in History*, and *Progress and Archaeology* by V. Gordon Childe". *Vestnik Drevni*. 20: 98-104.

1961 *Archaeology in the U. S. S. R.*. Harmondsworth: Penguin Books.

Moorhouse, A. C.(穆尔豪斯)

1946 *Writing and the Alphabet*. London: Cobbett Press.

Moret, A. and Davy, G.(莫里特和戴维)

1926 *From Tribe to Empire*. London: Kegan Paul, Trench & Trubner (translated from French by V. Gordon Childe).

Morgan, Kevin(凯文·摩尔根)

1989 *Against Fascism and War: Ruptures and Continuities in British Communist Politic*, 1935—1941. Oxford: Manchester University Press.

Morgan, Lewis Henry(刘易斯·亨利·摩尔根)

1965 *Ancient Society*. Cambridge: Harvard University Press.

Morris, John(约翰·莫里斯)

1953 " Freedom and Integrity ". *Times Literary Supplement*. January 9. pp. 25.

1957 "Editorial". *Past and Present*.

Mosse, George, L. (乔治·莫斯)

1966 *Nazi Culture: Intellectual. Cultural and Social Life in the Third Reich*. New York: Grosset & Dunlap.

Mulvaney, D. J. (马尔瓦尼)

1957 "Childe, 1892—1957". *Historical Studies: Australia and New Zealand*. 8: 93-94.

Murphy, Robert(罗伯特·墨菲)

1991 "Anthropology at Columbia: A Reminiscence". *Dialectical Anthropology*. 16: 65-84.

Murray, Gilbert(吉尔伯特·默里)

1916 Letter to the Editor.

Murray, Timothy(蒂莫西·默里)

1983 "Review of Revolutions in Archaeology by Bruce Trigger and Prehistorian by Sally Green". *American Anthropologist*. 85: 465-466.

Myres, John L. (约翰·迈尔斯)

1911 *The Dawn of History*. London: Norgate & Williams.

1916

1923 "Correlation of Mental and Physical Characteristics in Man". *Man.* 23:
116-119.

Needham, Joseph(李约瑟)

1931 *Chemical Embryology.* Cambridge: Cambridge University Press.

1934 *Chemical Embryology.* 2nd edition, Cambridge: Cambridge University
Press.

1971 "Foreword". In *Science at the Crossroads.* London: Frank Cass &
Co. ii-x.

Ogden(奥格登)

1926

O'Neill, William(威廉·奥尼尔)

1982 *The Great Schism: Stalinism and American Intellectuals.* N. Y. :
Touchstone Books.

Orenstein, Henry(亨利·奥伦斯坦)

1954 "The Evolutionary Theory of V. Gordon Childe". *South Western Journal
of Anthropology.* 10: 200-214.

Pascal, Roy(罗伊·帕斯卡)

1946 *The Growth of Modern Germany.* London: Cobbett.

Peace, William J. (威廉·皮斯)

1988 "Vere Gordon Childe and American Anthropology". *Journal of
Anthropological Research.* 44: 417-433.

Peake, H. and Fluehre, H. J. (皮克和弗勒)

1927 *The Corridors of Time: Peasants and Potters.* V. 3. Oxford: Oxford
University Press.

Pells, Richard(理查德·佩尔斯)

1973 *Radical Visions and American Dreams.* N. Y. : Harper & Row.

Perez, J. A.（佩雷斯）

1981 "Presencia de Vere Gordon Childe". Mexico: Instituto Nacional de Anthropologia e Historia.

Phillipson, Nicholas（尼古拉斯·菲利普森）

1985 *Universities, Society and the Future: A Conference Held on the 400th Anniversary of the University of Edinburgh*. Edinburgh: Edinburgh University Press.

Piggott, Stuart（斯图尔特·皮戈特）

1958a "Vere Gordon Childe, 1892—1957". *Proceedings of the British Academy*. 44: 305-312.

1958b "The Dawn: and an Epilogue". *Antiquity*. 32: 75-79.

1960 "Childe, Vere Gordon". *Dictionary of National Biography*. N. Y. : Oxford University Press. pp. 218-219.

Pinsky, Valerie and Wylie, Alison（Eds.）（瓦莱里·平斯基和艾莉森·怀利）

1989 *Critical Traditions in Contemporary Archaeology*. N. Y. : Cambridge University Press.

Poliakov, Leon（利昂·波利亚科夫）

1974 *The Aryan Myth: A History of Racist and Nationalist Ideas in Europe*. N. Y. : Basic Books.

Prime, John H.（约翰·普里姆）

1949 Comment on History by V. Gordon Childe. *Modern Quarterly*. 5: 85-86.

Proctor, Robert（罗伯特·普罗克特）

1988 "From Anthropologie to Rassenkunde in the German Anthropological Tradition". In Stocking 1988.

Pugh, Patricia（帕特丽夏·皮尤）

1984 *Educate, Agitate, Organize: 100 Years of Fabian Socialism*. London: Methuen.

Rae, John(约翰・雷)

1970 *Conscience and Politics*. London: Oxford University Press.

Raglan, L.(洛德・拉格兰)

1948 "Review of History by V. Gordon Childe". *Man*. 48:82.

Ravetz, Alison(艾莉森・拉维茨)

328

1959 "Notes on the Work of V. Gordon Childe". *New Reasoner*. 10:56-66.

Ree, Jonathan(乔纳森・瑞)

1984 *Proletarian Philosophers: Problems in Socialist Culture*, 1900—1940. Oxford: Clarendon Press.

Reinerth(雷纳特)

1960

Renfrew, Colin(科林・伦福儒)

1972 *The Emergence of Civilization*. London: Methuen.

1974 *Before Civilization: The Radio Carbon Revolution and Prehistoric Europe*. N. Y.: Knopf.

1980 "The Great Tradition Versus the Great Divide: Archaeology as Anthropology?". *American Journal of Archaeology*. 84:288-298.

1987 *Archaeology and Language*. London: Jonathan Cape.

Renfrew, Colin (Ed.)(科林・伦福儒)

1973 *The Explanation of Culture Chance: Models in Prehistory*. Pittsburgh: University of Pittsburgh Press.

Rothstein, Andrew(安德鲁・罗泽斯坦)

1953a "Marxism and the Times Literary Supplement". *Modern Quarterly*. 8:69-74.

1953b "Marxism and Historical Teaching". *Times Literary Supplement*. January 2. pp. 9.

Rouse, Irving(欧文・劳斯)

1958 "Vere Gordon Childe, 1892—1957". *American Antiquity*. 24: 82-84.

Sammuel, Ralph(拉尔夫·塞缪尔)

1980 "The British Marxist Historians, I". *New Left Review*. 120: 21-96.

Sanderson, Stephen K.(斯蒂芬·桑德森)

1990 *Social Evolutionism: A Critical History*. Cambridge: Basil Blackwell.

Sarana, Gopala(戈帕拉·撒拉纳)

1957 "Prof. V. G. Childe (1892—1957): An Obituary". *Eastern Anthropologist*. 11: 47-49.

Saville, John(约翰·萨维尔)

1975

329   Schrecker, Ellen(艾伦·施莱克)

1986 *No Ivory Tower: McCarthyism and the Universities*. Oxford: Oxford University Press.

Schultz, Bud and Schultz, Ruth (Eds.)(巴德·舒尔茨和鲁斯·舒尔茨)

1989 *It Did Happen Here: Recollections of Political Repression In America*. Berkeley: University of California Press.

Schwartz, Fred(弗雷德·史华慈)

1960 *You Can Trust the Communists to be Communists*. Engelwood Cliffs, N. J.: Prentice Hall Inc.

Science at the Cross Roads(《十字路口的科学》)

1931 *Papers Presented to the International Congress of the History of Science and Technology*. Conference held June 29 to July 4, 1931 by the Delegates of the U. S. S. R. each paper paginated independently

Sheehan, Helena(海伦娜·希恩)

1985 *Marxism and the Philosophy of Science: A Critical History*. Atlantic Highlands: Humanities Press.

Sherratt, Andrew(安德鲁·谢拉特)

1989 "V. Gordon Childe: Archaeology and Intellectual History". *Past and Present*. 125: 151-185.

Sillen, Samuel(塞缪尔·西伦)

1949 "Behind the Ivy Curtain". *Masses and Mainstream*. 2 (3): 7-17.

Skidelsky, Robert(罗伯特·斯基德尔斯基)

1967 *Politicians and the Great Slump: The Labour Government of* 1929—1931. London: Macmillan.

Sklenar, Karel(卡雷尔·斯克里纳)

1983 *Archaeology in Central Europe: the First* 500 *Years*. N. Y. : St. Martin's Press.

Smith, F. B.(史密斯)

1964 "Foreword". In *How Labour Governs* by V. Gordon Childe. Melbourne: Melbourne University Press. pp. v-x.

Smith G. Elliot(艾略特·史密斯)

1923 *The Ancient Egyptians and the Origins of Civilization*. London: Harper.

Snyder(施耐德)

1939

1962

Spriggs, Matthew (Ed.)(马修·斯普里格斯)

1977 "Where the Hell Are We? or a Young Man's Quest". In *Archaeology and Anthropology*. (Ed.) Spriggs, M. , British Archaeological Reports Supplementary Series 19. pp. 3-17.

1984 *Marxist Perspectives in Archaeology*. Cambridge: Cambridge University Press.

Stalin, Joseph(约瑟夫·斯大林)

1940 *Concerning Marxism and Linguistics*. N. Y. : International Publishers.

Steel, Johannes(约翰内斯·斯蒂尔)

1942 *Escape to the Present.* N. Y. : Farras & Girror.

Stern, Bernhard(伯恩哈德·斯特恩)

19?? *American Medical Practice: Medicine in Industry.* *

Stevenson, R. B. K. (斯蒂文森)

1981 "The Museum, Its Beginnings and Its Development. Part II: The National Museum to 1954". In *The Scottish Antiquarian Tradition.* (Ed.) Bell, A. S. Edinburgh: John Donald Publishers. pp. 142-211.

Steward, Julian(朱利安·斯图尔特)

1951 "Review of Social Evolution by V. Gordon Childe". *American Anthropologist.* 55: 240-241.

1953 "Evolution and Process". In *Anthropology Today: An Encyclopaedic Inventory.* (Ed.) Kroeber, A. L. Chicago: University of Chicago Press. pp. 313-326.

Stocking, George(乔治·斯多金)

1974 *The Shaping of American Anthropology: A Franz Boas Reader.* N. Y. : Basic Books.

1983 "History of Anthropology: Whence/Whither". In Stocking 1983.

1987 *Victorian Anthropology.* New York: Free Press.

1990 "Paradigmatic Traditions in the History of Anthropology". In *Companion to the History of Modern Science.* (Ed.) Olby, R. C. , et al. N. Y. : Routledge. pp. 712-727.

Stocking, George (Ed.)(乔治·斯多金)

1983 *Observers Observed.* History of Anthropology. V. 1. Madison: University of Wisconsin Press.

---

* 没有这样一本书,可能指后来出版的 *American Medical Practice in the Perspectives of a Century*(1945, The Commonwealth Fund)或 *Medicine in Industry*(1946, The Commonwealth Fund)。——译者

1984 *Functionalism Historicized*. History of Anthropology. V. 2. Madison：University of Wisconsin Press.

1985 *Objects and Others*. History of Anthropology. V. 3. Madison：University of Wisconsin Press. 331

1986 *Malinowski, Rivers, Benedict and Others*. History of Anthropology. V. 4. Madison：University of Wisconsin Press.

1988 *Bones, Bodies, Behavior*. History of Anthropology. V. 5. Madison：University of Wisconsin Press.

1989 *Romantic Motives*. History of Anthropology. V. 6. Madison：University of Wisconsin Press.

Strachey, John(约翰・斯特拉奇)

1933 *The Coming Struggle for Power*. N. Y. : Modern Library.

Sutherland, J. K. (萨瑟兰)

1952 Letter to the Editor. *The Universities Review*. 24 (2)：134.

Tansley, A. G. & Baker, John(唐斯利和约翰・贝克)

1946 "The Course of the Controversy on Freedom in Science". *Nature*. 158：574.

Taylor, Peter J. (皮特・泰勒)

1990 *Britain and the Cold War：1945 as Geopolitical Tradition*. N. Y. : Guilford Publishers.

Tennant, Kylie(凯丽・坦娜特)

1970 *Evatt：Politics and Justice*. London：Angus and Robertson.

Terrins, Deirdre and Whitehead, Phillip (Eds.)(迪尔德丽・特里林和菲利普・怀特海)

1984 100 *Years of Fabian Socialism*, 1884—1984. London：Fabian Society.

Thomas, Nicholas(尼古拉斯・托马斯)

1982 "Childe, Marxism, and Archaeology". *Dialectical Anthropology*.

6: 245-252.

Thomson, George(乔治·汤姆森)

1948 "Historiography and Marxism". *Labour Monthly*. 30: 157-158.

1949 "Comments on History by V. Gordon Childe". *Modern Quarterly*. 4: 266-269.

Thurlow, Richard(理查德·瑟罗)

1987 *Fascism in Britain: A History*, 1918—1985. Oxford: Basil Blackwell.

332   Treistman, Judith(茱蒂丝·特雷斯特曼)

1968 "Childe, V. Gordon". In *International Encyclopedia of the Social Sciences*. V. 2. (Ed.) Sills, David. N. Y.: Free Press. pp. 390-394.

Trigger, Bruce(布鲁斯·特里格)

1980 *Gordon Childe: Revolutions in Archaeology*. N. Y.: Columbia University Press.

1982 "If Childe Were Alive Today". *Institute of Archaeology Bulletin*. University of London. 19: 1-20.

1984a "Childe and Soviet Archaeology". *Australian Archaeology*. 18: 1-16.

1984b "Alternative Archaeologies: Nationalist Colonialist". *Man*. 19: 355-370.

1984c "Archaeology at the Crossroads: What's New". *Annual Review of Anthropology*. 13: 275-300.

1984d "Marxism and Archaeology". In *On Marxian Perspectives in Anthropology: Essays in Honor of Harry Holier*. Malibu: Udena Publications. pp. 59-97.

1985a "Marxism in Archaeology: Real or Spurious?". *Reviews in Anthropology*. 12: 114-123.

1985b "Writing the History of Archaeology". In Stocking 1985. pp. 218-235.

1986 "The Role of Technology in V. Gordon Childe's Archaeology".

Norwegian Archaeological Review. 19：1-14.

1989 *A History of Archaeological Thought*. Cambridge：Cambridge University Press.

Tringham, Ruth(鲁思·特林厄姆)

1983 "V. Gordon Childe 25 Years After：His Relevance for the Archaeology of the Eighties". *Journal of Field Archaeology*. 10：85-100.

Unterman, Ernest(欧内斯特·乌恩特曼)

1909 Science and Revolution. Chicago：C. H. Kerr & Company.

Veit, Ulrich(乌尔里奇·维特)

1984 "Gustaf Kossina and V. Gordon Childe：Concepts for a Theoretical Foundation of Prehistory". *Saeculum*. 3：326-364.

Vincent, Joan(琼·文森特)

1990 *Politics and Anthropology：Visions. Traditions and Trends*. Tucson：University of Arizona Press.

Walbank, F. W. (弗兰克·沃尔班克)

333

1946 *The Decline of the Roman Empire in the West*. London：Cobbett.

Webber, G. C. (韦伯)

1986 *The Ideology of the British Right*, 1918—1939. London：Croom & Helm.

Weinberg, Saul(扫罗·温伯格)

1954 "Review of New Light on the Most Ancient East by V. Gordon Childe". *Archaeology*. 7：124-125.

Werskey, Gary(加里·沃斯基)

1969 "Nature and Politics Between the Wars". *Nature*. 224：462-472.

1971a "British Scientists and Outsider Politics, 1931—1945". *Science Studies*. 1：67-83.

1971b "Introduction". In *Science at the Cross Roads*. London：Frank Cass & Co. pp. xi-xxix.

1978 *The Visible College*. London: Allen Lane.

Wheeler, Mortimer(莫蒂默·惠勒)

1956 *Still Digging*. London: Readers Union.

1957 "Professor V. Gordon Childe: A Robust Influence in Study of the Past".
London Times. 23 October.

White, Leslie A. (莱斯利·A. 怀特)

1948 "Review of History by V. Gordon Childe". *Antiquity*. 22: 217–218.

Willey, Gordon(戈登·威利)

1968 "One Hundred Years of American Archaeology". In Brew, J. O. (Ed.)

Willey, Gordon and Phillips, Philip(戈登·威利和菲利普·菲利普斯)

1958 *Method and Theory in American Archaeology*. Chicago: University of
Chicago Press.

Willey, Gordon and Sabloff, Jeremy(戈登·威利和杰里米·萨布罗夫)

1980 *A History of American Archaeology*. (2nd ed.) New York: FreeMan.

334   Witfogel, Karl A. (卡尔·魏特夫)

1957 *Oriental Despotism*. New Haven: Yale University Press.

1967 "Review of The Evolution of Urban Society by Robert McC. Adams".
American Anthropologist. 69: 90–93.

Wood, Neal(尼尔·伍德)

1959a *Communism and British Intellectuals*. London: Victor Gollancz Ltd.

1959b "The Empirical Proletarians: A Note on British Communism". *Political
Science Quarterly*. 74: 256–272.

Wooster, W. A. (伍斯特)

1957 "Professor V. Gordon Childe, 1892—1957". *Journal of the Association
of Scientific Workers*. 4: 16.

Wright, Anthony(安东尼·赖特)

1983 *British Socialism: Socialist Thought from the 1880s to 1960s*. London:

Longman.

Wright, H. R. C.(赖特)

1952 Letter to the Editor. *The Universities Review*. 24（2）: 133.

Whyte, A. Gowans(戈万·怀特)

1949 *The Story of the R. P. A.*, 1899—1949. London: Watts.

Zinn, H.(津恩)

1980 *A People's History of the United States*. London: Longman.

Zuckerman, Solly(索利·祖克曼)

1978 "The Tots and Quots". In *From Apes to Warlords: An Autobiography*. London: Hamish Hamilton. pp. 393–404.

所用档案

本研究所用档案来自美国、英国和澳大利亚,以下是我对我所收集的资料及其所在位置的简短描述。

美　国

纽约州纽约市中央公园西街 79 号（10024）美国自然历史博物馆人类学部

1. 柴尔德和克拉克·维斯勒（Clark Wissler）之间的通信,内容涉及 1939 年世界博览会,以及苏格兰考古的展览方式。

宾夕法尼亚州费城南五街 105 号（19106）美国哲学学会

1. 柴尔德和弗朗茨·博厄斯之间的通信,内容涉及为皇家人类学研究所购书一事。

加利福尼亚州（94720）加州大学伯克利分校班克罗夫特图书馆

1. 柴尔德和罗伯特·洛伊（Robert Lowie）之间的通信,内容涉及 1939 年柴尔德在伯克利执教夏季课程时的教学计划和住宿问题。

2. 阿尔弗莱德·克罗伯（Alfred Kroeber）和柴尔德之间的通信,内容涉及文化的概念及其对考古学和人类学理论的重要性。

密歇根州安娜堡(48109)比尔大道1150号密歇根大学本特利历 336
史图书馆

1. 柴尔德和马斯顿·贝茨(Marston Bates)之间的通信,内容涉及贝茨对《人类创造自身》的赞美以及柴尔德的回复。

2. 柴尔德和莱斯利·A. 怀特之间的通信,从四十年代初持续至1955年,内容涉及各类话题,主要与人类学理论相关,如文化的概念,文化传播及历史。并详细展示了四五十年代柴尔德对访美的兴趣。

罗伯特·布雷德伍德

伊利诺伊州芝加哥(60637)东55街1155号芝加哥大学东方学院

1. 柴尔德和罗伯特·布雷德伍德之间的通信,内容主要涉及柴尔德对芝加哥大学学生必读书目顾问一事,并提到柴尔德四五十年代试图访美的失败努力,并有对其他一般性话题的讨论,如文化概念的重要性、苏联学术、历史的意义等。

华盛顿特区(20560)史密森学会国家自然历史博物馆国家人类学档案馆

1. 柴尔德和卡尔顿·库恩(Carelton Coon)之间的通信,内容涉及柴尔德对库恩研究的评论,库恩研究以《欧洲的种族》(*The Races of Europe*)的出版为顶点。更广泛而言,柴尔德的信里还充满对欧洲考古学现状的细致评论。

2. 柴尔德和阿莱斯·赫德利卡(Ales Hrdlicka)之间的通信,内容涉及1936年赫德利卡在纽约所做的一次讲座,柴尔德参加了这个讲座。

3. 柴尔德和弗兰克·塞兹勒(Frank Setzler)之间的通信,内容涉 337
及将要在史密森尼博物馆展出的文物的识别。

马萨诸塞州剑桥（02138）神学大道 11 号哈佛大学皮博迪博物馆

1. 柴尔德和休·亨肯之间的通信,内容涉及诸多问题,如 1935 年哈佛大学的北爱尔兰探险,亨肯、莫维斯和柴尔德都参与了此次发掘;再如 1939 年,因担心德国入侵英国,柴尔德将个人著作《不列颠群岛的史前群落》的草稿存放在了莫维斯处。

2. 柴尔德和欧内斯特·胡顿之间的通信,内容涉及二十世纪三十年代末柴尔德对哈佛大学和美国的印象,并提及 1939 年世界博览会。

3. 柴尔德和哈勒姆·莫维斯之间的通信。除本特利历史图书馆所藏柴尔德与怀特通信外,此处有柴尔德和美国学者间最多的一批通信。信从 1935 年写至柴尔德去世,内容涉及甚广,既有对欧洲考古的详细讨论,也有理论关切,以及访美计划的不成功等。

俄勒冈州尤金市（97403）俄勒冈大学图书馆俄勒冈特别收藏

1. 本杰明·法林顿和伯恩哈德·斯特恩之间的通信,内容涉及在美出版《古今》系列丛书一事。法林顿、斯特恩和柴尔德都是编委会成员,且柴尔德的《历史》一书还被美国列入了黑名单。这些信为了解学者们受冷战影响的程度如何提供了详细信息。

英　国

牛津 0X1 3BG 布罗德街牛津大学图书馆西翼手稿部

1. 柴尔德和 O. G. S. 克劳福德之间的通信,从三十年代末写至 1957 年柴尔德去世。这些信无疑是所有档案资料保存的柴尔德通信中最私人化者,它们清楚反映了克劳福德和柴尔德之间的亲密关系。大多数通信都与《古物》杂志的出版相关,柴尔德是《古物》的长期投稿人。从这些信的言外之意可见柴尔德对其学术中更个人方面的看法。更多通信将于 2005 年向学者开放，目前克劳福德写于五十年代中期的信还无法读到。

2. 柴尔德和吉尔伯特·默里之间的通信，主要写于 1914 到 1922 年间，对柴尔德年轻就读牛津时的社会主义政治活动提供了最详尽的记录。柴尔德在信中详述了澳大利亚当局对他的迫害，并毫不含糊地表达了他对一战和反征兵运动的看法。

3. 柴尔德和约翰·L. 迈尔斯之间的通信，从 1914 写至 1957 年二人去世前当月。内容涵盖诸多主题，从柴尔德求职时请迈尔斯代为举荐，到详论二人的考古工作。信里涉及对各种考古主题的讨论，更可找到二战前和二战中柴尔德强烈反对法西斯主义的最佳直接证据。

伦敦 WC1H OPY 戈登广场 31–34 号伦敦大学考古研究所

为柴尔德书面作品收藏中体量最巨者，但是完全没有编目，某些作品的保存情况还很差，不过仍为学者们提供了有关柴尔德学术数量最大、内容最详的记录。以下是其中最重要的一些研究资料，但是此处所藏绝不仅限于我所列举者。

1. 柴尔德和众多英、美、澳和欧洲学者间的通信。

2. 柴尔德几乎所有发掘工作的田野日志。柴氏的发掘工作尽管据传很差，但其野外笔记却记录详尽，并清楚表明，既使在最坏的情况下，柴尔德也是个能干的野外考古学家。这些日志还包括他对自己野外所读各类书籍的笔记。例如，1930 到 1935 年间他在北爱尔兰发掘时，日志里就有对功能主义的详细记录，他后来会把这些内容纳入自己的理论著作中去。

3. 66 本笔记，反映了柴尔德整个职业生涯中的阅读情况。同样地，这些笔记不成系统，但是相比他那些有时间记录的出版作品，能让我们对柴尔德当时正在做些什么投下一瞥。

4.遵照柴尔德的意愿,他死后,个人藏书归研究所图书馆所有。这些书多数封面内页有他的名字,在几十册的空白处还可见他做的笔记。很多书上并有原作者的亲笔手迹,及柴尔德在其下做的评论。

5.柴尔德所有著作的各类手稿,并寄给各家出版社的修订版。因此,《欧洲文明的曙光》的全部六个版本和《远古东方》的四个版本都在其中,并明显展示出柴尔德对欧洲史前史的看法随时间推移而逐渐发生的变化。图书校样和柴尔德的通俗著作——如《人类创造自身》和《历史上发生过什么》——的早期手稿也表明,柴尔德总是在不断修改自己的已出之书。他和出版商之间关于版税和书的销量的通信也散见于其编辑意见中。

6.柴尔德著作的外国版本,并几乎所有欧洲语言版本。这些版本中很多都有外国学者的扩展介绍,并柴尔德对这些学者对其分析所做的评论。最有趣是俄文版和中文版,前者有柴尔德的大量笔记。

7.各类其他材料,包括柴尔德从1937年起到他去世的记事簿,他对世界各国旅行经历的记录,以及各类学生描述柴尔德为人的回忆和通信等。

伦敦 EC1R ODU 37a 克莱肯威尔格林马克思纪念图书馆

1.柴尔德和达特之间的通信,包含柴尔德最私人的评论,并有大量对其个人政治信仰的重要指涉。

2.贝尔纳文件,其内容广泛,但对柴尔德的信仰无甚个人见解。然而,《人类创造自身》的草稿,以及柴尔德写于三十年代的其他未出版作品却展示了他在通俗作品写作方面的思想演变。

牛津 0X2 CBG 邦德街牛津大学王后学院

1.只有一份关于柴尔德的文件幸存,记录其学生时代和平民一起参加军事训练。柴尔德的毕业论文不幸没能保存下来。

澳大利亚

新南威尔士州悉尼 2006 悉尼大学 341

1. 图书馆总档案部仅收藏了柴尔德的少数通信,内容都是他在反征兵运动中的活动。

墨尔本澳大利亚档案办公室国防部军情审查报告 MP95/1

1. 收集有国防部观察员的通信、报告和评论,是对柴尔德 1917 到 1922 年间活动最广泛的记录。

译后记

此书译自美国学者威廉·皮斯(1960—2019)1992年向哥伦比亚大学提交的博士论文。当时,皮斯的兴趣是文化人类学史,但因身患残疾,痛感美国社会对残疾人不公,兴趣转向,后来成了残疾人维权的倡导者、生物伦理学的研究者,并对人体艺术(如文身,在身体上穿孔)有兴趣,不再把全副精力放在人类学上。他有个读者众多的博客,名叫 Bad Cripple,意思既可以是"瘸得很厉害的人",也可以是"坏瘸子"。他在一篇题为《一个坏瘸子的抗议》(2007)的自述中,把 Bad Cripple 定义为"深知自己公民权利何在""绝不向无知和盲从低头的"残疾者。他说,很多人说他"易怒",他也确实愤怒,但他怒的不是自己的残疾,而是身为残疾人遭遇的种种不公。此外,他还加入了一个全国知名的反残疾人自杀辅助和安乐死的宣传组织,这个组织名叫"还没死"(Not Dead Yet)。

这些名字是沉重尖刻的自嘲,同时流露出一种奇特、干涩的幽默感(dry sense of humour)。皮斯是个独立学者,在残疾圈里颇有知名度。他敢于利用这个知名度为残疾人发声,首要诉求就是为残疾人争取出入楼宇、搭乘公共汽车的无障碍通道。几步台阶,对一般人来说可能毫不费力,但对坐轮椅者却是身心的巨大障碍。他对个人的残疾经历也相当敢言,不惮在刊物上公开讲述他瘫痪后的性经历,令社会和公众尴尬。他说恶心事还有很多,比这更恶心的也比比皆是。然而在三十五年间，始终令他难忘也最能打动他的，却是当年委身于他的那名女护士对他这个青年瘫痪者的温暖同情。这样的自嘲，这样的姿态，这样的人生转折，处处都让人想起他博士论文的研究对象——柴尔德——对自己出身中上阶级牧师家庭的叛逆，及其马克思主义学说立场和社会主义理想给保守的英国考古学界造成的震动。也许，所有浓烈的学术兴趣的背后都有刻骨的个人经历带来的深刻感悟吧。

皮斯并非天生残疾，而是九岁那年突患神经系统疾病。此后医治十年，辗转于各家医院，得以目睹病房窗外纽约街头诸多过客和无家可归者的悲惨穷困，因此颠覆了这个富家少年之前所受的教育，改变了他对人生的看法。在接受了数次手术和脊椎穿刺后，皮斯终于在1978年18岁的成人之年变成了下肢瘫痪者和终生的轮椅使用者。2010年，他因严重溃疡不得不住院治疗。做完难熬的清创手术后，一名医生告诉他，他有可能卧床半年、一年甚至永远，且大剂量的抗生素治疗会造成他器官衰竭，生命质量变差，暗示他不如现在就停止治疗，接受临终关怀。皮斯深感震惊，坚决拒绝，因为他不能接受一个"从未谋面者就这样决定我的人生不值一过"。这次经历促使他加入了"还没死"组织，成了全美知名的反残疾人自杀辅助和安乐死合法化的抗争者。他认为这些操作是对残疾人的致命歧视。他说，一直以来医学界对残疾的看法简单粗暴，缺乏精确细腻的思考。他批判所谓"生命质量"的概念，认为能力至上说（ableism，即健全人对体能或智能较差者的歧视）是医学教育界、医学决策和临床互动中特有的一个错误认知。

当皮斯在二十世纪八十年代末、九十年代初进行博士研究时，"让我们更好地认识柴尔德运动"已经发展得声势浩大，还产生了不少研究成果，甚至还令某些学者觉得研究足够充分。可是皮斯却觉得，关于柴尔德还有个关键谜团未解，那就是柴尔德在多大程度上是

个马克思主义者？他的考古研究又在多大程度上是"遵命"研究，或
是执行"党的路线"的结果？柴尔德的马克思主义和社会主义到底是
一种"左翼怪癖"（马洛温语），还是个"故意兜圈子的智力玩笑"（皮
戈特语）？是他对敌视他的苏格兰考古学界故意做出的"淫秽手势"
（见本书英文版第 5 页引用，估计是某个苏格兰学者语），还是柴氏发
自内心的真正信仰？皮斯认为，当下流行的柴尔德研究的两派——传
记派和学术派——均未对此做出解答，而是彼此忽视对方的关切，于
是造成他们各自研究视野的缺失。而他志在把柴尔德的生平和学问
结合起来，希望从英美澳三国的档案中发掘出人所未知的材料，最终
揭示柴氏学术的真实本色。

　　皮斯在自己声称的目标上做了些探索，但也有些令人不解的遗
漏。比如像柴氏这样的亲苏者，也曾在 1935 年、1945 年和 1953 年到
访苏联，皮斯正可借此探索柴氏马克思主义和斯大林式马克思主义
之间的关系，他却为何居然不着一字，也不做解释？而仅仅用蒙盖特
气愤柴尔德作为"苏联考古的学生"而不克服资产阶级的学术谬误
（本书英文版第 32 页），以及"柴尔德参加 1945 年在莫斯科和列宁格
勒召开的庆祝苏联科学院成立 220 周年的纪念活动，是他犯下的最严
重的罪行"（本书英文版第 49 页）敷衍了事？1931 年，第二届国际科
技史大会召开，柴尔德好像没参加（皮斯不能确定，只说"没有直接证
据"证明柴尔德参加过）。皮斯非常重视这次会议，认为苏联代表团
以马克思主义分析让英国科技史界开了窍，但是柴尔德为什么没参
加？他对这次大会有何看法？皮斯书皆语焉不详。他甚至对柴尔德
到底是个什么样的马克思主义者的问题，包括克里斯托弗·希尔说
柴尔德是个"过早解放了的马克思主义者"（本书英文版第 237 页）的
有趣提法，也都未能追踪。

　　如果对比柴尔德写给自己执教于爱丁堡大学时的学生、后来成

为他私人朋友的 R. B. K. 斯蒂文森的信，会发现柴尔德对苏联的热
情远高于皮斯所述。斯蒂文森本就在皮斯访谈时说过柴尔德的幽默
感和其为人的"深浅难测"。果然，2011 年斯蒂文森后人在家庭资料
中找到了当年柴、斯二人的通信，证明了这一点。二战末，盟军胜利在
望的情况下，柴尔德于 1945 年 2 月 3 号写信给斯蒂文森说："英勇的
红军明年就会解放苏格兰，斯大林的坦克将从冰冻的北海上嘎嘎驶
过（我觉得他们今年来不了了，因为今年的解冻来得太快了）。"他还
建议将苏格兰古物博物馆馆长（正是他此时担任的职务）一职的招聘
启事登在《真理报》这样的苏联大报上，用西里尔字母书写博物馆的
情况介绍，并在其中引用恩格斯和斯大林的话。这固然是玩笑，却也
未尝不包含柴尔德的真正兴趣。

　　这信里的玩笑话还有很多，写得毫不费力，成串出现，和皮斯书中
所引柴尔德捍卫一战良心反战者，以及谴责悉尼大学校方因政治信
仰解雇他时的论战骂架类通信很不相同，颇有英国书信传统里那种
惯常的促狭调侃，让人马上知道写信者是个有着超强幽默感的人。再
看 1953 年柴尔德在莫斯科写给斯蒂文森的明信片，更是自言"在苏联
过得开心之极（Having a heavenly time in USSR），飞越了咸海和克孜
勒库姆沙漠，到达了塔什干（今乌兹别克斯坦首都）和斯大林纳巴德
（即今杜尚别，塔吉克斯坦首都）"。人在跨越广阔地域时的欣快之感
跃然纸上。所以皮斯这是低估了柴尔德的亲苏之情？他塑造的像是
个从头至尾对马克思主义都有着清醒认识，且保持着安全距离的柴
尔德，而不是一个在几十年职业生涯里对马克思主义的认识经历发
展变化，高低起伏的人。

　　再看柴—斯通信，会发现还有 1953 年 3 月柴尔德在意大利佩鲁
贾发掘时的美好时刻。他说当地天气好极，山谷里樱草花盛开，果树
吐露芬芳。如果诸多史家研究柴尔德，出于种种动机，将他刻画成一

个因幼时罹患小儿麻痹症而不良于行的可怜虫，一个其貌不扬、孤苦伶仃，被排挤到社会边缘的人，一个因政治信仰和学术兴趣而不断遭受迫害的斗士，那么当你看到这些充满快乐和玩笑的私人通信时，你会知道，柴尔德是个不仅自己愉快也能让人愉快的人。如果柴氏私人通信能够结集出版，未尝不可以揭示这有趣灵魂的另一个面向。

早在 1988 年，皮斯尚未动手写他的博士论文前，就已经在一篇文章中研究过柴尔德受美国人类学影响的情况。皮斯用尚未发表的通信材料，证明柴尔德和美国人类学的关系长期存在，且对柴尔德的意义深远。这种借助档案材料的开掘，把研究对象的生平和学问结合起来，知人论世的研究方法发展到后来，成就了皮斯为美国人类学家莱斯利·A. 怀特（1900—1975）所作的传记。这本传记名叫《莱斯利·A. 怀特：人类学的演化与革命》（内布拉斯加大学出版社，2007 年），这应该是皮斯在博士论文完成后在文化人类学史方面写出的最重要的作品。怀特是现代最富争议也最具影响力的美国人类学家，且和柴尔德不乏相似之处，后来都转向了社会主义。怀特在比较文化学的研究中复兴了文化演化的概念，同时在学院内外树敌无数，尤其在任教密歇根大学期间制造了很多几近传奇的学术冲突和政治冲突。另外值得一提的是，冷战巅峰时期，美国联邦调查局对他早年去苏联及加入社会主义工党的经历进行过调查。皮斯在其研究中记录了影响怀特事业的社会政治力量，发掘了怀特生活中很多不为人知的面向，包括他为何会反对博厄斯学派。弗朗茨·博厄斯是德裔美国人类学家，美国现代人类学的奠基人之一，以及文化历史学派的创始人和领军者。

翻译《柴尔德的神秘生涯》为我揭开了两个世界：一个是跨越两次世界大战、经历沧桑巨变的柴尔德的考古世界；另一个是二十世纪后期一名残疾学者，一边探索人类学史的写作方法，一边为残疾人争取公民权利的奋斗求索。他们一个死于深思熟虑的自杀,一个在医生建议自杀时,坚决要活下去。尽管对死亡的态度有异,他们对生命的态度却可以说是高度一致,那就是尽其所能,追寻个人认为最有意义和价值的工作和生活。

对我这个英国文学研究者来说,我先前知道的 Childe 一词,出自拜伦(1788—1824)的四部自传性长诗 *Childe Harold's Pilgrimage*(1812—1818),中文习惯将其译为《恰尔德·哈罗德游记》,Childe 被音译,其实是译错了。按《大英百科全书》说,Childe 是个始自中世纪的头衔,是对还未受封骑士的青年贵族的尊称。牛津字典又说 childe来自古英语,是 child 的变体。因此李零先生将 childe 译作"公子"很对,他联想到西周金文中意为贵族子弟的"小子"也很有趣。拜伦是贵族出身,虽然袭爵实属偶然,但是青年时以"公子"自居倒也份属自然。与《恰尔德·哈罗德游记》同属一类的诗歌还有被认为是艾略特《荒原》前身的罗伯特·布朗宁的《罗兰公子来到黑暗塔下》(*Childe Roland to the Dark Tower Came*),讲的都是欧洲青年贵族外出旅行、冒险、看世界、拥抱自然、遭遇爱情、战胜邪魔、反思自我,最终成长成熟的经历,是西方文学中特有的一类讲人生历练的题材。不过成长成熟并非全是正能量,而是伴随幻灭和忧郁,理想遭遇现实的痛苦,以及死亡阴影笼罩下的巨大压力。这真是吊诡——对青春的歌颂中掺杂幻灭和死亡。哈罗德和罗兰如此,歌德笔下的"少年维特"也如此。照此看,柴尔德的学术生涯的确像皮斯认为的那样是个"谜"(enigma),既是强大个体的孤独之旅,"人类精神的独特显现"(a peculiar and individual manifestation of the human spirit),也暗示其后来的"蓝山一跃"。

所谓"人类精神的独特显现",其说肇始于柴尔德在个人第一本考古学专著《欧洲文明的曙光》中对他致力终生的研究对象——欧洲文明的评价,皮斯用这句话作其博士论文的副标题,算是他对柴尔德一生的盖棺论定。译成中文时,为简洁计,我省略了如此冗长的副标题,此处指出,以为补苴。

李博婷

2023 年 6 月于北京

图书在版编目 (CIP) 数据

柴尔德的神秘生涯 / (美) 威廉·J. 皮斯著；李博婷译 .— 北京 : 商务印书馆, 2024
（解读柴尔德）
ISBN 978-7-100-22823-7

Ⅰ.①柴… Ⅱ.①威…②李… Ⅲ.①柴尔德–传记 Ⅳ.① K835.615.81

中国国家版本馆 CIP 数据核字（2024）第 073193 号

解读柴尔德
柴尔德的神秘生涯
〔美〕威廉·J. 皮斯 著

李博婷 译

商 务 印 书 馆 出 版
（北京王府井大街 36 号 邮政编码 100710）
商 务 印 书 馆 发 行
北京盛通印刷股份有限公司印刷
ISBN 978-7-100-22823-7

2024 年 4 月第 1 版 开本 880×1240 1/32
2024 年 4 月第 1 次印刷 印张 11
定价：78.00 元